HONOR I OJCZYZNA

Bohaterskie czyny Polaków w czasie II wojny światowej

HONOR I OJCZYZNA

Bohaterskie czyny Polaków w czasie II wojny światowej

Mariusz Machynia
Roman Marcinek
Marcin Sigmund
Mariusz Skotnicki
Andrzej Ziółkowski

KLUSZCZYŃSKI

Wydawnictwo Kluszczyński
30–110 Kraków, ul. Kraszewskiego 36
tel., faks: (0–12) 421–22–28
e-mail: biuro@kluszczynski.com.pl

Księgarnia internetowa
www.kluszczynski.com.pl

Konsultacja merytoryczna
prof. UJ dr hab. Andrzej Nowak

Produkcja
Łukasz Gaweł (kierownik produkcji)
Elżbieta Małasiewicz

Redakcja i indeks
Monika Karolczuk-Kędzierska

Korekta
Katarzyna Piwowarska-Fritz

DTP, opracowanie typograficzne i projekt okładki
Katarzyna Poznańska

Źródła ilustracji
Centralna Biblioteka Wojskowa
Archiwum Dokumentacji Mechanicznej
Muzeum Armii Krajowej
Muzeum Sportu i Turystyki
Fundacja Centrum Dokumentacji Czynu Niepodległościowego
Agencja Fotograficzna BE&W
Archiwum Wydawnictwa

zdjęcie na stronie 1:
Polski żołnierz na stanowisku bojowym

ISBN 83-7447-022-4

SPIS TREŚCI

WSTĘP

Gdy przeglądamy przedwojenne roczniki czasopism przeznaczonych dla młodzieży, zaskakuje nas, jak wiele miejsca poświęcano w nich narodowej tradycji. Tadeusz Kościuszko, Emilia Plater czy Romuald Traugutt byli stale obecni w opowiadaniach, wierszach i scenariuszach przedstawień. Nieustannie powracano do wytrwałości legionistów Piłsudskiego, szarży pod Rokitną i walk z bolszewikami na przedpolach Warszawy. Nie była to jednak nachalna indoktrynacja, lecz dopełnienie patriotycznego ducha, w jakim żyły polskie domy, w jakim wychowywano kolejne generacje obywateli. Wówczas poczucie obowiązku wobec Ojczyzny nie było tylko czczym frazesem, dodatkiem do codzienności. Było uczuciem, które w dzieciach, młodzieży i dorosłych kształtowała szkoła, praca, dom i rodzina. Ci, którzy wiedzieli, jak wysoka była cena wolności, zadbali o to, by następne pokolenie również miało takie przekonanie. Żeby potrafiło dla spraw kraju poświęcić wiele, a nawet wszystko. Dziś, kiedy patriotyzm stał się jednym z mniej modnych pojęć, powracanie do ojczystej tradycji wielu uważa za nudziarstwo. A to dowodzi jedynie, że historia rzadko uczy czegokolwiek. Wychowanie i ukształtowanie obywateli w duchu patriotyzmu było jednym z największych sukcesów II Rzeczpospolitej. Zasługą, dzięki której Polska zdolna była do podniesienia się po druzgoczących pozornie ciosach, jakimi były niemiecko-sowiecka agresja we wrześniu 1939 roku i terror obezwładniający okupowany kraj. Ileż siły wewnętrznej, przekonania o słuszności wybranej drogi trzeba było mieć, aby chcieć walczyć po kapitulacji Francji, kiedy brunatny nazizm i stalinowski komunizm znajdowały się u szczytu potęgi, kiedy osamotniona Anglia szykowała się do odparcia inwazji, a Syberia zapełniała tymi, którzy nie chcieli zgiąć karku. To ci, którym wtedy nie brakło wiary, sprawili, że Polska nie znikła z mapy świata, że po długich perypetiach znajduje się w gronie demokratycznych, o samych sobie stanowiących państw.

II wojna światowa to konflikt apokaliptyczny. Dziesiątki milionów żołnierzy, miliony ofiar, bezmiar zbrodni i heroizmu. Przerzucając kartki podręczników, czytamy o armiach, frontach, okupowanych terytoriach, martyrologii i nadziei będącej udziałem milionów. Jednak łatwo popaść w ton „statystyczny", zapominając, że historię tworzą ludzie, a często rządzi nią przypadek (może fatum?). I właśnie o tych ludziach, trybikach II wojny światowej, jest ta książka. Poświęcono ją bohaterom, których w globalnej skali światowego konfliktu czasem trudno dostrzec. Można wzruszać ramionami: zamach na Kutscherę – zbędna fanfaronada, desant na Czerniakowie – sowiecka prowokacja, szkolenie komandosów – zabawa dużych chłopców, złamanie kodów Enigmy – i tak by ktoś to zrobił. Ale jeśli zbagatelizujemy te wydarzenia, każde działanie straci sens, a poświęcenie – swój moralny wymiar. Tym bardziej warto przyjrzeć się coraz częściej zapominanym epizodom II wojny, ludziom, którzy stali się „kamieniami przez Boga rzuconymi na szaniec". Winni jesteśmy im bowiem i pamięć, i szacunek.

WESTERPLATTE

Kiedy po II wojnie światowej ziemie na wschód od Odry i Nysy przyznano Polsce, wszystkie niemieckie nazwy zostały zamienione na polskie. Dotyczyło to także wszelkich nazw na terenie byłego Wolnego Miasta Gdańska. Jedyną nazwą niemiecką pozostało „Westerplatte", słowo, które znaczy „przylądek zachodni". Nie można go było usunąć z map, gdyż w ciągu kilku wojennych lat stało się ono nieodwołalnie częścią polskiej świadomości. Wcześniej nie budziło żadnych skojarzeń, nawet w chwili, kiedy toczono spory z proniemieckim, a z czasem coraz jawniej pronazistowskim Senatem Wolnego Miasta Gdańska. 22 czerwca 1921 Rada Ligi Narodów powierzyła Polsce obronę lądową Wolnego Miasta Gdańska. W ślad za tą decyzją przyznała polskim okrętom wojennym prawo pobytu w porcie gdańskim oraz zezwoliła na budowę niezbędnej składnicy amunicji – na Westerplatte. Jesienią 1925 Polska przejęła do swego wyłącznego użytku teren wyładowczy na Westerplatte. W obliczu zagrożenia wojną, w sierpniu 1939 załogę Westerplatte potajemnie wzmocniono do 182 osób, wyposażono w 4 moździerze i 3 działa małego kalibru oraz obwarowano nowymi umocnieniami. Od strony lądu Polacy mieli do obrony tylko wąski pas ziemi. Żołnierze byli osłonięci fortyfikacjami i porastającym cypel gęstym lasem.

Inwazja niemiecka zaczęła się bez wypowiedzenia wojny o świcie 1 września 1939. O godzinie 4.45 niemiecki pancernik „Schleswig-Holstein", który kilka dni wcześniej przypłynął do Gdańska z rzekomo kurtuazyjną wizytą, rozpoczął ostrzał Wojskowej Składnicy Tranzytowej na Westerplatte. Otworzył ogień ze swoich 18 dział średniego i dużego kalibru, dając – symbolicznie – początek II wojnie światowej. W tym samym czasie w powietrze wyleciała brama składnicy i fragmenty okalającego ją muru. Niemieccy saperzy zrobili przejścia dla oddziałów szturmowych, które ruszyły na Westerplatte od strony lądu. Placówka została zaatakowana jednocześnie przez kompanię gdańskiego SS i kompanię szturmową piechoty morskiej, które próbowały sforsować wyłomy. Atak wspierały ogniem – przez wodę kanału – działa i gniazda ckm-ów rozlokowane w wysokich budynkach Nowego Portu. Szczęśliwie dla polskiej załogi, „Schleswig-Holstein" ostrzelawszy Westerplatte odpłynął w kierunku Helu, znacznie dla Niemców ważniejszego. Po momencie zaskoczenia polska obrona otwarła celny ogień w kierunku intruzów. Ciężar walki wzięły na siebie wartownie nr 1, 2, 4 i 5 oraz żołnierze rozlokowani w prowizorycznych okopach. Szturm zatrzymano, podobnie jak kolejne

„Schleswig-Holstein" oddający pierwsze strzały o świcie 1 września 1939

ataki wyprowadzane tego dnia trzykrotnie. Polscy artylerzyści uciszyli także gniazda ogniowe w Nowym Porcie celnym ogniem działa kalibru 75 mm. Niemcy przez cały dzień prowadzili ostrzał półwyspu, ale wszystkie główne pozycje wyszły z nawały bez szwanku. W polskim dzienniku bojowym zapisano: „Godz. 4.45–5.30. Dwa strzały z pancernika „Schleswig-Holstein" z równoczesnym wysadzeniem bramy kol[ejowej] wraz z przylegającym murem. Niemcy usiłują wziąć zaskoczeniem Westerplatte. Próba zawodzi. (...) Kilkanaście celnych strzałów danych z dział 37 mm stwierdza kompletną naszą bezsilność wobec opancerzenia „Schleswig-Holsteina". 4 działa 280 mm, 10 dział 150 mm, 4 działa p[rzeciw]lot[nicze] 88 mm. (...) Są pierwsi zabici: st. sierż. Najsarek Wojciech, kpr. Kowalczyk, st. leg. Ziemba i leg. Uss....". Było wielu rannych. Nieprzygotowany na taki obrót sprawy lekarz jednostki – kpt. Mieczysław Słaby – z braku narzędzi chirurgicznych musiał ograniczyć pomoc do opatrunków i środków przeciwbólowych. Placówką dowodził mjr Henryk Sucharski, którego droga w służbie Polsce zaczęła się przed 1914 w organizacjach niepodległościowych w Galicji. Ale faktyczną komendę już 2 września przejął zastępca Sucharskiego, kpt. Franciszek Dąbrowski, którego wierze w sens oporu Westerplatte zawdzięczało tak długą obronę.

2 września Niemcy ponawiali ataki lądowe, odpierane przez obrońców. Ciężkie chwile placówka przeżyła dopiero ok. godziny 17.00, kiedy została zaatakowana przez kilkadziesiąt samolotów Luftwaffe. Maszyny zrzucały bomby i ostrzeliwały polskie pozycje. W gruzy – grzebiąc swą załogę – obróciła się wartownia nr 5 trafiona bezpośrednio przez ciężką bombę. Żołnierze szybko otrząsnęli się z szoku, jakim było bombardowanie i z determinacją odrzucili kolejne ataki wyprowadzone przez Niemców ok. 20.00 i 23.00. Na polecenie Sucharskiego zaczęto niszczyć dokumenty przechowywane w placówce. 3, 4 i 5 września trwała nawała artyleryjska przeplatana niemieckimi atakami. Szczególnie groźne były granaty wystrzeliwane ze specjalnie tu ściągniętych moździerzy kalibru 210 mm. Niemiecka propaganda – inspirowana przez polowych dowódców niemogących jasno wytłumaczyć Berlinowi, że nie potrafią sobie poradzić z załogą Westerplatte – zaczęła donosić o potężnych, podziemnych kazamatach, w których kryją się obrońcy. W rzeczywistości polscy żołnierze trwali w płytkich okopach i wśród gruzów budynków, bez zaopatrzenia, opatrunków, a nawet wody. Tej, mimo skwarnego września,

odmawiano ludziom, by było co wlewać do chłodnic studzących rozgrzane lufy karabinów maszynowych. Walczono, mimo że z nasłuchu radiowego wiedziano, że pomoc nie nadejdzie. W środę 6 września niemieckie pociski uszkodziły większość wartowni tak, że przestały być zdatne do użytku. Ale niemiecka piechota nadal nie była w stanie wedrzeć się na teren placówki. Nic nie pomogła Niemcom próba podpalenia suchego lasu. Cysterna z paliwem, jaką zamierzali wtoczyć na Westerplatte, wykoleiła się na torach rozkręconych przez obrońców. 7 września ataki trwały od 4.30. Kiedy napastnicy cofali się, do akcji wkraczała artyleria, metr po metrze dziurawiąc półwysep lejami po pociskach. Zniszczono ostatnią wartownię. Około godziny 10 mjr Sucharski uznał, że dalsza walka pozbawiona jest jakiegokolwiek sensu.

Załoga Westerplatte poddała się, kiedy zabrakło amunicji, żywności i lekarstw dla 20 ciężko rannych. 7 września przyjęto warunki honorowej kapitulacji. Podkreślanie tych okoliczności nie służy bynajmniej umniejszaniu odwagi obrońców, przeciwnie – pokazuje racjonalne podłoże ich czynu. Westerplatte było bronione przez bohaterów, którzy nie stracili zdrowego rozsądku. Walczyli dopóki się dało, a poddali się, gdy dalsza obrona oznaczała już tylko pewną zgubę. Do końca spełnili swój żołnierski obowiązek. Obrońcy, którzy mieli rozkaz utrzymać placówkę przez 12 godzin, do nadejścia odsieczy Armii „Pomorze", przetrwali dwa silne szturmy niemieckie i ok. 10 ataków lokalnych. Wytrzymali ostrzał pancernika dokonywany z odległości kilkuset metrów, wreszcie dwa naloty bombowe. W sumie Niemcy rzucili do walki z polską placówką ok. 1500 żołnierzy, wyposażonych w 65 dział; polski punkt oporu ostrzeliwało również kilka okrętów wojennych. Straty niemieckie wyniosły w tej walce ok. 300–400 zabitych i rannych. Mimo ponaddwudziestokrotnej przewagi wroga, obrońcy – odcięci od reszty polskiej armii, pozbawieni łączności z nią – 7 dni stawiali opór. Nawet agresorzy nie kryli podziwu wobec ich bohaterstwa. Po kapitulacji mjr. Sucharskiemu oddano honory i zezwolono na zabranie do niewoli oficerskiej szabli. Ale była to rycerskość na pokaz. Radiotelegrafista sierż. Kazimierz Rasiński został zamordowany, kiedy odmówił zdradzenia szyfrów placówki, umożliwiających porozumiewanie się z wciąż walczącymi Gdynią i Helem.

Ze strategicznego punktu widzenia bitwa o cypel Westerplatte nie miała najmniejszego znaczenia. Bez obrony Westerplatte sytuacja militarna

Polski żołnierz na stanowisku bojowym

Wojska Polskiego byłaby taka sama, ale jakże inna byłaby sytuacja moralna. Legenda Westerplatte jest prawdopodobnie największym polskim sukcesem propagandowym w historii. Nieustannie powtarzany przez rozgłośnię w Warszawie komunikat „Westerplatte broni się nadal" sprawił, że Polacy nie tracili wiary w skuteczność oporu. Gdyby polskie radio nie uczyniło z Westerplatte nieustającego motywu swych relacji z frontu, niewielu by o nim usłyszało, nie narosłaby wokół niego heroiczna legenda. Prostymi środkami socjotechnicznymi podtrzymywano dumę walczącego narodu. W tej wojnie walczono wszystkimi możliwymi środkami, wojna na słowa była ważną częścią bitwy o panowanie nad światem. Skutkiem działań Polskiego Radia były natychmiastowe narodziny mitu. Wizja krwawej bitwy na zawsze utrwaliła się w świadomości narodu. Na wiarę przyjmowano słowa *Pieśni o żołnierzach z Westerplatte*, w której Konstanty Ildefons Gałczyński napisał: „Prosto do nieba czwórkami szli / żołnierze z Westerplatte". W rzeczywistości straty polskie wyniosły 15 poległych oraz 50 rannych i kontuzjowanych. Ów wiersz Gałczyński napisał w obozie jenieckim. Tekst udało się przemycić do kraju, gdzie został szeroko rozkolportowany. W czasach okupacji znano więc czyn obrońców półwyspu z poezji, ale nie z relacji uczestników bitwy, przebywających wówczas w niemieckiej niewoli.

Dziś porośnięty mocno przetrzebionym lasem półwysep jest na pozór miejscem nieciekawym. Szary, miejscami omszały beton, wystające z ruin pordzewiałe pręty zbrojeniowe, wody Zatoki migoczące pośród drzew – Westerplatte nie przemawia do wzroku, przemawia bezpośrednio do serca. Pozostaje symbolem obrony najwyższych wartości. Do niego odwoływał się Jan Paweł II w czasie wizyty w tym miejscu w 1987, kierując do tłumów młodzieży słowa: „Każdy z was, młodzi przyjaciele, znajduje też w życiu jakieś swoje «Westerplatte». Jakiś wymiar zadań, które musi podjąć i wypełnić, jakąś słuszną sprawę, o którą nie można nie walczyć. Jakiś obowiązek, powinność, od której nie można się uchylić. Nie można «zdezerterować». Wreszcie – jakiś porządek prawd i wartości, które trzeba «utrzymać» i «obronić», tak jak to Westerplatte, w sobie i wokół siebie."

Niemiecki oficer oddający honory mjr. Henrykowi Sucharskiemu po kapitulacji Westerplatte

POCZTA POLSKA W GDAŃSKU

Wraz z rozpoczynającymi II wojnę światową salwami pancernika „Schleswig-Holstein" skierowanymi na Wojskową Składnicę Tranzytową na Westerplatte, Niemcy zaatakowali wszystkie polskie urzędy i placówki oraz ludność cywilną na terenie tzw. Wolnego Miasta Gdańska. Gromadzona latami nienawiść Niemców do Polaków wyładowała się przede wszystkim na widocznych na co dzień pracownikach służb mundurowych, czyli na kolejarzach, celnikach i pocztowcach. Na samym początku zbrodniczej akcji dokonali oni napadu na pomieszczenia służbowe dworca głównego PKP i oddziału poczty dworcowej oraz na Gdańskie Biuro PKP. Tam też polała się pierwsza krew bestialsko mordowanych kolejarzy, zabijanych strzałami z broni palnej, podobnie jak na niedalekiej stacji w Szymankowie. Grupy policjantów, funkcjonariuszy SA i SS niemal równocześnie zajęły siedzibę inspektoratu celnego, Komisariatu Generalnego RP, Gimnazjum Polskie, dom akademicki we Wrzeszczu oraz bloki polskie w Nowym Porcie. Z biur, urzędów, prywatnych mieszkań i domów wywlekano Polaków, bijąc ich i lżąc; ze szczególną brutalnością traktowano działaczy środowisk kulturalnych. Aresztowanych spędzano na przygotowany wcześniej teren obozu zbiorczego w tzw. Victoriaschule, w którym przechodzili gehennę tortur.

O ile jednak udało się Niemcom opanować, niebronione przecież, wspomniane urzędy, o tyle próba uchwycenia z zaskoczenia Polskiej

Poczty Głównej w Gdańsku na placu Heweliusza zakończyła się niepowodzeniem. Budynek był przygotowywany do obrony, a pracownicy przeszkoleni na wypadek ataku. Mając na uwadze ważkość poczty jako węzła łączności, w 1939 polski wywiad zorganizował na jej terenie zakonspirowaną komórkę defensywną, złożoną z zaprzysiężonych pracowników. Na około 100 ludzi zatrudnionych w urzędzie, w sytuacji konfliktu zbrojnego połowa z nich miała stanąć do obrony czynnej.

Dowódcą placówki został skierowany z Warszawy oficer rezerwy, por. Konrad Guderski (pseud. Konrad), specjalista od fortyfikacji. Przybyły oficer po wizji lokalnej postanowił wykorzystać doskonałe walory obronne 3-piętrowego budynku o solidnej konstrukcji, z zakratowanymi oknami piwnic, parteru i pierwszego piętra. Gmach był otoczony żelaznym ogrodzeniem i murem, stanowił dobry punkt oporu, jego wysokość zapewniała wgląd w okoliczny teren. Do urzędu por. „Konrad" sprowadził w tajemnicy przed Niemcami 4 ręczne karabiny maszynowe, kilkadziesiąt pistoletów i karabinów z zapasem amunicji oraz granaty.

W połowie sierpnia 1939, opracowując plan i warianty obrony, por. Guderski wyznaczył spośród konspiratorów-pocztowców dowódców pięter, obsady przyszłych stanowisk bojowych na korytarzach i w oknach, obsługi ręcznych karabinów maszynowych, stany wart oraz punkty i sposoby nocnego czuwania. W porozumieniu z naczelnikiem poczty Józefem Wąsikiem i dyrektorem Okręgu Poczt i Telegrafów Janem Michoniem, zwiększył liczbę pracowników, przenosząc służbowo z gdyńskich urzędów kilku młodych doręczycieli, m.in. Józefa Jarząbka, Andrzeja Binkowskiego, Stefana Bączkowskiego, Władysława Kupkę i Jana Banaszkowskiego. Po rozmowach ujawniających tajemnice placówki, jako wyszkoleni podoficerowie rezerwy otrzymali funkcje celowniczych rkm-ów, stając się przez to filarami obrony. Dużą pomocą w organizacji służył referendarz pocztowy, plut. rez. Alfons Flisykowski, który przyjął funkcję zastępcy dowódcy. Obaj czuwali nad realizacją ułożonego planu, szczególnie w ostatnich dniach sierpnia. Z chwilą ogłoszenia w Polsce powszechnej mobilizacji, zgodnie z instrukcją, placówka poczty została zmilitaryzowana. Por. „Konrad" zarządził ciągłą obecność załogi w urzędzie z wyjątkiem kobiet i stałe dyżury pocztowców w określonych miejscach. Dla lepszej widoczności i poszerzenia pola ostrzału przedpola polecił ściąć sześć dużych kasztanów rosnących przed budynkiem, a przygotowane worki z piaskiem ułożyć w pobliżu okien.

Niemiecki samochód pancerny w czasie walk o Pocztę Polską w Gdańsku

Przed rozpoczęciem działań wojennych niemiecki wywiad ustalił, że pracownicy poczty liczą się z atakiem, ale policjanci i esesmani z „Heimwehr Danzig" nie spodziewali się tak dobrze zorganizowanej obrony. Butnie przypuszczali, że po nagłym i gwałtownym ostrzale polski budynek zostanie szybko zajęty, bo jego załoga podda się bez walki. Tymczasem pierwszy atak 150 napastników, przeprowadzony z kilku stron jednocześnie, załamał się w celnym ogniu obrońców, którzy na odgłos pierwszych serii karabinów maszynowych chwytali za broń i zajmowali pozycje. Oczywiste, że napad wywołał wśród pocztowców duże zaskoczenie, ale zdecydowana polska odpowiedź o wiele bardziej zaskoczyła Niemców.

Wśród esesmanów zapanowała konsternacja, ci bowiem, którzy po wysadzeniu trotylem głównych drzwi wejściowych wtargnęli do środka, musieli pod ogniem obrońców uciekać w popłochu. Załamało się uderzenie z wyłomu wykonanego w ścianie działowej budynku urzędu pracy, przylegającego do gmachu poczty oraz próba ataku grupy szturmowej przez piwnice. Atakujący stracili dwóch zabitych i siedmiu rannych, do których należał oficer dowodzący szturmem. Niestety, straty ponieśli również Polacy, ponieważ poległ jeden z pocztowców oraz dowódca, por. Guderski. Na czele obrońców stanął Alfons Flisykowski.

Dwugodzinna konfrontacja odsłoniła zadziwiającą słabość esesmanów i wykazała, że czuli się silni tylko wobec bezbronnych. Ujawniona potrzeba „większej swobody działania" zmusiła Niemców do zarządzenia gorączkowej ewakuacji mieszkańców okolicznych domów. Ponownie przygotowany atak rozpoczęli ok. godziny 13.00, ale już większymi siłami, przy wsparciu dwóch samochodów pancernych z karabinami maszynowymi oraz haubicy 105 mm. Policjanci kryli się za podjeżdżającymi pod budynek samochodami, próbowali przydusić obrońców zmasowanym ogniem i wtargnąć do środka, ale ich wysiłki kończyły się niepowodzeniem. Ogień haubicy również okazał się mało skuteczny, ponieważ ostrzał utrudniała z jednej strony bliskość celu, a z drugiej zwarta zabudowa miasta.

Wobec niepowodzeń Niemcy rozpoczęli regularne oblężenie. Poczta została ze wszystkich stron otoczona szczelnym kordonem, a stanowiska broni maszynowej w oknach okolicznych domów wzmocnione.

Obrońcy Poczty Polskiej wzięci do niewoli

Korzystając z sąsiedztwa gmachu II rewiru policyjnego, wezwani saperzy wykonali głęboki podkop piwniczny i podłożyli 600-kilogramowy ładunek wybuchowy. Zaangażowana do akcji gdańska straż pożarna szykowała się do wpompowania z cystern do budynku tysięcy litrów benzyny i benzolu, a pospiesznie sprowadzeni na pomoc artylerzyści z dwoma działami kal. 75 mm zajmowali dogodne pozycje ogniowe.

Około godziny 17.00 Niemcy zdetonowali podłożony ładunek trotylu, otwierając równocześnie bezpośredni ogień z dział. W wyniku tego runęła klatka schodowa budynku, zaś pociski artyleryjskie, powodując duże zniszczenia, rozbijały stanowiska strzeleckie na piętrach. Położenie Polaków stało się przez to krytyczne, bowiem ostrzał z piwnic, do których zbiegli, był mało efektywny. Co więcej, wyraźnie sygnalizował Niemcom skupienie załogi w jednym miejscu i wskazywał na zawężenie pola obrony.

Kryzys oporu potwierdził esesmanom podjęty szturm i rzucane do okien piwnicznych granaty. Zepchnięcie pocztowców do kilku ciemnych pomieszczeń umożliwiło Niemcom rozwinięcie węży strażackich, wpompowanie benzyny z benzolem i podpalenie mieszanki miotaczami ognia. Obronę zdusiły płomienie, żar i kłęby dymu. Wobec groźby spalenia żywcem, około 19.00, po czternastu godzinach obrony pocztowcy musieli skapitulować. Mieli 4 zabitych, 8 ciężko rannych i poparzonych (z których 5 zmarło), wielu innych odniosło lżejsze rany.

Niemcy obeszli się z pocztowcami niezwykle okrutnie. Rozwścieczeni esesmani natychmiast zamordowali dyrektora Jana Michonia i naczelnika Józefa Wąsika, pozostałych, bijąc, lżąc i kopiąc przeprowadzili ulicami Gdańska do katowni w „Victoriaschule". 38 z nich rozstrzelali miesiąc później. 28 innych gdańskich pocztowców zamordowali w następnych latach w obozach koncentracyjnych. Ocalało tylko trzech obrońców, którym w czasie euforii przeżywanej przez zdobywców udało się ukryć i szczęśliwie przedostać na zewnątrz kordonu policji.

WĘGIERSKA GÓRKA

Żołnierze Wojska Polskiego walczący w obronie naszej Ojczyzny we wrześniu 1939, wypełniający z bohaterstwem powierzone im zadania, często musieli zmagać się z przeważającymi siłami nieprzyjaciela. Trwali na swoich pozycjach do samego końca, nie licząc na nadejście odsieczy. Poświęcając własne życie, powstrzymywali natarcie wojsk niemieckich na kilka lub nawet kilkanaście godzin, ułatwiając tym samym działania obronne innych jednostek polskich. Szczególne miejsce w historii wrześniowych walk zajmuje niezwykle bohaterska obrona przesmyku górskiego w Węgierskiej Górce.

W marcu 1939, po upadku Czechosłowacji, położenie strategiczne Polski uległo gwałtownemu pogorszeniu. Wkroczenie do Czech jednostek Wehrmachtu i utworzenie pod protektoratem III Rzeszy państwa słowackiego spowodowało, że przewidywany ogólny front walki z wojskami niemieckimi uległ wydłużeniu o 300 km. Zadanie obrony Śląska i stukilometrowego pasa beskidzko-tatrzańskiego powierzono Armii „Kraków", dowodzonej przez gen. Antoniego Szyllinga. Z uwagi na szczupłość własnych sił podjął on decyzję o wzmocnieniu obrony poprzez budowę umocnień stałych i polowych.

Na karpackim skrzydle Armii „Kraków" stałe fortyfikacje zamierzano wybudować m.in. w rejonie Węgierskiej Górki u podnóża Baraniej Góry. Ich głównym zadaniem miało być uniemożliwienie wojskom niemieckim przeprowadzenia szybkiego uderzenia ze słowackiej Czadcy w kierunku na Żywiec, a następnie na tyły wspomnianej armii. Po wcześniejszym przygotowaniu projektów, prace budowlane rozpoczęły się na początku lipca. Planowano początkowo wybudowanie 16 schronów bojowych, jednak do 1 września powstało tylko pięć ciężkich schronów bojowych, położonych w przewężeniu doliny Soły, na linii wzgórze na zachód od Węgierskiej Górki–wzgórze Bukowina. Nie zostały one w pełni wykończone. Nie zdążono, niestety, zamontować już na schronach kopuł pancernych, brakowało osłon na wyloty ciężkich karabinów maszynowych, środków łączności. Schrony nie były także zamaskowane. Poza fortyfikacjami stałymi zdołano częściowo rozbudować system okópów, polowych gniazd ckm-ów oraz zasieków, zapór przeciwczołgowych i pól minowych.

Rygiel obronny „Węgierska Górka" został obsadzony przez 1. batalion 2. pułku strzelców górskich (dawny Baon Korpusu Ochrony Pogranicza „Berezwecz") mjr. Kazimierza Czarkowskiego, wchodzący w skład 1. Brygady Górskiej płk. Janusza Gaładyka. Same schrony bojowe obsadziła

Niemieckie bombowce Junkers Ju-87 Stuka

kompania forteczna „Węgierska Górka". Oddziałem tym, sformowanym pospiesznie w końcu sierpnia z żołnierzy różnych jednostek, w którym większość stanowili górale żywieccy i podhalańscy, dowodził kpt. Tadeusz Semik. W skład kompanii wchodziło 4 oficerów, 14 podoficerów i 52 szeregowych; dysponowali oni następującym uzbrojeniem: 2 armaty polowe kal. 75 mm wz. 97, 3 działka forteczne przeciwpancerne kal. 37 mm wz. 38, 10 ckm-ów i 3 rkm-y.

30 sierpnia żołnierze kpt. Semika obsadzili cztery schrony bojowe: „Wędrowiec" (schron dowódcy kompanii), „Wąwóz" (dowódca schronu ppor. rezerwy Antoni Chudziński), „Włóczęga" (ppor. Marian Małkowski) i „Waligóra" (tradytor artyleryjski, w którym umieszczono 2 armaty kal. 75 mm; por. Leopold Galocz). Piąty schron – „Wyrwidąb" – nie brał udziału w walce.

2 września około godziny 14 rozpoczęło się natarcie niemieckiej 7. Dywizji Piechoty na pozycje w rejonie Węgierskiej Górki. Na nielicznych polskich obrońców uderzyła dywizja wroga, licząca 17 tys. żołnierzy! Pierwsze ataki zakończyły się całkowitym niepowodzeniem Niemców. W ogniu polskich ckm-ów, zarówno ze schronów, jak i ustawionych na stanowiskach polowych, nieprzyjaciel poniósł duże straty. W tej sytuacji Niemcy postanowili zdobywać poszczególne schrony uderzeniami grup szturmowych, wzmocnionych drużynami saperów i miotaczami ognia. Jednak do zmierzchu nie zdołały one uzyskać jakichkolwiek sukcesów.

Około godziny 19 płk Gaładyk rozkazał mjr. Czarkowskiemu wycofać 1. batalion 2. pułku strzelców górskich z zajmowanych pozycji. Rozkaz wykonano o zmroku, jednak znaczna część żołnierzy KOP, do których nie zdołano go przekazać, trwała nadal na swoich stanowiskach. Wycofała się natomiast załoga tradytora „Waligóra", która nie dysponowała już amunicją artyleryjską. Dalszy ciężar walk spoczął na osamotnionych obrońcach trzech schronów bojowych. Niemcy pod osłoną ciemności kontynuowali ataki przez całą noc. Z nastaniem dnia natężenie walki jeszcze bardziej wzrosło. Główny wysiłek Niemcy skoncentrowali na próbach zdobycia schronów „Włóczęga" i „Wędrowiec". Znajdowały się one nie tylko pod bardzo silnym ostrzałem artyleryjskim, w tym dział przeciwpancernych i przeciwlotniczych – do akcji wprowadzono również samoloty bombowe. Niemcy stopniowo odkrywali tzw. martwe pola, gdzie nie groził im ogień polskich karabinów maszynowych, i podchodzili bezpośrednio do schronów, atakując je ładunkami wybuchowymi, wiązkami granatów oraz

Niemieckie oddziały pancerne podczas inwazji na Polskę

miotaczami ognia. Polacy bronili się ręcznymi wyrzutniami granatów, tych ostatnich mieli jednak zaledwie kilkadziesiąt na schron.

Załoga schronu „Włóczęga" na zachodnim brzegu Soły broniła się do godziny 8.30. W nieustannie ostrzeliwanym, lewoskrzydłowym schronie „Wąwóz" uległy uszkodzeniu lufy armaty przeciwpancernej i ckm-ów. W tej sytuacji żołnierze kpt. Semika musieli bronić się w osamotnieniu, bez wsparcia ogniowego sąsiadów. W swojej powojennej relacji kpt. Tadeusz Semik wspominał:

„W pierwszy dzień [Niemcy] szli na hurra. Nie patrzyli na nic i zginęło z nich wielu. Potem już ostrożniej działali. Gdy przekonali się, że mam uszkodzone niektóre stanowiska, to strzelali w nie z moździerzy. Ponieważ wyloty strzelnicze w naszych fortach nie były ukończone, nie miały bocznych osłon, więc jak niemiecki pocisk trafił (...), to krzywił lufę i nie można było strzelać. W ten sposób wyczuli, gdzie są te martwe pola. Z wierzchu nie mogłem strzelać, boczny ogień też ograniczony, a więc wychodzili na wierzch, robili sobie wiązki granatów po 8–10 sztuk, zapalali lont i rzucali do tego otworu. Straszny huk. Ogłuszyli nas. (...) Prawie wszyscy byli ranni, mniej lub więcej, od odprysków betonu w ręce, w twarz. Mniej odpornych, to w komorze osadziłem. Ale miałem taki zespół dzielny, taki szturmowy, że mimo iż mieli poowijane ręce i twarze – wyskakiwali i haratali granatami na zewnątrz. Również patrole wyskakiwały do walki wręcz.

Jeszcze się nie ściemniło dobrze, a już wypadło z czterdziestu szturmowców. To byli Bawarzy. (...) Zamknąłem drzwi i pozwoliłem im podejść pod sam fort. A później przez specjalne otwory w ścianach granatami ich tam... Także było kilkunastu zabitych i reszta rannych. W nocy Niemcy prosili mnie, żebym pozwolił zabrać rannych, na co się zgodziłem.

Z góry wiedziałem, że to długo trwać nie będzie. Rzeczywiście, zobaczyłem, że już poddał się „Włóczęga", a ja miałem wyloty luf karabinów maszynowych i armatek pokrzywione, niezdolne do strzału, zostałem ranny na stanowisku dowodzenia.

Siedziałem przy dziale przeciwpancernym i patrzyłem przez lornetkę, a oni strzelali w jeden punkt, aż przebili dziury i pewnym momencie przywaliło mnie tam. Wiedziałem, że nie mam szans. Ranni zamiast czerpać wodę, wprost brali z naczynia, tak, że zaczerwieniła się, wyglądała jak krew, a to była woda. Byli głodni. Brak granatów, niemożność strzelania – koniec. Muszę się poddać, żeby ratować życie tych paru żołnierzy".

Nierówna walka trwała aż do godziny 17, załoga „Wędrowca" poddała się dopiero po wysadzeniu schronu trotylem. W jednym z niemieckich propagandowych wydawnictw, które ukazały się po zakończeniu walk w Polsce, zamieszczono relację bezimiennego żołnierza Wehrmachtu, uczestnika walk o Węgierską Górkę. Jest ona mimowolnym dowodem uznania dla polskich żołnierzy:

„(...) strzela nasza artyleria! Pada strzał za strzałem. Po godzinie pojawiają się pierwsze pęknięcia na naszym bunkrze. Myślimy, że ci chłopcy poddadzą się. Nic podobnego! Już otworzyli do nas ogień. Ponownie częstujemy ich granatami moździerzowymi. (...) Jeden z naszych piechurów wspina się na strop bunkra i wrzuca do środka granaty ręczne. Pada trafiony strzałami. W międzyczasie podkradli się nasi saperzy i wsunęli w szczelinę ładunek materiałów wybuchowych. Wycofują się – detonacja rozrzuca ziemię i wstrząsa bunkrem. Dopiero wówczas wychodzą... Ośmiu ludzi dowodzonych przez podporucznika, wszyscy czarni (...).

Czterech zginęło w bunkrze. (...) Dzielni żołnierze, jakiś polski oddział elitarny. (...) Dali z siebie wszystko".

Załoga schronu „Wąwóz" dotrwała na stanowiskach aż do zmroku i dopiero wtedy opuściła go. Do tego czasu walczyli także na stanowiskach polowych żołnierze baonu KOP, którzy później pod osłoną nocy wycofali się w kierunku na Oczków. W krwawych walkach 2–3 września Niemcy ponieśli bardzo wysokie straty, obliczane na około 200 zabitych i 300 rannych. Poświęcenie obrońców „Węgierskiej Górki" miało także inny, szerszy wymiar – zapobiegło otoczeniu znacznych sił polskich w rejonie Myślenic w dniu 5 września 1939.

■

Generał major Eugen Ott, dowódca 7. Dywizji Piechoty Wehrmachtu, oceniając walki stoczone przez swoją jednostkę drugiego i trzeciego dnia wojny, stwierdził dobitnie:

„Obrońcy ufortyfikowanej pozycji „Węgierska Górka" zasługują na najwyższy, żołnierski szacunek. (...) Poddali się właściwie po wyczerpaniu wszelkich możliwości obrony, mając uszkodzone działa, amunicję na wyczerpaniu, niemal wszyscy odnieśli rany. Rozmawiałem potem z ich dowódcą, polskim kapitanem, to wzór żołnierza dla każdej armii. Na moje pytanie, dlaczego się tak uporczywie bronił wiedząc, że nie ma szans, sąsiednie forty padły, a on wciąż trwał, sam ranny, odpowiedział po prostu: a jak mogłem postąpić inaczej? Nie był to odosobniony przykład waleczności Polaków, z którą spotkałem się podczas wrześniowej kampanii".

WIZNA

Jedną z najbardziej bohaterskich kart w wojnie obronnej Polski 1939 zapisali obrońcy odcinka „Wizna", którzy szczupłą garstką przeciwstawili się druzgocącej nawale niemieckich wojsk pancernych, wstrzymując ich pochód o dwa dni. Poświęcenie obrońców przyniosło tej zaciekłej obronie nazwę „polskich Termopil".

W planie obronnym Polski na wypadek wojny z Niemcami założono, w oparciu o istniejące i nowo budowane fortyfikacje, obronę linii rzeki Narwi i Biebrzy po Puszczę Augustowską. Rejon ujścia Biebrzy do Narwi zajmował odcinek obronny „Wizna" (nazwa od leżącej tu wsi). Z końcem czerwca 1939 rozpoczęto budowę umocnień, wykorzystując dobre ze względów obronnych ukształtowanie terenu w zakolu Narwi i roztaczające się w okolicy bagna. Odcinek liczący ok. 9 km (od Kołodziei do Maliszewa) podzielono na dwa pododcinki: północny – „Giełczyn" na prawym brzegu Narwi i południowy – „Strękowa Góra" na lewym brzegu. Do wybuchu wojny nie zdołano wykonać wszystkich prac fortyfikacyjnych. Wybudowano 16 schronów, w tym 6 ciężkich (stanowiących pozycję główną), uzupełnionych 6 małymi. 8 żelbetowych budowli posiadało kopuły pancerne. W odległości blisko 5 km, na pozycji wysuniętej, usytuowanej w załamaniu grobli, powstały 2 małe bojowe schrony i 2 lekkie nad samą rzeką. Całość uzupełniono umocnieniami polowymi i zaporami przeciwczołgowymi.

Załogę odcinka stanowiły: 8. kompania 135. pułku piechoty z plutonem ciężkich karabinów maszynowych, 3. kompania ckm-ów batalionu fortecznego „Osowiec", bateria artylerii pozycyjnej, 136. rezerwowa kompania saperów, pluton artylerii z 71. pułku piechoty, pluton zwiadowców konnych ze 135. pułku piechoty i pluton pionierów z 71. pułku piechoty; razem ok. 20 oficerów oraz 700 podoficerów i szeregowych, wyposażonych w 6 dział 76 mm, 24 ckm-y, 18 rkm-ów i 2 karabiny przeciwpancerne.

Całością dowodził kpt. Władysław Raginis, dowódca 3. fortecznej kompanii ckm-ów. Oficer, urodzony w 1911 w Dźwińsku (Dyneburgu) na Łotwie, po skończeniu nauki w szkołach wojskowych rozpoczął w 1930 służbę w 76. pułku piechoty w Grodnie, początkowo jako dowódca plutonu, a następnie – po awansie na porucznika – został dowódcą kompanii ckm-ów. Jako wzorowy żołnierz, awansowany na kapitana, został przeniesiony do pułku KOP „Sarny", do służby w rejonie umocnionym na granicy z ZSRR. Dopiero 26 sierpnia Raginis ze swoją kompanią objął odcinek obrony.

Niemiecki zwiad pancerny we wrześniu 1939

Kilka pierwszych dni wojny upłynęło tutaj dość spokojnie. 7 września zbliżyła się niemiecka pancerna szpica z 10. Dywizji Pancernej, rozbijając w walce pod Jedwabnem zaskoczony pluton konnych zwiadowców. Polska placówka wycofała się za Narew. Niedługo potem zniszczono most wraz z pierwszymi niemieckimi czołgami.

8 września na przedpolu pozycji „Giełczyn" rozpoczęła działanie od strony Biebrzy niemiecka brygada forteczna „Lötzen". 10. Dywizja Pancerna nacierała na wprost, po osi Wizna–Góra Strękowa. 2. Dywizja Zmotoryzowana parła na Niwkowo, Grądy, Woniecko. 3. Dywizja Pancerna stanęła w odwodzie. Pierwszy rzut niemiecki liczył ok. 30 tys. żołnierzy, wyposażonych w 160 czołgów, liczną artylerię i wspieranych lotnictwem, które prowadziło intensywne rozpoznanie i bombardowanie pozycji polskich.

Pododdziały niemieckie posuwały się w kierunku polskich stanowisk. Dobrze wyszkolony żołnierz wytrzymał nerwowo i oszczędzając amunicję, krótkimi seriami z rkm-ów przygważdżał nacierających do ziemi. Niemcy rozpoczęli ponowny ostrzał artyleryjski, kładąc nawałę na całą głębokość obrony, by w końcu skoncentrować się na dwóch wysuniętych w stronę Wizny schronach.

Całe przedpole i polskie stanowiska przykryły się gęstym dymem. Z rzadka starała się odgryzać bateria por. Stanisława Brykalskiego, który wraz z kpt. Raginisem obiecali sobie, że żywi nie oddadzą pozycji. Przez 2 godziny trwał potężny ostrzał schronów czaty „Wizna", tak silny, że pod wieczór u dowódcy zameldowało się jedynie kilku ocalałych stamtąd żołnierzy.

Plutony z przedpola wycofano na pozycję główną – jeden na „Strękową Górę", drugi na „Maliszewo-Łynki".

W nocy z 8 na 9 września pod Wizną pojawił się XIX Korpus Pancerny gen. Heinza Guderiana. Korpus po szybkim przejściu polskiej pozycji miał wykonać zagon na Brześć Litewski i odciąć drogę odwrotu oddziałom polskim. Rano do Wizny przybył Guderian. Zdziwiony i poirytowany faktem, że gen. Stumpff ze swoją 10. Dywizją Pancerną nie zdobył jeszcze polskiej pozycji, osobiście rozpoczął kierować natarciem, rozkazując włączyć się do walki także 3. Dywizji Pancernej. Teraz siły niemieckie rzucone na garstkę obrońców odcinka liczyły już 42 tys. żołnierzy i 350 czołgów. Podczas lustracji pierwszej linii Guderian dostał się pod ogień polskiego ckm-a i dłuższy czas musiał przeleżeć na ziemi. Wzmagał się ogień artylerii niemieckiej. Postępowały zniszczenia, padali zabici i ranni.

Pluton polskich armat przeciwpancernych zajmujący pozycje bojowe

Na pododcinku „Giełczyn", bronionym przez 2. pluton forteczny i pluton z 8. kompanii, dowodzonym przez por. Witolda Kiewlicza, rozgorzała na nowo gwałtowna walka. Załogi musiały opuścić pozbawione wentylacji schrony i przenieść broń do okopów, prowadząc z nich dalszą walkę. Padł śmiertelnie raniony por. Brykalski.

Raginis nie był w stanie wesprzeć „Giełczyna", ponieważ i w innych miejscach walki zaczęły przybierać na sile. Gdy na stanowisko Kiewlicza wychodziła od czoła kolejna tyraliera, od strony północnej na nieosłoniętym skrzydle pojawiły się czołgi. Tyralierę powstrzymał jeszcze ogień polski. Jednak wzmożony ostrzał artyleryjski obezwładnił obronę. Kiewlicz otrzymał z Osowca telefoniczny rozkaz nakazujący spalenie mostu na Narwi i wycofanie się. Obrońcy podpalili most i w ostatniej chwili, tuż przed niemieckimi czołówkami, przeszli przez ogień płonącego mostu, unosząc rannego dowódcę i wycofali się w nocy do Białegostoku. Mordercza walka trwała na lewym brzegu Narwi. Płonęło całe przedpole, trawa, drzewa, chaty, stogi siana. Kpt. Raginis został ciężko ranny.

Około południa rozpoczęło się gwałtowne uderzenie na lewe skrzydło obrony. Po kilku godzinach napastnicy weszli w głąb obrony, niszcząc wszystko po drodze. Do końca bronił się lewoskrzydłowy schron „Maliszewo-Łynki", w pewnym momencie ostrzeliwując wręcz nacierających Niemców od tyłu. Tylko na pewien czas sytuację uratował rozpaczliwy kontratak piechoty 135. pułku, w wyniku którego odzyskano linie strzeleckie i resztki jednego z ciężkich schronów.

Niemcy wzmocnieni posiłkami ruszyli do kolejnego ataku. Około godziny 18.00 schron „Kurpiki" nie miał już broni maszynowej, a jego dowódca, kpt. Wacław Schmidt (dowódca 8. kompanii 135. pułku piechoty, osobiście obsługujący ckm w kopule) był oślepiony przez wybuch pocisku. Wraże czołgi przejechały przez polskie pozycje, tracąc kilka trafionych maszyn. Resztki obrońców „międzypola" wycofały się. Załogi pozbawionych wentylacji bunkrów walczyły dalej, obrońcy mdleli oszołomieni wybuchami, dymem, kurzem, gazami z eksplodujących pocisków i własnej broni.

Gdy czołowe niemieckie natarcie na jeden ze schronów nie przyniosło skutku, oddział szturmowy przeszedł przez zgliszcza wsi Kurpiki i uderzył ukośnie na broniących się. Nadjechały czołgi i skryci za nimi Niemcy zbliżyli się do bunkra. Ogień czołgów prowadzony bezpośrednio do strzelnic chwilowo obezwładnił polskich cekaemistów, a jeden z Niemców podbiegł do drzwi wejściowych i założył tam ładunek. Wybuch wyrwał drzwi, ale wejście zamknięto natychmiast ogniem ckm-a, którego stanowisko zostało w końcu zniszczone wiązką granatów rzuconych w otwór przez innego sapera. Niemcy i wtedy nie weszli. Trzymał ich w szachu ogień ckm-a z kopuły. Dopiero kolejny saper wdrapał się na schron i wrzucił do środka granaty. Wewnątrz Niemcy znaleźli ciała 9 obrońców.

Jeszcze 10 września broniły się ostatnie bunkry, z resztkami na wpół żywych, ogłuszonych i oślepłych załóg. Zmordowane niedobitki załogi schronu „Strękowa Góra" ok. godziny 11.00, na wyraźny rozkaz dowódcy, poszły do niewoli. Ciężko ranny Raginis z odbezpieczonym granatem poczekał na Niemców, wierny przysiędze do końca.

OBRONA WARSZAWY

W niemieckim planie agresji na Polskę zdobycie Warszawy stanowiło jeden z ważnych celów operacyjnych. Sztabowcy uważali, że zmuszenie stolicy do kapitulacji nadwątli wolę oporu polskich oddziałów. Warszawa od pierwszego dnia wojny była poddana intensywnym nalotom Luftwaffe. Chroniąca miasto z powietrza Brygada Pościgowa zestrzeliła tego dnia 14 maszyn wroga, ale nie była w stanie zatrzymać nawały. 3 września, w obliczu zagrożenia atakiem naziemnym, minister spraw wojskowych gen. Tadeusz Kasprzycki – na rozkaz Naczelnego Wodza marszałka Edwarda Rydza-Śmigłego – powołał dowództwo obrony stolicy z gen. Walerianem Czumą na czele. Okazało się to słusznym pociągnięciem, gdyż już 5 września 1939 niemiecka 8. Armia przełamała obronę Armii „Łódź", zajmując Piotrków Trybunalski i rozbijając zgrupowanie rezerwowej Armii „Prusy". Oznaczało to już realne zagrożenie dla Warszawy. Tego samego dnia rozpoczęto więc ewakuację najważniejszych instytucji państwowych. W specjalnych konwojach wywieziono także zapasy złota przechowywane w skarbcu Banku Polskiego. Warszawę zaczęto pospiesznie przygotowywać do obrony. Stołeczne kina zamieniono na kwatery dla przewidywanych uchodźców, budowano umocnienia polowe i uliczne barykady. Wojskowi zdawali sobie sprawę z tego, że sytuacja na froncie pogarsza się. 7 września ze stolicy – zagrożonej natarciem niemieckiej 10. Armii – wyjechały najwyższe władze

Rzeczpospolitej. Rząd udał się do Łucka, marszałek Edward Rydz-Śmigły do Brześcia nad Bugiem, prezydent Ignacy Mościcki w okolice Lublina, a następnie do Ołyki.

Nazajutrz gen. Juliusz Rómmel – dotąd komenderujący rozbitą przez Niemców Armią „Łódź" – objął w stolicy dowództwo nad wojskami znajdującymi się w rejonie Warszawy i Modlina (zgrupowanymi w ramach naprędce utworzonej Armii „Warszawa"). Komisaryczny prezydent miasta (pełnił tę funkcję od 1934) Stefan Starzyński został mianowany Komisarzem Cywilnym przy Dowództwie Obrony Warszawy. Z czasem jego bohaterska, pełna godności postawa, z jaką podtrzymywał ducha warszawiaków w przemówieniach radiowych, stała się symbolem Wrześniowego oporu stolicy. Bezustannie apelował o pomoc dla wojska, samoobronę przeciwlotniczą i przeciwpożarową, nawoływał do organizowania się społeczeństwa stolicy w obliczu zagrożenia. Po kapitulacji współtworzył struktury administracji podziemnej; aresztowany przez Niemców w końcu października 1939, zginął w obozie w Dachau. Zwarcie szeregów obrońców było konieczne, gdyż tego samego dnia (8 września)

Stefan Starzyński

nieprzyjacielskie czołgi podeszły do przedmieść – Służewca i Szczęśliwic, a co gorsze, na północy oddziały 4. Armii, łamiąc linię obrony polskiej nad Narwią, osiągnęły Bug. W nowej sytuacji Edward Rydz-Śmigły zmienił koncepcję dalszej obrony – armie odcięte na lewym brzegu Wisły miały się bronić w rejonie Warszawy i Modlina, natomiast jednostki, którym uda się przedrzeć na wschód od Wisły, miały kierować się na południe – na Lubelszczyznę, Wołyń i do Małopolski Wschodniej. Wstępne uderzenie niemieckich oddziałów pancernych niemieckiego XVI Korpusu Pancernego z 10. Armii na dzielnice Wola i Ochota zostało odparte 9 września. Szczególnie zaciekły bój z 4. Dywizją Pancerną stoczyła w rejonie ul. Wolskiej kompania z 40. Lwowskiego Pułku Piechoty, rozbijając czołowe ugrupowanie nieprzyjaciela. Siły obrońców były jednak dość szczupłe, dowództwo zdecydowało się więc na rozpoczęcie werbunku do ochotniczych Robotniczych Batalionów Obrony Warszawy, których zamierzano użyć do zatrzymania przewidywanego kolejnego niemieckiego ataku.

Szturmu nie ponowiono, gdyż wycofujące się z Wielkopolski i Kujaw armie „Pomorze" i „Poznań" pod dowództwem gen. Tadeusza Kutrzeby wykonały zwrot zaczepny w kierunku na Stryków, Łęczycę i Łowicz przeciwko odsłoniętemu skrzydłu niemieckiej 8. Armii, rozpoczynając największą bitwę kampanii wrześniowej – bitwę nad Bzurą. Natarcie na tyły wojsk niemieckich prących na Warszawę zmieniło plan błyskawicznej kampanii Hitlera. Cała 8. Armia i część 10. Armii zostały zmuszone do wstrzymania natarcia na Warszawę i wsparcia zagrożonych dywizji. Kiedy 12 września Niemcy wprowadzili do działań nad Bzurą ok. 800 czołgów i 300 samolotów, mimo powodzenia natarcia Armii „Pomorze" na Łowicz oraz grupy gen. Edwarda Knolla na Stryków, gen. Kutrzeba zdecydował się wstrzymać ofensywę i przebijać w stronę Warszawy. Także zgrupowanie Armii „Pomorze" gen. Władysława Bortnowskiego rozpoczęło uderzenie w kierunku na Sochaczew i Puszczę Kampinoską z zamiarem otwarcia drogi odwrotowej na Warszawę. Natarcie zostało zatrzymane przez niemieckie oddziały pancerne. Walki nad Bzurą umożliwiły jednak zorganizowanie skutecznej obrony miasta, dając dowódcom bezcenny czas na działanie.

13 września oddziały niemieckiej 3. Armii otoczyły od wschodu Warszawę, zamykając pierścień oblężenia. W ciągu kolejnych 48 godzin

ze wschodnich przedpoli stolicy wycofano siły Armii „Warszawa", by wzmocnić obronę miasta. W tym samym czasie Niemcy rozpoczęli przygotowania do rozstrzygającego uderzenia. 15 września przedpola Warszawy wizytował Adolf Hitler, by przez artyleryjskie lornety obserwować postępy ataku niemieckiego na polską stolicę. Na Warszawę spadło w tym dniu przeszło 5 tys. bomb i pocisków artyleryjskich. Bohaterskie próby przeciwstawienia się nalotom przez pilotów Lotniczej Brygady Pościgowej nie mogły być – w obliczu rażącej dysproporcji sił – skuteczne. W ogniu stanął Zamek Królewski i katedra św. Jana. Akcja ratunkowa na zamku, przerywana przez ziejące ogniem samoloty Luftwaffe, zatrzymała płomienie, ale straty były ogromne. Pożar strawił dachy i hełmy, zapadł się strop sali Balowej wraz z olbrzymim plafonem pędzla Bacciarellego. Było to jednak tylko preludium tragedii. W grudniu 1944 niemieccy saperzy zmietli zamek, podobnie jak niemal całe Stare Miasto, z powierzchni ziemi.

Mimo strat, dowódca Armii „Warszawa" gen. Juliusz Rómmel odrzucił propozycję kapitulacji stolicy złożoną 16 września. Nazajutrz sytuacja walczącej Polski zmieniła się diametralnie. W obliczu sowieckiej agresji na ziemie wschodnie, cała koncepcja dalszej obrony kraju legła w gruzach. W nowej sytuacji dyrektywy marszałka Rydza-Śmigłego nakazywały gen. Tadeuszowi Kutrzebie przebijać się znad Bzury do Warszawy i wzmocnić jej obronę; stolica kraju, Modlin, Hel i inne ośrodki oporu miały wiązać siły niemieckie i trwając w obronie, ułatwiać ewakuację pozostałych wojsk na rumuńskim „przedmościu". Jednak dwa dni później otoczone w rejonie Wyszogrodu resztki armii „Poznań" i „Pomorze" zaprzestały walki. Jedynie niewielkiej części oddziałów udało się przebić przez Puszczę Kampinoską do Warszawy i Modlina. Po przebiciu się do miasta resztek rozbitych nad Bzurą armii „Poznań" i „Pomorze" na progu czwartego tygodnia wojny w Warszawie znalazło się ok. 120 tys. żołnierzy. Niemcy przygotowali do szturmu siły 8. Armii oraz część 3. Armii pod wspólnym dowództwem gen. Johannesa Blaskowitza.

Warszawska rozgłośnia Polskiego Radia powtarzała wprawdzie, że stolica nadal się broni, ale coraz powszechniejsze było przekonanie, iż opór nie zdoła odwrócić tragicznej karty. Miasto ponosiło coraz cięższe straty, a nadzieja na skuteczną odsiecz była praktycznie żadna. Trwał systematyczny ostrzał artylerii ciężkiej oraz bombardowania lotnicze.

Doprowadziły one do zniszczenia m.in. Teatru Wielkiego, kościołów Zbawiciela i Trójcy Świętej oraz Elektrowni Miejskiej. 25 września oddziały niemieckiej 8. Armii rozpoczęły przygotowanie do generalnego natarcia na Warszawę. Od godziny 7.00 aż do zmroku 300 bombowców próbowało skruszyć obronę i złamać ducha ludności cywilnej. Dziesiątki budynków legły w gruzach, przestały działać wodociągi, szpitalom zabrakło środków opatrunkowych, a na ulicach leżały zwłoki ofiar bombardowania, których nie nadążano grzebać. Mimo to wyprowadzone następnego dnia natarcie, zostało – po dwudniowych walkach – przez obrońców Warszawy odparte. Starzyński w ostatnim przemówieniu przed zamknięciem rozgłośni mówił: „Chciałem, by Warszawa była wielka. Wierzyłem, że wielką będzie. (...) choć tam, gdzie miały być parki – dziś są barykady gęsto trupami pokryte, choć płoną nasze biblioteki, choć palą się szpitale – nie za lat pięćdziesiąt, nie za sto, lecz dziś Warszawa broniąca honor Polski jest u szczytu swej wielkości i chwały". Walczące strony zgodziły się na zawieszenie broni. Gen. Rómmel zdawał sobie sprawę, że wygrawszy bitwę o honor, nie zdoła ocalić miasta przed okupacją.

Barykada na rogu ulic Marszałkowskiej i Wilczej we wrześniu 1939

27 września na podstawie uprawnień przekazanych przez Naczelnego Wodza, dał gen. Michałowi Karaszewiczowi-Tokarzewskiemu pełnomocnictwo do zorganizowania wojskowej siatki konspiracyjnej. Gen. Tokarzewski powołał do życia wojskowo-polityczną organizację podziemną Służba Zwycięstwu Polski.

W obliczu braku wody, żywności i amunicji, a także beznadziejnej ogólnej sytuacji strategicznej dowództwo obrony Warszawy podjęło decyzję o kapitulacji. 28 września w imieniu dowództwa obrony dokument podpisał gen. Tadeusz Kutrzeba. Straty ludności cywilnej wyniosły ok. 10 tys. zabitych i 50 tys. rannych, wojska – 2 tys. zabitych i 16 tys. rannych. Zniszczono 10% budynków miasta. Niemiecka machina wojenna po raz pierwszy – w tej skali – pokazała, że prawa wojenne czy oszczędzanie ludności cywilnej to tylko wspomnienia dawnych czasów, sentymenty, na które w dobie Blitzkriegu nikt nie będzie zwracał uwagi. Dla miasta rozpoczynała się długa noc okupacji. Noc pełna ofiar, ale i działań ruchu oporu, dla którego stolica miała być w nadchodzących latach głównym frontem walki.

Płonący Zamek Królewski w Warszawie

WALKI KOP Z ARMIĄ CZERWONĄ

Korpus Ochrony Pogranicza służył na wschodniej granicy od 1924. W 1939 większość batalionów i szwadronów przerzucono na zachód przeciwko Niemcom. Na wschodzie z trudem odtworzono w niepełnych składach oraz z dużymi brakami w uzbrojeniu i wyposażeniu 24 bataliony piechoty, 2 szwadrony i 1 dywizjon kawalerii.

Polskie władze polityczne i wojskowe nie spodziewały się napadu Rosjan, a dowództwo KOP do końca nie otrzymało rozkazów działania na wypadek wojny na dwóch frontach. Zasadniczo Korpus przeznaczony był do działań osłonowych, ale ze względu na osłabienie formacji niemożliwa stała się realizacja tego zadania; skupiono się jedynie na zamknięciu i dozorowaniu granic.

Skład Korpusu przedstawiał się wówczas następująco:
pułk KOP „Wilno" (bataliony „Nowe Święciany", „Niemenczyn", „Troki" i „Orany") pilnował granicy z Litwą; granicę z ZSRR na północnym wschodzie dozorował pułk „Głębokie" (bataliony „Podświle" i „Łużki"); dalej na południe stacjonował pułk „Wilejka" (bataliony „Iwieniec", „Krasne", „Budsław" i szwadron kawalerii „Budsław"); w Nowogródzkiem pułk „Baranowicze" (bataliony „Kleck" i „Stołpce"); na Polesiu granicę chroniła brygada „Polesie" (bataliony „Dawidgródek", „Sienkiewicze" i „Ludwikowo"); Wołyń strzeżony był przez pułk „Sarny" (bataliony „Bereźne", „Rokitno", szwadron kawalerii „Bystrzyce" oraz bataliony forteczne

„Sarny" i „Małyńsk" – jedyne wyposażone w artylerię) i pułk „Równe" (bataliony „Dederkały", „Ostróg" i dywizjon kawalerii „Niewirków"); granicę podolską dozorował pułk „Podole" (bataliony „Skałat", „Kopyczyńce", „Borszczów" i szwadron kawalerii „Hnilne").

Rosjanie, zaskoczeni szybkością działań niemieckich, nie byli w pełni przygotowani do wypełnienia sojuszniczych zobowiązań wynikających z paktu Ribbentrop–Mołotow, mimo to, ponaglani przez Niemców, zdecydowali się przeprowadzić atak na niespodziewających się niczego Polaków. 17 września o godzinie 3 w nocy ambasador Polski w ZSRR Wacław Grzybowski otrzymał obraźliwą i agresywną notę wypowiadającą obowiązujące układy o nieagresji.

Główne natarcia rosyjskie miały wyjść z Białorusi (Front Białoruski) na zachód i z Podola (Front Ukraiński) na północny zachód; w sumie w granice Polski skierowano 25 dywizji piechoty, 16 dywizji kawalerii, 12 brygad pancernych i zmotoryzowanych. Siły napastnicze, uzupełniane na bieżąco, osiągnęły stan ok. miliona żołnierzy, wyposażonych w ponad tysiąc samolotów oraz ok. 4 tys. czołgów i samochodów pancernych. Na każdy batalion KOP, który jako pierwszy miał doświadczyć „internacjonalistycznej pomocy", przypadał sowiecki korpus, a na każdego polskiego żołnierza – ok. 50 tys. sowieckich. Armia Czerwona miała działać szybko, organizując do tego celu grupy złożone z jednostek pancernych, zmotoryzowanych i kawalerii.

Świtem 17 września Sowieci przekroczyli granicę na całej jej długości, od Łotwy po Rumunię. Runęli na szlaki komunikacyjne. W wielu miejscach atak rozpoczęła sowiecka straż graniczna jeszcze przed właściwą inwazją. Gdzieniegdzie przepuszczano Sowietów, gdzieniegdzie podejmowano walkę.

Dla prawdy historycznej wspomnieć trzeba, że niektórzy żołnierze sowieccy w pierwszych godzinach zachowywali się dość przyjaźnie i wołali, że idą bić „Giermańca". Nie wiadomo, czy była to celowa akcja dezinformacyjna, czy też nie. Takiemu postępowaniu częściowo dał wiarę Naczelny Wódz marszałek Edward Rydz-Śmigły, który na wieść o wejściu Rosjan i ich stosunkowo poprawnym zachowaniu wydał po południu rozkaz stawiania oporu tylko w wypadku samoobrony i przy próbach rozbrojenia. Oblicze napastników szybko się zmieniło, tak w stosunku do wojska, z którego wyłapywano oficerów i podoficerów zawodowych i osadzano ich w obozach, jak i do cywili, pośród których rozpoczęto masowe aresztowania.

Na północy rankiem 17 września zaatakowane zostały bataliony „Łużki" i „Podświle". Około godziny 3 w nocy sowiecka Straż Graniczna napadła na strażnicę Dzisna, której załoga po walce wycofała się do Małaszek, gdzie wraz z odwodami i ochotnikami stoczyła kolejną walkę, by w końcu wycofać się na Łotwę. Poległo wielu żołnierzy pułku „Głębokie", w tym dowódca batalionu „Łużki" mjr Franciszek Bernot, wielu dostało się do niewoli. Większość jednostek wraz z Obroną Narodową i ochotnikami w ciągłych bojach próbowało przebijać się na zachód, lecz w końcu wyczerpane i bez możliwości działań w dniach 21–23 września przekroczyły granicę łotewską. Pułk „Wilejka" wycofywał się na zachód. Najcięższe boje stały się udziałem batalionu „Krasne" i szwadronu „Krasne", które opóźniały marsz 10. armii, atakując czołgi m.in. butelkami z benzyną. 18 września niedaleko Oszmiany zostały wraz z batalionem „Budsław" rozbite po zaciętej

Żołnierze Korpusu Ochrony Pogranicza na granicy polsko-sowieckiej

walce w okrążeniu; szwadron „Krasne" dostał się do niewoli, a jego dowódca, rtm. Konstanty Anton zginął później w Katyniu. Resztki pułku przeszły granicę litewską. Jedynie niepodejmujący walki szwadron „Iwieniec" w całości przeszedł na Litwę.

Południowe krańce granicy zaatakowały o świcie 17 września czołgi i kawaleria 12. Armii, forsując w marszu brody na Zbruczu i łamiąc opór pułku KOP „Podole", dowodzonego przez ppłk. Marcelego Kotarbę. W Podwołoczyskach i Husiatynie doszło już do walk ok. 2 w nocy. Batalion „Skałat" przez cały dzień toczył boje, wycofując się w kierunku Trembowli. W końcu ppłk Stanisław Janusz wobec groźby okrążenia i rozbicia rozwiązał i rozproszył batalion.

Walki baonu „Borszczów" miały szczególne znaczenie, ponieważ osłaniały granicę od Rumunii, a w Kutach i Kołomyi, odległych o 80 km, znajdowały się kwatera Naczelnego Wodza i agendy rządu polskiego. Wobec miażdżącej przewagi wroga nie było mowy o skutecznej obronie. Prawoskrzydłowe kompanie zepchnięte w widły Dniestru i Zbrucza przeszły do Rumunii. Sowieci szybko doszli do Dniestru, który sforsowali w marszu i ruszyli na Śniatyń, zmuszając Naczelnego Wodza i rząd RP do opuszczenia kraju.

Zaatakowane zostały pododdziały pułku „Równe". Baon „Dederkały" w bojach z Sowietami i dywersją ukraińską wycofywał się na zachód, aby pod Bełzem dołączyć do walczącej z Niemcami Grupy „Dubno". Po kapitulacji Grupy 25 września, baon odłączył się i maszerował w kierunku Warszawy; na wieść o kapitulacji stolicy rozwiązał się pod Tomaszowem Lubelskim.

Batalion „Ostróg" ze stratami cofał się na zachód. Około 50 żołnierzy z ppor. Mieczysławem Kowalskim dotarło w okolice Brześcia i tam dostało się do niewoli. Szybko rozbity został batalion „Hoszcza". 18 września oddziały niemieckie i sowieckie spotkały się w Brześciu nad Bugiem, gdzie 4 dni później odbyła się wspólna defilada wojsk najeźdźczych.

Działania w centrum były najsłabsze. Rosjanie zgromadzili tam mniej jednostek pancernych i zmotoryzowanych. Zaatakowali głównie tradycyjną piechotą i kawalerią. Przeszkodą było bagniste Polesie, uniemożliwiające szybką akcję. Centralne oddziały KOP (brygada „Polesie), pułk „Sarny" i skrzydłowe baony pułków „Baranowicze" i „Równe" podporządkowane były dowódcy Korpusu, gen. Wilhelmowi Orlik-Rückemanowi, który przeniósł się z zatłoczonego Pińska do nadgranicznego Dawidgródka.

Gen. Orlik-Rückeman wiadomość o ataku sowieckim otrzymał 17 września o godzinie 5 i bezzwłocznie wydał rozkaz stawiania oporu. Rozkaz dotarł tam, gdzie jeszcze działała łączność: do brygady „Polesie", pułku „Sarny" i batalionu „Kleck" z pułku „Baranowicze".

Na liczącym ok. 250 km odcinku rozgorzały walki. Nacierająca sowiecka straż graniczna, wspierana jednostkami regularnymi, była często odpierana przez załogi strażnic. Przez cały dzień utrzymano pozycje nadgraniczne, wycofując tylko bardziej zagrożone strażnice.

Wobec miażdżącej przewagi napastników dowódca Korpusu postanowił skoncentrować pododdziały. Poszczególne oddziałki i grupy łączyły się ze sobą.

Brygada „Polesie" podporządkowała sobie baony „Sienkiewicze", „Ludwikowo" i „Kleck". Baon „Dawidgródek" bezpośrednio podlegał Orlikowi-Rückemanowi. Płk Nikodem Sulik, dowódca pułku „Sarny", podporządkował sobie bataliony forteczne „Sarny" i „Małyńsk", dobrze wyposażone w artylerię, zajmujące niewykończone jeszcze, ale mogące długo się bronić fortyfikacje nad Słuczą. W Sarnach stacjonował pociąg pancerny nr 51.

Do zgrupowania KOP dołączyła policja, strażnicy leśni, pododdziały flotylli pińskiej i luźni żołnierze z różnych rozbitych jednostek. W szczytowym okresie grupa liczyła ok. 7 tys. ludzi, co stanowiło już sporą siłę.

W pierwszych dniach skutecznie działał pociąg pancerny. 19 września w kierunku Łunińca wycofały się baony „Kleck", „Ludwikowo", „Dawidgródek" ze sztabem zgrupowania i „Sienkiewicze". W tym czasie 16. Korpus sowiecki gwałtownie atakował pozycje pułku „Sarny". Utracono jedynie prawoskrzydłową kompanię baonu „Małyńsk".

Grupa KOP miała połączyć się w okolicach Kowla z Samodzielną Grupą Operacyjną „Polesie" gen. Franciszka Kleeberga i następnie wspólnie działać. Jednakże odległość dwóch dni marszu nie została nigdy pokonana przy równoczesnym marszu obu zgrupowań. W nocy z 19 na 20 września baony KOP po przejściu przez most kolejowy na południowy brzeg Prypeci, pod Ossowcem odrzuciły stojące im na drodze jednostki sowieckie i dotarły w rejon na zachód od Styru. Znalazła się tam uszczuplona w bojach z Sowietami i dywersantami cała brygada.

Początkowo pułk „Sarny" uparcie bronił pozycji, jednak zagrożony oskrzydleniem, w dobrze zorganizowanych i dowodzonych kolumnach marszowych ruszył na zachód. 21 września był na zachodnim brzegu Styru.

Sowieckie czołgi lekkie BT forsujące jedną z polskich rzek

Pociąg nr 51 został zablokowany w Poworsku, a jego spieszona załoga, dowodzona przez kpt. Zdzisława Rokossowskiego wraz z ochotnikami dotarła w końcu do grupy gen. Kleeberga.

16 września zablokowany został w transporcie między Kostopolem a Równem 3. pułk piechoty KOP (początkowo działał w rejonie Puszczy Augustowskiej, a potem zgodnie z rozkazem ruszył w kierunku Rumunii). Gdy Rosjanie zaatakowali, pułk się wyładował i wraz z dywizjonem kawalerii KOP „Niewirków" podjął marsz na zachód, tocząc walki z ukraińską dywersją (np. przy przeprawie przez Styr). 21 września przełamano w boju zagradzających drogę Sowietów, aby w dniu następnym dojść do przepraw na Stochodzie, gdzie natrafiono na kolejne blokady. Po ciężkich walkach w rejonie wsi Janówka, okrążony oddział 23 września kapitulował. Zgodnie z jego warunkami Rosjanie mieli wypuścić oficerów i żołnierzy. Jednak, jak to było w ich zwyczaju, złamali zobowiązanie, zwolnili tylko szeregowych.

Wobec upadku Lwowa i Kowla, 22 września generałowie Kleeberg i Orlik-Rückeman zdecydowali o marszu na Warszawę.

25 września grupa licząca ok. 3,5 tys. żołnierzy razem z przybyłymi, wcześniej ewakuowanymi z Grodna pododdziałami, w tym artylerią lekką, ruszyła w kierunku Ratna, które opanowano po walce z dywersantami ukraińskimi. Dwa dni później ruszono w kierunku Bugu i Szacka, zajętego przez Rosjan. Rano 28 września rozpoczęła się zacięta bitwa, w wyniku której zdobyto miasto. Po południu bój rozgorzał na nowo. Pułk „Sarny" w całości przeprawił się przez Bug w nocy z 28 na 29 września. Nie przeszły tabory i część jednostek brygady „Polesie". Rosjanie po krótkiej walce zdobyli obóz położony w lesie. Zaraz potem rozstrzelali ok. 30 oficerów, w tym. m.in. mjr. żandarmerii Szymona Maybluma, rannego pod Szackiem dowódcę batalionu „Dawidgródek" mjr. Jacka Tomaszewskiego, jego adiutanta kpt. Jana Borowczyka, dowódcę kompanii ckm-ów baonu „Sienkiewicze" kpt. Bronisława Orłowskiego. Zamordowali także dowódcę brygady płk. Tadeusza Różyckiego-Kołodziejczyka i wielu innych oficerów.

Z resztek brygady zdołano uformować jedynie ok. tysiącosobowy batalion dowodzony przez ppłk. Jana Dyszkiewicza. Cała grupa stopniała do ok. 3 tys. ludzi. Po odpoczynku, 30 września ruszono na zachód, aby osiągnąć rejon na zachód od miejscowości Wytyczne. W nocy na szosie Włodawa–Trawniki doszło do walki z sowieckimi czołgami. Coraz cięższy bój przeciągnął się do południa, kiedy to gen. Orlik-Rückeman, po naradzie z oficerami, podjął decyzję o oderwaniu się od wroga i rozwiązaniu oddziału. W okolicach Sosnowicy żołnierze zostali zwolnieni z przysięgi, dostali rozkaz zniszczenia broni i rozejścia się. Później oficerowie otrzymali od dowódcy rozkaz przejścia do konspiracji. Mimo 500-kilometrowego marszu w ciągłych bojach i skrajnego wyczerpania, grupa żołnierzy z pułku KOP „Sarny" wraz z oficerami dołączyła do SGO „Polesie" gen. Kleeberga, aby wziąć udział w ostatnich walkach kampanii 1939. Ci z oficerów i podoficerów KOP, którzy nie zostali przez Rosjan wymordowani jeszcze we wrześniu, trafili do obozów w Kozielsku, Starobielsku, a przede wszystkim wraz z policjantami i strażnikami leśnymi do obozu o zaostrzonym rygorze w Ostaszkowie i także zostali wymordowani w kwietniu–maju następnego roku, w Katyniu, Charkowie i Twerze.

Według oceny rządu londyńskiego, straty różnych oddziałów polskich w walkach z Armią Czerwoną wyniosły ok. 20 tys. zabitych i rannych. Rosjan zginęło prawdopodobnie 3 tys., 6–7 tys. zostało rannych.

HARCERZE W OBRONIE KATOWIC I GRODNA

W walkach obronnych 1939 w wielu miejscach uczestniczyli harcerze. Najdobitniejszymi przykładami ich wielkiego poświęcenia i ofiary są legendarna obrona wieży spadochronowej w Katowicach i obrona Grodna przed Sowietami, przemilczana w czasach PRL.

W sierpniu 1939 harcerze otrzymali polecenie przerwania letniego wypoczynku i nakaz powrotu do miejsc zamieszkania. Na wypadek zbliżającej się wojny starsi harcerze mieli do wykonania pomocnicze zadania wojskowe o charakterze patrolowym, obserwacyjnym, łącznościowym i sanitarnym. Harcerki organizowały pomoc dla uchodźców z terenów przygranicznych oraz pracowały przy obsłudze telefonów.

Jeden z punktów obserwacyjnych obrony Katowic zorganizowano na 50-metrowej wieży spadochronowej, usytuowanej w parku Kościuszki. Był to punkt obserwacyjno-meldunkowy 73. pułku piechoty, którego załogę stanowiła 12-osobowa grupa przeszkolonych harcerzy.

W południe 2 września zarządzono ewakuację miasta. Wraz z wojskiem ewakuowano posterunki wojennej służby pomocniczej. 3 września, na wieść o wypowiedzeniu wojny Niemcom przez Anglię i Francję wielu uznało, iż wojsko polskie szybko wróci do Katowic. Komenda Powstańców Śląskich rozpoczęła organizację oddziałów samoobrony, do których zgłaszali się także umundurowani harcerze wycofujący się z innych miast Śląska. Wraz z powstańcami, cywilami i nielicznymi wojskowymi zajęli, dopiero co opuszczone, pozycje. Wieżę obsadziła grupa harcerzy i kilku harcerek w wieku od 12 do 20 lat, uzbrojonych m.in. w stare karabiny maszynowe i granaty. Przed południem 3 września Niemcy opanowali już południowe dzielnice Katowic. Na pewien czas zatrzymała ich kompania z 3. batalionu 201. pułku piechoty dowodzona przez kpt. Pawła Staszkiewicza, wspomagana przez kompanie kolarzy i ok. 100 powstańców i harcerzy dowodzonych przez uczestnika powstań śląskich Nikodema Renca. Rano 4 września Niemcy przełamali obronę na południowym krańcu parku Kościuszki i jedyną przeszkodę na drodze do centrum stanowiła wieża spadochronowa.

Legenda mówi, że napastnicy zmuszeni zostali do użycia samolotów i artylerii, a dopiero celny strzał armatni zakończył kilkugodzinną obronę. Żyjących jeszcze obrońców Niemcy rozstrzelali. Ciała zrzucono z platformy na ziemię. Polegli i pomordowani zostali pochowani na cmentarzu Panewickim. Współcześnie hufiec Katowice oraz wiele szczepów i drużyn harcerskich nosi imię „Bohaterów wieży spadochronowej". Przed laty postawiono im pomnik.

Piechota sowiecka wkraczająca do Polski

Największą bitwę na obszarze Polski północno-wschodniej stoczyli, w dniach 20–21 września obrońcy Grodna. W połowie września większość załogi miasta wyjechała koleją do Lwowa. Gdy rano 17 września otrzymano wiadomość o agresji sowieckiej, w Grodnie zapanowało przygnębienie. Pamiętano rok 1920, kiedy to po zdobyciu miasta przez korpus kawalerii Gaja, bolszewicy część obrońców utopili w Niemnie, a ok. 500 jeńców rozsiekali szablami w celach ćwiczebnych.

Wiceprezydent miasta Roman Sawicki rozpoczął energiczną organizację obrony. Budowano zapory i kopano rowy przeciwczołgowe, wzywano ochotników. Znalazło się wielu chętnych spośród mieszkańców i uchodźców. Świetnie zorganizowano służbę sanitarną i inne służby pomocnicze. Kobiety troszczyły się o zaopatrzenie, żywność, sprzęt sanitarny, lekarstwa i uczestniczyły w produkcji butelek zapalających.

Oddziały improwizowane z jednostek zapasowych różnych rodzajów wojsk, policji i ochotników były dalece niewystarczające do czekających je zadań. Pośród obrońców znalazła się duża grupa osób cywilnych; w sporej mierze pełnych zapału i patriotyzmu harcerzy (chorągiew „Orlęta Grodna") i harcerek z miejscowych gimnazjów i szkół zawodowych (m.in. z Państwowego Gimnazjum i Liceum Męskiego im. Adama Mickiewicza, Szkoły Rzemieślniczej i Ogrodniczej). Większość z nich była przeszkolona wojskowo i sanitarnie w ramach przysposobienia wojskowego.

Siły, które wyniosły przeszło 2 tys. ludzi, były słabo wyekwipowane i uzbrojone, prawie nie posiadały broni przeciwpancernej.

17 września uwidoczniła się antypolska, komunistyczno-żydowska dywersja, trwająca z przerwami przez cały okres obrony. Strzelano zza węgła, z balkonów, starając się siać zamęt i dezorganizować obronę.

Rosjanie pojawili się od strony południowo-zachodniej, co było zaskoczeniem dla obrońców, ale jednocześnie im sprzyjało, ponieważ na drodze najeźdźców stanął Niemen.

Rano 20 września zaatakował miasto z marszu batalion rozpoznawczy czołgów z 27. Dywizji Pancernej, dowodzony przez mjr. Bogdanowa. Czołgi przeszły przez most. Przewodnikami dla niektórych byli mieszkańcy Grodna – komuniści. Kilka czołgów przedarło się do centrum i prowadziło ogień na oślep. Obrońcy rozpoczęli ich likwidację. Pierwszy czołg spalono blisko koszar przy ul. Mostowej. Jeden z czołgów prowadził gwałtowny ogień na ul. Orzeszkowej. Zerwano mu gąsienicę strzałami z armatki plot. Zaraz potem pojawili się harcerze i uczniowie z butelkami zapalającymi w rękach. Maszyna stanęła w ogniu, po chwili eksplodowała amunicja. Zginął z załogą st. lejt. Michaił Jewsiejew, dowódca pierwszego plutonu wkraczającego do Grodna. Kolejny wóz bojowy podpalił na ul. Dominikańskiej 14-letni druh Tadeusz Pieslak. Inny, unieruchomiony na ul. Hoovera, atakował granatami harcerz Jan Siemiński. Blisko poczty spalono czołg dowodzony przez grodzieńskiego Żyda, który kilka lat wcześniej opuścił miasto. Rannego położono w bramie obok kilku cywili, których dopiero co zabił. Pchor. Brunon Hlebowicz wraz z harcerzami ze swego plutonu (m.in. z Anatolem Iwaszczyńskim) i innymi obrońcami unieszkodliwił jeszcze jedną maszynę.

21 września Sowieci rozpoczęli atak od wschodu i południa. W nocy do miasta dotarli pierwsi ułani ze 101. i 102. pułku, wzmacniając jego obronę. Rano rozpoczęto ewakuację w kierunku Litwy pierwszej grupy obrońców i cywili.

Słupy graniczne na granicy niemiecko-sowiecko-litewskiej w 1939

Przez cały dzień toczyły się walki w różnych rejonach. Atakujący ponieśli spore straty, a lekko ranny został dowódca VI korpusu kawalerii komkor Andriej Jeremienko, pod którym spalono kilka czołgów. W końcu jednak wozy pancerne wjechały do centrum. Sowieci wykorzystywali osoby cywilne jako żywe tarcze. Z ran zmarł 13-letni Tadzik Jasiński, po tym jak został przywiązany do czołgowej wieży. Wcześniej rzucił w czołg butelką z benzyną, nie wiedząc, że lont powinien być zapalony.

Po południu wobec beznadziejnej sytuacji kontynuowano dobrze zorganizowany odwrót, prowadzony w porządku, mimo ostrzału artylerii i dywersantów. Walki przeciągnęły się do nocy. Wielu obrońców zdołało ujść. Do niewoli dostało się ok. 1000 osób.

Straty były duże. Zginęli m.in. ppor. rez. Adam Pławski, ppor. rez. Piotr Alisiewicz i ppor. rez. Witold Szpakowski, plut. pchor. rez. Jerzy Radwan-Janowicz, plut. Hamulecki. Ginęli i odnosili rany cywilni obrońcy, w tym harcerze, m.in. Henryk Budrzenowski, Janusz Budzanowski.

Sowieci stracili przeszło 20 maszyn. Rozwścieczeni obroną, jeszcze w trakcie walk i po ich zakończeniu dopuścili się wielu zbrodni na ludności cywilnej. Mordowano żołnierzy i cywilnych obrońców, którzy dostali się do niewoli lub byli denuncjowani przez miejscowych komunistów. Ze szczególnym upodobaniem starano się likwidować oficerów, gimnazjalistów i harcerzy. Zbrodni dopuszczali się rosyjscy żołnierze i komunistyczni bojówkarze białoruscy i żydowscy. Tylko w dniach 21–22 września Rosjanie rozstrzelali ok. 300 podchorążych, ochotników, cywili i dzieci.

KOCK

Samodzielna Grupa Operacyjna „Polesie" gen. Franciszka Kleeberga była jednostką improwizowaną, formowaną w drugiej części kampanii wrześniowej. Stanowiła zbiór oddziałów tworzonych dorywczo z rozbitków różnych pułków, formacji zapasowych i marszowych. Wydawać by się mogło, że nie posiadała dużej wartości bojowej, jaką charakteryzowały się jednostki złożone z żołnierzy długo szkolonych i przebywających ze sobą w oddziałach, tymczasem w bitwie pod Kockiem wykazała się niezwykłą sprawnością. Mimo że duża część żołnierzy wcielonych do Grupy miała za sobą chwile załamania wskutek odwrotów i bezsilnej walki z wrogiem, mimo klęski kraju, w pierwszych dniach października 1939 wielu z nich wykazało się niezwykłą ofiarnością.

SGO „Polesie", złożona z ugrupowań „Brześć", „Kobryń", „Drohiczyn Poleski" i „Łuniniec" oraz marynarzy Flotylli Pińskiej, początkowo otrzymała zadanie obrony części Kresów Wschodnich, ale po uderzeniu 17 września na Polskę oddziałów Armii Czerwonej ruszyła na zachód, w kierunku Warszawy. W rejonie Włodawy dołączyły do Grupy wyczerpane szwadrony Suwalskiej i Podlaskiej Brygady Kawalerii, oddziały piechoty płk. Ottokara Brzozy-Brzeziny i inne mniejsze, walczące uprzednio nad Bugiem, Narwią i pod Małkinią. Wobec znacznego powiększenia SGO, gen. Kleeberg uporządkował siły, tworząc cztery związki taktyczne: 50. Dywizję Piechoty „Brzoza" (7 baonów piechoty, 4 baterie artylerii),

60. Dywizję Piechoty (8 baonów piechoty, 6 baterii artylerii, kompania saperów i oddział kawalerii), Dywizję Kawalerii „Zaza" o dwóch brygadach i Podlaską Brygadę Kawalerii (m.in. kawaleria KOP).

Generał powiększał skład swojej Grupy w zgoła niezwykłych okolicznościach, wiedząc przecież, że w kraju nie ma już żadnego zorganizowanego punktu oporu, z wyjątkiem Helu. Mając jednak około 18 tys. żołnierzy gotowych do boju oraz pewne zapasy amunicji, postanowił uderzyć na Niemców chociażby po to, by nie dać się rozbić, zadać im jak największe straty i nie zejść z pola walki z poczuciem niewypełnionego obowiązku. Nie chciał rozwiązywać oddziałów albo kapitulować bez starcia z wrogiem, bowiem w jego odczuciu stałoby to w sprzeczności z honorem Żołnierza Polskiego.

30 września rozkazał SGO wyruszyć w dalszy marsz na zachód, kierując oddziały 60. DP w rejon Czemierników–Borków, 50. DP na Kock, zaś DK „Zaza" na Serokomlę–Hordziesz–Józefów. Przed południem 2 października najdalej wysunięta na lewym skrzydle brygada kawalerii płk. Kazimierza Plisowskiego zaalarmowała o zbliżaniu się nieprzyjaciela od strony Dęblina (13. Dywizja Piechoty Zmotoryzowanej) i zajęła pozycje obronne w Serokomli. Bój zaatakowanej brygady, rozpoczęty rozbiciem niemieckiej czołówki pancernej, trwał do wieczora. Szczególną wolę walki wykazali ułani 5. i 10 pułku, bowiem utrzymywali pozycje przez wiele godzin. Mimo chwilowego osłabienia obrony i cofnięcia się ułanów do środka płonącej osady, przy wsparciu III szwadronu 2. pułku ułanów odzyskali ją żywiołowym atakiem na bagnety.

Dowódca niemieckiej jednostki był zaskoczony postawą żołnierzy SGO, ponieważ na swoim odcinku natarcia nie spodziewał się większego oporu. Tymczasem spotkał się z twardym przeciwnikiem i poniósł porażkę. Wobec stanowczej obrony Serokomli rozkazał atakować pobliską Hordziesz, ale wszystkie próby zdobycia miejscowości także skończyły się niepowodzeniem. Co więcej, w obu przypadkach polskie oddziały ruszały do kontrataków, zabijając i raniąc wielu żołnierzy bagnetami lub biorąc ich do niewoli.

Gdy ułani płk. Plisowskiego walczyli o Serokomlę, piechota 50. DP kontynuowała marsz w kierunku zachodnim, ale po przekroczeniu rzeki Tyśmienicy i ona została zaatakowana. Oddziały dywizji stoczyły pod Talczą i Kockiem zacięty, trwający do wieczora bój, w wyniku którego

Niemieckie oddziały podczas przeprawy przez rzekę we wrześniu 1939

utrzymały pozycje, a nawet odrzuciły wroga. W gorączce walki, w ogniu nieprzyjaciela i w dymie pożarów niezwykłą sprawność i wyszkolenie wykazała artyleria polowa, która bez przyrządów celowniczych, strzałami na wprost rozbiła szpicę pancerną. Natomiast nieatakowana na razie 60. DP maszerowała północnym skrzydłem, osiągnęła wyznaczony rejon leśny na południe od Hordzieszki, ubezpieczając tym samym SGO od strony zachodniej. W ten sposób, wobec spodziewanego ataku Niemców, polskie siły znalazły się przejściowo w sprzyjającym położeniu.

Gen. Kleeberg postanowił przejąć inicjatywę i wyprzedzić niemieckie uderzenie. Nakazał wyprowadzić oskrzydlające natarcie oddziałami 50. DP, skoordynowane z atakiem pułków jazdy DK „Zaza". Rankiem 3 października z Talczyna w kierunku niemieckich pozycji ruszyły do ataku pułki piechoty 180. i 178., a z Kocka III batalion 179. pułku oraz kombinowany batalion złożony głównie z marynarzy Flotylli Pińskiej. Na komendy dowódców pułki podniosły się z rowów strzeleckich i pod ostrzałem, z bagnetami na broni dotarły do szosy Kock–Serokomla.

Tam jednak dostały się pod silny ogień broni maszynowej i artylerii, wskutek którego zaległy w polu.

Lewoskrzydłowy III batalion 179. pułku osiągnął miejscowość Białobrzegi, rozbił niemiecką baterię dział, ale wkrótce i on został zatrzymany. Mający go wspierać marynarze zostali odrzuceni na pozycje wyjściowe, w wyniku czego III batalion znalazł się w okrążeniu. Wielu jego żołnierzy wybito ogniem dział, część wzięto do niewoli, reszta zdołała wycofać się do Białobrzegów rowami torfowymi. Skoordynowany z piechotą atak kawalerii, wyprowadzony od strony zachodniej siłami szwadronów 1. pułku ułanów, 3. pułku szwoleżerów i 3. pułku strzelców konnych, osiągnął swój cel połowicznie. Szwadrony dotarły pod ostrzałem do wyznaczonej wsi Poznań i rozbiły ujawnioną baterię artylerii, ale wskutek braku amunicji przerwały natarcie i wycofały się na pozycje wyjściowe.

3 października pod Kockiem Polacy zostawili na polu walki około 700 zabitych, ale swoją akcją zaczepną uniemożliwili wrogowi rozwinięcie ataków zmierzających do rozbicia i likwidacji SGO, co więcej, zmusili go do obrony. Wieczorem gen. Kleeberg zarządził przegrupowanie oddziałów dywizji i gotowość ofensywną na dzień następny. Rozkazał skupienie sił wokół lasów gułowskich. 50. DP polecił podejść w rejon Adamowa, 60. DP przesunąć się na południe od Hordzieszki, a jednostkom kawalerii ubezpieczać piechotę ze wszystkich możliwych stron.

Niestety, dzień 4 października rozpoczął się silnym natarciem 13. niemieckiej dywizji, która podjęła działania zaczepne na wszystkich swoich odcinkach. Polskie bataliony nie wytrzymywały zmasowanego ognia artylerii i gwałtownych ataków piechoty, wspieranych bronią pancerną. Przy dużych stratach bataliony i szwadrony wycofywały się na skraj lasu gułowskiego. Liczne kontrataki podejmowane w celu odzyskania stanu posiadania z dnia poprzedniego nie przynosiły rezultatu. Szczególnie zacięte walki toczyły się na terenie cmentarza i o klasztor w Woli Gułowskiej, które bezskutecznie próbowały odbić szwadrony 2. i 10. pułku ułanów. Na dodatek dotarły do gen. Kleeberga informacje o niemieckich posiłkach w postaci 29. Dywizji Zmotoryzowanej. Kontakt ogniowy z jej czołówkami nawiązały w godzinach popołudniowych patrole Podlaskiej Brygady Kawalerii oraz 60. DP.

W tej sytuacji dowódca SGO „Polesie" zdecydował się na przeprowadzenie natarcia w dniu następnym całością posiadanych sił, łącznie z mało zaangażowaną dotąd 60. DP. Myślą przewodnią generała było uderzenie w czoło i w lewe skrzydło 13. Dywizji, rozbicie jej, a następnie zwrócenie się przeciw nadchodzącej 29. Dywizji. 5 października pułki 50. DP i jej kawaleria wytrzymały wczesne natarcie niemieckie, natomiast jednostki 60. DP ruszyły do zaplanowanego ataku. 182. pułk uderzył na miejscowość Helenów, odnosząc pełny sukces, a 184. pułk na utracony w dniu poprzednim cmentarz i klasztor w Woli Gułowskiej. Jego natarcie zostało początkowo zatrzymane, ale powtórzone, okupione 50-procentowymi stratami stanów osobowych i poparte siłami batalionu 179. pułku, przełamało niemiecką obronę.

Uporczywe ataki polskich oddziałów rozpoczęły serię niezwykle zaciętych walk, toczonych ze zmiennym szczęściem dla obu stron. Niektóre wsie i kwartały lasów kilkakrotnie przechodziły z rąk do rąk. Po sukcesie w Woli Gułowskiej, skierowany na tyły i skrzydła jednostek 13. Dywizji I batalion 183. pułku oraz oddział kawalerii 60. DP dotarły aż pod miejscowość Charlejów, siejąc wśród Niemców panikę i prowokując ich do ucieczki. Jednoczesny atak polskich oddziałów 50. DP został jednak zatrzymany, a one same odrzucone głęboko w lasy leżące na południe od miejscowości Krzywdy. Odwrót tych oddziałów uniemożliwił rozwinięcie

Szwadron kawalerii polskiej

dalszego natarcia 60. DP. Pod naciskiem Niemców, z Woli Gułowskiej wycofał się 184. pułk, ale II batalion 183. pułku uderzając na bagnety zażegnał groźną sytuację.

W godzinach popołudniowych 5 października gen. Franciszek Kleeberg wydał jednostkom rozkaz zaprzestania walki. Zmusił go do tego całkowity brak amunicji. Na dymiących pobojowiskach zmęczeni, ale w wielu przypadkach porwani euforią żołnierze SGO „Polesie" zdali sobie sprawę, że nastąpił kres ich walki. Wieczorem przed frontem każdego batalionu oficerowie odczytali ostatni rozkaz ich Wielkiego Dowódcy:

„Żołnierze!

Z dalekiego Polesia, znad Narwi, z oddziałów, które się oparły demoralizacji, zebrałem Was pod swoją komendę, by walczyć do końca. Chciałem iść najpierw na południe, gdy to stało się niemożliwe, nieść pomoc Warszawie. Warszawa padła nim doszliśmy. Mimo to nie straciliście nadziei i walczyliście dalej. Wykazywaliście hart i odwagę w masie zwątpień i dochowaliście wierności Ojczyźnie do końca. Dziś jesteśmy otoczeni, a amunicja i żywność jest na wyczerpaniu. Dalsza walka nie rokuje nadziei, tylko rozleje krew żołnierską, która jeszcze przydać się może (...). Dziś biorę odpowiedzialność w tej najcięższej chwili – każę zaprzestać walki, by nie przelewać krwi nadaremnie. Dziękuję Wam za Wasze męstwo i Waszą karność – wiem, że staniecie – gdy będzie potrzeba.

Jeszcze Polska nie zginęła i nie zginie (...).

Dowódca SGO «Polesie» (-) Kleeberg, gen. bryg.".

6 października jednostki SGO „Polesie" rozpoczęły składanie broni. Jedna z największych, a jednocześnie ostatnia bitwa wojny obronnej 1939 dobiegła końca.

HEL

Porośnięty lasem Półwysep Helski mierzy ok. 40 km długości i ok. 500 m szerokości. W 1939 w mieszczącej się na końcu półwyspu osadzie Hel znajdował się polski port wojenny z zapleczem remontowym dla okrętów. Z portu i bazy Marynarki Wojennej oraz innych obiektów wojskowych utworzono tzw. Rejon Umocniony Hel. W polskim Naczelnym Dowództwie liczono się z faktem, że w konfrontacji z wrogiem cała lądowa i morska obrona Wybrzeża nie ma większych szans powodzenia, ale wbrew wszelkim rachubom, w imię obrony praw Polski do Bałtyku, marynarzom i żołnierzom z Helu wydano szczególny rozkaz: w sytuacji konfliktu zbrojnego utrzymać „RU Hel" od sześciu tygodni do trzech miesięcy i czekać na odsiecz. W 1939 jego załoga rozkaz wykonała – przerwała walkę dopiero 2 października, będąc ostatnim zorganizowanym punktem oporu w Polsce. Odsiecz nie nadeszła.

Pierwszą opóźniającą linię obrony wyznaczono w rejonie Wielkiej Wsi i Władysławowa, drugą koło wsi Chałupy. Główną linię, z czterema betonowymi schronami zbudowano ok. 2,5 km na zachód od Jastarni. Obrońcami półwyspu zostali żołnierze IV batalionu 7. pułku KOP w liczbie 12 oficerów i 430 szeregowych. Z czasem w jego skład weszły dwie kompanie sformowane z powołanych pod broń rezerwistów, które w końcu września 1939 podniosły stan liczbowy oddziału do ok. 1200 ludzi. Później też pozycje bojowe batalionu wzmocniły dwie inne kompanie piechoty powstałe z żołnierzy Morskiego Dywizjonu Lotniczego oraz spieszone oddziałki marynarzy z załóg rozbitych okrętów. Całością dowodził mjr Jan Wiśniewski odpowiedzialny za obronę półwyspu od strony nasady, podporządkowany dowódcy „RU Hel", komandorowi Włodzimierzowi Steyerowi.

Rdzeniem obrony Helu była bateria Nr 31 złożona z 4 dział kal. 152 mm, nosząca imię Heliodora Jana Laskowskiego, dowodzona przez kpt. mar. Zbigniewa Przybyszewskiego. Zasięg umiejętnie zamaskowanych dział sprawiał, że mogły bronić nie tylko terenu „RU", ale również całej Zatoki Gdańskiej, zarówno akwenu morskiego, jak i linii brzegowej. Od strony morza ustawiono dwie dwudziałowe baterie dział kal. 105 mm. Pierwszą, oznaczoną numerem 32 dowodził por. mar. Kazimierz Wnorowski, drugą, o numerze 33 – por. mar. Adam Rychel. Trzy mniejsze

Płk Stanisław Dąbek

baterie armat kal. 75 mm na podstawach morskich przeznaczono do walki z ewentualnym desantem wroga z morza. Dwudziałowa bateria Nr 41 por. mar. Witolda Prowansa została ustawiona w rejonie Władysławowa, a dwie pozostałe o numerach 42 i 43 – na wschód i zachód od Jastarni. Obronę przeciwlotniczą półwyspu zapewniało sześć armat kal. 75 mm w Helu i w Borze oraz dziesięć działek kal. 40 mm.

Gdy wczesnym rankiem 1 września 1939 armia niemiecka uderzyła na Polskę, „RU Hel" został zbombardowany i ostrzelany z morza i powietrza. Pod ogień dostał się port wojenny i baterie artylerii, a następnego dnia również jednostki Marynarki Wojennej przybyłe z Gdyni, w tym kontrtorpedowiec ORP „Wicher", stawiacz min ORP „Gryf" oraz sześć minowców. Wszystkie stoczyły bitwę powietrzno-morską, wychodząc z pojedynku cało, ale z uszkodzeniami i stratami w ludziach. W tej sytuacji dwa największe okręty zawinęły do portu w Helu, stając się pływającymi bateriami artylerii. 3 września, po odparciu nalotów i stoczeniu zwycięskiej walki ogniowej z niszczycielami, ponownie zbombardowane, zatonęły w basenie portowym.

Również i w następnych dniach „RU Hel" był przez Niemców bombardowany, natomiast dość długo nie atakowano go z lądu. Początkowo znajdował się na marginesie zasadniczych działań niemieckiego wojska, ale w końcu i on stanął w ogniu walki bezpośredniej. Skierowano przeciw niemu artylerię dwóch pancerników i wielu innych jednostek, artylerię lądową, lotnictwo i kilka pułków piechoty. Pierwsze natarcie nieprzyjaciel rozwinął dopiero 9 września i powtarzał przez dwa dni. Mimo zaangażowania dwóch pułków, wszystkie ataki były prowadzone z dużą asekuracją. Na ostrożność Niemców prawdopodobnie wpłynęły doświadczenia szturmów Wojskowej Składnicy Tranzytowej na Westerplatte, podczas których ponieśli duże straty. Wszystkie ataki zostały odparte, ale podejście wroga tuż pod polską linię obrony i zorganizowanie własnych pozycji odcięło półwysep od zaplecza lądowego.

Od tej chwili „RU Hel" stał się samotną placówką otoczoną ze wszystkich stron, nękaną ostrzałem z lądu, morza i powietrza, zdaną wyłącznie na własne siły. Dlatego też, dla umocnienia obrony założono w rejonie Chałup i Kuźnicy (w najwęższym odcinku półwyspu) trzy pola minowe (zagrody) z blisko 80 głowicami torpedowymi. Liczono, że w trudnej sytuacji bojowej wysadzona w powietrze zapora przerwie półwysep i utrudni Niemcom natarcie, a tym samym pomoże w utrzymaniu pozycji. Niespodziewana bierność przeciwnika od strony lądu po kilku nieudanych atakach umożliwiała obrońcom wykonanie i innych prac wzmacniających szanse oporu. Jednocześnie z tymi pracami, żołnierze i marynarze trwali na stanowiskach, tocząc nieustanne pojedynki artyleryjskie z jednostkami niemieckiej marynarki wojennej i artylerią lądową. Nocą z 12 na 13 i 14 września zmasowany ogień prowadziła m.in. bateria im. Laskowskiego, która wspólnie z trzema trałowcami wsparła atak polskiej piechoty na Cyplu Rewskim.

Po drugiej stronie Zatoki bowiem trwały zacięte boje żołnierzy płk. Stanisława Dąbka, dowódcy Lądowej Obrony Wybrzeża: dwóch Morskich Pułków Strzelców, Morskiej Brygady Obrony Narodowej i trzech rezerwowych batalionów Obrony Narodowej. Po zajęciu Westerplatte, od 8 września Niemcy z ogromną zajadłością spychali Polaków z głębi lądu w kierunku morza, toteż w wielu miejscach zwykłe utarczki przeradzały się w uporczywe walki na bliską odległość. Przed 13 września obrońcy utrzymywali Wejherowo i Puck, później już tylko linię obrony w trójkącie

Obrońcy Helu po kapitulacji

Gdynia–Reda–Rewa, następnie okrążani, ostrzeliwani, bombardowani, wykonując dzienne i nocne kontrataki, ponosząc wysokie straty, wycofali się na Kępę Oksywską. Najcięższe starcia miały miejsce w dniach 18–19 września, potem stopniowo przygasały, przeistaczając się w coraz drobniejsze ogniska oporu stawianego przez wypierane ku brzegowi grupy i grupki zdecydowanych na wszystko polskich żołnierzy LOW. Ostatnią walkę płk Dąbek stoczył wraz z oficerami swojego sztabu i żołnierzami 2. Morskiego Batalionu Strzelców 19 września w Babich Dołach. Wobec niemożliwości prowadzenia dalszej obrony, w godzinach popołudniowych wydał rozkaz kapitulacji, sam natomiast odebrał sobie życie.

Obrońcy Helu prowadzili nieco inną wojnę niż bezpośrednie zmagania piechoty płk. Dąbka, przypominającą tzw. wojnę pozycyjną z lat 1914–1918, w czasie której pierwszoplanową rolę odgrywał ogień artylerii i celność dział. 14 września żołnierski sukces odniósł dowódca półbaterii Nr 33, ppor. Henryk Borakowski, który pierwszą salwą trafił niemiecki minowiec. Dzień później jego bateria stoczyła pojedynek z czterema trałowcami. 18 i 19 września bateria im. Laskowskiego dostała się pod ogień pancernika „Schleswig-Holstein", który mimo oddania łącznie 55 salw nie uczynił Polakom większych szkód. 19 września, przy użyciu 150-milimetrowych dział Niemcy próbowali nakryć ogniem stanowiska obrońców, ostrzeliwując teren od Jastarni aż do Chałup, trałowce zaś ostrzeliwały Hel.

21 września wprowadzony do walki pancernik „Schlesien" oddał w kierunku portu 50 niecelnych salw. Kilka dni później, 25 września rozgorzał szczególny pojedynek toczony między nim, pancernikiem „Schleswig-Holstein" a baterią im. Laskowskiego. W wyniku wymiany salw „Schleswig-Holstein" został trafiony celnym pociskiem, położył zasłonę dymną i musiał wycofać się z walki – wrócił do Gdańska. Łącznie Niemcy wystrzelili w kierunku baterii blisko 370 pocisków dużego kalibru. Kilka z nich powierzchownie uszkodziło dwa działa, które były gotowe do prowadzenia ognia już następnego dnia. W czasie wymiany ognia ranny został kap. mar. Zbigniew Przybyszewski, którego zastąpił kpt. mar. Bohdan Mańkowski. 27 września pojedynek został powtórzony. Oba pancerniki ostrzeliwały półwysep z odległości ok. 10–12 km, stopniowo wciągając w walkę kolejne polskie baterie. Mimo że pociski kal. 280 mm i 150 mm wybuchły w pobliżu stanowisk baterii i uszkodziły

drewnianą wieżę kierowania ogniem, pancernik „Schleswig-Holstein" otrzymał od niej ponowne trafienie (trzecią salwą) i podobnie jak dwa dni wcześniej musiał rejterować z pola walki.

Dwoma pojedynkami polscy artylerzyści udowodnili swoją wartość bojową, ale przygnębiała ich sytuacja ogólna. Rzeczpospolitą od zachodu zaatakowały Niemcy, od wschodu Rosja Sowiecka. Oczekiwana pomoc ze strony Anglii i Francji nie nadeszła. Polskie armie, mimo bohaterskiego oporu, zostały rozbite. Flota i Lądowa Obrona Wybrzeża, dowodzone przez kontradmirała Józefa Unruga, już nie istniały. Obrońcy Helu zdawali sobie sprawę, że są otoczeni, samotni, i że w głębi kraju kapitulują nieliczne już ośrodki zorganizowanego oporu. Być może wiedzieli o treści dramatycznej depeszy dowódcy obrony Warszawy, gen. Juliusza Rómmla, skierowanej do kontradm. Józefa Unruga: „(...) Ze względu na ciężkie położenie i wyjątkową nędzę i biedę cywilnej ludności stolicy, Warszawa i Modlin kapitulują. Zostawiam Panu Admirałowi do uznania decyzję odnośnie Helu, jednakże niepożądany jest zbyteczny rozlew krwi." Hel odpowiedział dwoma zdaniami: „(...) Wszyscy kapitulują we wrześniu. My trzymamy się do października".

30 września, po dniach bezruchu na lądzie, po silnym przygotowaniu artyleryjskim, Niemcy zaatakowali polską linię obrony. Atak pułku piechoty zepchnął Polaków pod wieś Chałupy, gdzie doszło do starcia na bagnety, następnie pod Kuźnicę. Wróg utknął w terenie po desperackim wysadzeniu w powietrze zapory torpedowej, a także wskutek braku wsparcia własnej artylerii z morza. Wielu polskich żołnierzy i marynarzy było gotowych bronić się dalej, ale 2 października, wobec kapitulacji wszystkich innych ośrodków, na rozkaz dowódcy musieli walkę przerwać. 34 z nich poległo, około 200 odniosło rany. Półwysep pozostał niezdobyty – skapitulował sam.

EPOPEJA „ORŁA”

Okręt podwodny ORP „Orzeł” zajmuje szczególne miejsce wśród jednostek pływających pod biało-czerwoną banderą w latach II wojny światowej. Jego służba w Polskiej Marynarce Wojennej nie trwała zbyt długo, zaledwie kilkanaście miesięcy. Jednak dzięki bohaterskiej postawie swojej załogi zapisał się on na trwałe w świadomości naszych rodaków.

Historia „Orła” rozpoczęła się w styczniu 1936, gdy ówczesny szef Kierownictwa Marynarki Wojennej kontradmirał Jerzy Świrski zlecił holenderskiej stoczni we Vlissingen budowę dużego, nowoczesnego okrętu podwodnego. Powstał okręt o wyporności nawodnej 1100 t, w zanurzeniu 1650 t, uzbrojony w 12 wyrzutni torped, działo kal. 105 mm oraz 2 działka przeciwlotnicze kal. 40 mm. Była to jednostka zaprojektowana z myślą o długotrwałych rejsach bojowych z dala od własnych baz, o dużym zasięgu pływania i znacznej prędkości nawodnej. Konstrukcja okrętu miała umożliwić zanurzanie się na głębokość do 100 m. Obsługę wszystkich mechanizmów ORP „Orzeł” zapewniała załoga składająca się z 61 oficerów, podoficerów i marynarzy.

Na zamówienie PMW rozpoczęto w Holandii, w stoczni w Rotterdamie, budowę drugiego okrętu podwodnego tego samego typu, noszącego nazwę ORP „Sęp”. Jednak budowany we Vlissingen okręt był wyjątkowy, i to nie tylko dlatego, że nosił nazwę miłą sercu każdego Polaka.

ORP „Orzeł" zbudowano, co było ewenementem, z dobrowolnych składek społeczeństwa, zebranych (w ogromnej wówczas kwocie ponad 8 mln złotych!) w ramach akcji Funduszu Obrony Morskiej.

2 lutego 1939 we Vlissingen odbyło się uroczyste podniesienie polskiej bandery wojennej na nowym okręcie podwodnym. Pierwszym dowódcą ORP „Orzeł" został komandor ppor. Henryk Kłoczkowski. Okręt wpłynął do Gdyni pięć dni później, jednak oficjalne powitanie jednostki odbyło się dopiero 10 lutego, w dniu święta Marynarki Wojennej.

1 września 1939, po rozpoczęciu niemieckiej agresji na Polskę, „Orzeł" wyszedł z portu gdyńskiego i rozpoczął patrolowanie wyznaczonego sektora w rejonie Półwyspu Helskiego. Po kilkakrotnym, nieskutecznym na szczęście, bombardowaniu przez samoloty wroga, okręt skierował się wieczorem 4 września ku akwenowi na południe od Gotlandii. Po kilku dniach zachorował dowódca, kmdr ppor. Kłoczkowski. Zdecydował się on zawinąć do jednego z neutralnych portów, aby udać się do szpitala i jednocześnie przeprowadzić drobne naprawy okrętu.

Wieczorem 14 września ORP „Orzeł" wpłynął na redę Tallina. Rankiem następnego dnia, po uzyskaniu wcześniejszej zgody władz estońskich, okręt wprowadzono do portu, a kmdr Kłoczkowski został przewieziony

ORP „Orzeł"

do szpitala. Niestety, wkrótce okazało się, że wybór Tallina był poważnym błędem. Estończycy, ulegając naciskom niemieckiego poselstwa, najpierw stwierdzili, że „Orzeł" będzie mógł opuścić port dopiero 24 godziny po wyjściu z niego niemieckiego statku handlowego „Thalatta", a ostatecznie 16 września podjęli bezprawną w świetle prawa międzynarodowego decyzję o internowaniu polskiego okrętu.

Mimo protestów kpt. mar. Jana Grudzińskiego, pełniącego obowiązki dowódcy okrętu, na pokład „Orła" weszli estońscy żołnierze. Zdarto demonstracyjnie polską banderę wojenną, skonfiskowano mapy i przyrządy nawigacyjne, a następnie rozpoczęto rozbrajanie okrętu. Po zabraniu broni ręcznej, zamków od dział oraz amunicji artyleryjskiej, przystąpiono do wyładunku torped.

Kapitan Grudziński, nie chcąc pogodzić się z zaistniałą sytuacją, nakazał przygotować się do ucieczki. Podjęto ją w nocy z 17 na 18 września około godziny 2. Dowództwo estońskiej marynarki wojennej uznało, że bez pomocy holownika duży polski okręt (o długości 84 m i szerokości 6,7 m) nie jest w stanie samodzielnie wypłynąć z portu, dlatego na „Orle" znajdowało się tylko dwóch estońskich wartowników. Po ich obezwładnieniu przecięto kabel energetyczny, dzięki czemu na nabrzeżu zapanowała ciemność. Uruchomiono silniki i po danej przez kapitana komendzie: „Oba motory naprzód!", pękły nadpiłowane wcześniej cumy. Dźwięk pracujących silników „Orła" zwrócił jednak uwagę marynarzy na stojących w porcie jednostkach estońskich. Zapalono reflektory i otworzono ogień z karabinów maszynowych, kilkakrotnie trafiając polską jednostkę. Niewiele brakowało, aby próba ucieczki zakończyła się tragicznie, ponieważ u samego wyjścia z portu okręt uderzył dziobem o falochron i osiadł na nim. Szczęśliwie, opróżniając dziobowe zbiorniki balastowe, przy obu silnikach pracujących „całą wstecz", udało się uwolnić „Orła". Gdy okręt mijał wyspę Naissaar, ogień otworzyła estońska artyleria nadbrzeżna, wówczas jednostka zanurzyła się i po przepłynięciu kilku mil położyła się na dnie morskim. Po nastaniu nocy wynurzono się, by naładować akumulatory i ruszyć w dalszy rejs. „Orzeł" był wolny!

Następne dni upłynęły na krążeniu po Bałtyku. Nie natrafiono na okręty wroga, które mogłyby stać się celem dla pozostałych na „Orle" sześciu torped. Ponieważ na statku brakowało skonfiskowanych przez

Estończyków map nawigacyjnych, ppor. mar. Tadeusz Mokrski sporządził „mapę" na podstawie zachowanego spisu latarni i własnej pamięci!

7 października kpt. Grudziński podjął decyzję o przedzieraniu się z Bałtyku do portów brytyjskich. W tym celu trzeba było przepłynąć Cieśniny Duńskie, zaminowane i patrolowane przez liczne zespoły niemieckich i szwedzkich okrętów wojennych. Rejs obfitował w różne dramatyczne, pełne napięcia momenty, m.in. w nocy z 8 na 9 października „Orzeł" o mało nie został unieruchomiony na mieliźnie Drogden. Następnej nocy przepłynięto Sund, którego szerokość w najwęższym miejscu, pomiędzy szwedzkim i duńskim brzegiem nie przekracza 2 mil. Groźba wykrycia i zaatakowania okrętu była bardzo duża, szczęście jednak sprzyjało polskim

Kpt. Jan Grudziński, dowódca ORP „Orzeł"

marynarzom, którzy wpłynęli niezauważeni na wody Kattegatu. 11 października na wodach Skagerraku „Orzeł" wszedł na pole minowe, jednak po kilkunastu nerwowych minutach okręt opuścił niebezpieczny rejon. 14 października „Orzeł" wpłynął do brytyjskiej bazy w Rosyth.

Rejs „Orła" był niewątpliwie jednym z najbardziej spektakularnych wyczynów polskich marynarzy w latach II wojny światowej. W listopadzie 1939 Naczelny Wódz gen. Władysław Sikorski w uznaniu zasług załogi „Orła" odznaczył kpt. mar. Jana Grudzińskiego Krzyżem Srebrnym Orderu Virtuti Militari, a czterech oficerów i szesnastu innych członków załogi Krzyżem Walecznych. Czyn ten zdobył uznanie nawet Kriegsmarine, a w jednym z londyńskich czasopism we wrześniu 1942 wymknięcie się „Orła" okrzyknięto najbardziej bohaterskim spośród dokonań okrętów podwodnych w tej wojnie.

Po remoncie przeprowadzonym w bazie w Dundee, od końca 1939 okręt uczestniczył w rejsach bojowych na Morzu Północnym. W czasie piątego patrolu, 8 kwietnia 1940 zatopił niemiecki statek „Rio de Janeiro", na pokładzie którego znajdował się jeden z oddziałów Wehrmachtu mających uczestniczyć w inwazji na Norwegię. Większość spośród około 400 przewożonych żołnierzy wroga utonęła, pozostałych wyratowały norweskie kutry. Wyłowieni z wody rozbitkowie przyznali, że płynęli do portu w Bergen, który mieli opanować. Powodzenie niemieckiego ataku zależało w dużym stopniu od czynnika zaskoczenia. Niestety, rząd Norwegii przyjął informacje o mającej rozpocząć się wkrótce inwazji z niedowierzaniem i decyzję o mobilizacji sił zbrojnych podjął ze znacznym opóźnieniem.

Historia ORP „Orzeł" zakończyła się w niewyjaśnionych do dzisiaj okolicznościach, w czasie siódmego patrolu, który rozpoczęto 23 maja. Wobec braku jakiegokolwiek kontaktu z okrętem, po długim oczekiwaniu na jego powrót do bazy, w dniu 11 czerwca 1940 opublikowano komunikat Kierownictwa PMW, głoszący, że ORP „Orzeł" należy uznać za zaginiony. Jednostkę utracono wraz z całą załogą. Dowódca kmdr ppor. Grudziński został pośmiertnie odznaczony Krzyżem Złotym Orderu Virtuti Militari, jedynym, jaki w czasie wojny otrzymała nasza Marynarka Wojenna.

„HUBAL"

Pierwszą legendarną postacią Polski walczącej po klęsce wrześniowej stał się mjr Henryk Dobrzański, pseud. Hubal, który nie złożył broni i na czele swego oddziału nękał dotkliwie Niemców na terenie Gór Świętokrzyskich aż do swej śmierci w kwietniu 1940.

Przyszedł na świat w 1897 w Jaśle. W okresie I wojny światowej był żołnierzem 2. Brygady Legionów Polskich gen. Józefa Hallera. Walczył w Karpatach, bił się pod Rarańczą, szedł na odsiecz obrońcom Lwowa, przywracał Polsce Pomorze. I wojnę światową zakończył w stopniu porucznika, odznaczony Srebrnym Krzyżem Orderu Virtuti Militari i czterokrotnie Krzyżem Walecznych. Był gorącym patriotą, świetnym żołnierzem, urodzonym kawalerzystą – laureatem wielu konkursów hippicznych, ale nie nadawał się do służby wojskowej w czasie pokoju. Miał konfliktowy charakter, stąd w latach międzywojennych przenoszono go z jednostki do jednostki. W 1927 otrzymał awans do stopnia majora. Wojna zastała go w szeregach 4. pułku ułanów Wileńskiej Brygady Kawalerii, w którym pełnił funkcję dowódcy szwadronu zapasowego. Gdy pułk wyruszył na front, mjr Dobrzański pozostał na jeszcze nieobjętych wojną północno-wschodnich Kresach Rzeczpospolitej, w garnizonie w Wołkowysku. Otrzymał rozkaz formowania szwadronów 110. pułku ułanów Rezerwowej Brygady Kawalerii i wypełnił go, ale tragiczne wydarzenia wojenne sprawiły, że pułki brygady zamiast do boju skierowano ku Litwie z poleceniem przejścia granicy i złożenia broni.

Wielu dowódców nie posłuchało rozkazu i zawróciło z drogi, by walczyć z wrogiem, między innymi mjr Dobrzański. Z Puszczy Augustowskiej poprowadził stu kilkudziesięciu kawalerzystów z zamiarem przebicia się do Warszawy. Kluczył wśród Niemców, brnął przez bagna, zapadał w lasy, forsował rzeki i mokradła, używał broni, fortelu i podstępu. Niestety, 28 września, zaledwie 18 km od miasta zaskoczyła go wiadomość, że stolica padła. Rozpuścił oddział, ale rzucone hasło o konieczności prowadzenia dalszej walki zatrzymało przy nim 50 ludzi.

W pierwszym odruchu major skierował się ku granicy węgierskiej, aby jak tysiące innych żołnierzy podjąć próbę przedarcia się do Francji, ale po namyśle plan zweryfikował. Podjął nieugiętą decyzję pozostania w kraju i kontynuowania walki na miejscu. Pragnął stworzyć oddział i demonstrować, że mimo klęski na frontach regularne Wojsko Polskie istnieje i nadal walczy. „(...) Nie zdejmę munduru" – powtarzał. – „(...) Nikt mnie z przysięgi [wojskowej] nie zwolnił" – argumentował. – „(...) Będziemy pomostem między wrześniem i wiosną" – tłumaczył żołnierzom.

Mjr Henryk Dobrzański „Hubal"

Jak wszyscy w kraju żywił nadzieję na wznowienie wojny, pokładał nadzieję we Francji, wierzył w wiosenną ofensywę aliantów.

Przeprawił się przez Wisłę pod Maciejowicami i skierował na Kielecczyznę. Szlak bojowy rozpoczął zwycięskim starciem pod Chodkowem, gdzie natknął się na kolumnę żołnierzy niemieckich i wybił ich do nogi. Wziął mały odwet za klęskę kraju, pokazując ludziom, że wroga można zwyciężać. Jednak mimo to jego oddział stopniał do kilkunastu jeźdźców. Pozostał z nim kpt. dypl. Maciej Kalenkiewicz, kpt. Józef Grabowski, por. Feliks Karpiński, ppor. Modest Iljin, podch. Zygmunt Morawski, podch. Leon Gałko, plut. Józef Alicki, plut. Romuald Rodziewicz, kpr. Fronia i Zakrzewski – łącznie 10 ludzi, którzy z jednym wyjątkiem walczyli w oddziale do końca.

Po rajdzie do kieleckich lasów zatrzymał oddział w gajówce Zychy pod Radoszycami. Nie do końca ukrywał swoją obecność, przeciwnie, manifestował istnienie wojska, wydawał ulotki i odezwy, pragnął podnieść miejscową ludność na duchu. Zaskoczeni i wzruszeni mieszkańcy dostarczali mu żywność i furaż, proponowali pomoc i współpracę. Zapobiegliwie powołał placówkę konspiracyjną i przyjął do oddziału pięciu

Oddział partyzancki „Hubala" (dowódca w białym szaliku)

ochotników w mundurach i z bronią, tylko takich zresztą przyjmował w przyszłości. Byli to: ppor. Marek Szymański „Sęp", kpr. Franciszek Głowacz „Lis", st. strz. Marian Kaczorowski „Gruszka", Jerzy Szkodziński „Sokół" oraz wiejska dziewczyna w charakterze łączniczki – Marianna Cel „Tereska". W Zychach major obrał pseudonim „Hubal" (przydomek rodowy Dobrzańskich herbu Leliwa) oraz ogłosił nazwę oddziału: Oddział Wydzielony Wojska Polskiego. Po ośmiu dniach przeniósł go na kwatery do wsi Cisowniki, ale tu został przypadkowo ostrzelany i w konsekwencji stracił konie. Oddział zdołał się bezpiecznie wycofać i ukryć w odległych lasach spalskich.

Po nawiązaniu kontaktów z dowództwem tworzonej w kraju Służby Zwycięstwu Polsce, 4 grudnia 1939 major wyjechał do Warszawy na spotkanie z gen. Michałem Karaszewiczem-Tokarzewskim. Uzyskał akceptację istnienia Oddziału Wydzielonego, poparcie przedstawionej koncepcji walki oraz finanse. W Kielcach zorganizował siatkę konspiracyjną, punkty łączności, placówkę wywiadu i zaplecze gospodarcze. Wigilię 24 grudnia spędził z wojskiem w leśniczówce Bielawy k. Poświętnego, potem kilkakrotnie zmieniał miejsce postoju.

„Hubal" był oficerem przewidującym, zapobiegliwym i gospodarnym. Organizował terenową sieć konspiracji, punkty kontaktowe i werbunkowe, budował placówki, zakładał magazyny, gromadził żywność, broń i amunicję, szykował zaplecze do walki. Zaufani ludzie przekazywali mu wiadomości o liczbie i ruchach nieprzyjaciela. Utrzymywał stałą współpracę z władzami konspiracyjnymi w Tomaszowie Mazowieckim, które zapewniały mu łączność, informacje i opiekę medyczną. Bez przerwy dołączali do niego nowi żołnierze, podnoszący stan oddziału do około 30 ludzi, w tym rtm. Józef Walicki „Walbach", ppor. Antoni Kubisiak „Leszczyna", podch. Józef Świda „Lech", podch. Edmund Kuropka „Barbarycz" i ksiądz Ludwik Mucha jako kapelan.

W lutym 1940, w lasach przysuskich, w miejscowości Gałki Krzczonowskie oddział przyjął większą liczbę ochotników, rozrastając się do 312 żołnierzy. „Hubal" zorganizował 50-konny szwadron kawalerii, dwa plutony piechoty liczące ok. 200 ludzi i drużynę ciężkich karabinów maszynowych. Jednakże 13 marca przybyły z Warszawy oficer Komendy Głównej Związku Walki Zbrojnej przekazał mu rozkaz płk. Stefana Roweckiego o demobilizacji, uważano bowiem, że istnienie tak licznej zbrojnej grupy w obecnym czasie nie jest możliwe. Nakazano rozwiązać plutony, a chętnym przejść do pracy konspiracyjnej. W wyniku tego dwie trzecie oficerów i żołnierzy „Hubala" zdecydowało się zdjąć mundury, ale 70 stawiło się do dalszej dyspozycji majora.

„Hubal" nie wykonał rozkazu, mimo że wkrótce został on powtórzony. Opuścił Gałki, przemaszerował do Hucisk i ponownie zwiększył liczbę żołnierzy do około 100 ludzi w dwóch samodzielnych plutonach piechoty i jednym kawalerii. W tym czasie już wiedział, że Niemcy koncentrują znaczne siły wojska, żandarmerii i SS w celu wykonania obławy i zlikwidowania oddziału, skrupulatnie więc przygotowywał się do konfrontacji. Pierwsze strzały patroli obu stron padły rankiem 30 marca, natomiast po południu wywiązała się dwugodzinna walka. Plutony piechoty zaskoczyły podchodzący niemiecki batalion ogniem szesnastu karabinów maszynowych i kontratakiem na bagnety, kawaleria w wyniku obejścia przeciwnika zlikwidowała odwody i kolumnę ciężarówek. Wieczorem oddział przemaszerował około 40 km na południe w lasy suchedniowskie.

Pierwsza walka zakończyła się sukcesem „Hubala" i niewielkimi stratami (11 zabitych), ale seria następnych gwałtownych starć 1 kwietnia w gęstych lasach pod Szałasami zdziesiątkowała oddział i wykazała, że jest ścigany i systematycznie otaczany. Kilkakrotne próby wyrwania się z matni całością sił nie przyniosły skutku, tym bardziej że w ciemnościach nadchodzącej nocy piechota oddzieliła się od jazdy. Drogi odwrotu „Hubalczyków" przecinały szosy i tory kolejowe obsadzone jednostkami policji i wojska, a nawet bronią pancerną. Każdy rejon masywu leśnego był szczelnie obstawiony niezwykle czujnymi posterunkami, a wszelkie próby przejścia przez linię obławy kończyły się odwrotem w ogniu broni maszynowej. Nocą z 1 na 2 kwietnia udało się wydostać jedynie kawalerii, która przerwała niemiecki pierścień galopem; wysiłki piechoty skończyły się tragedią. W dzień intensywnie poszukiwani żołnierze musieli kryć się grupkami na bagnach i torfowiskach, następnej nocy zdołało ujść pogoni zaledwie 30 ludzi z pierwszego plutonu. Drugi pluton został zlokalizowany i wybity niemal do nogi.

Na leśnych kwaterach pod Wągrowcem doszły do ocalałych „Hubalczyków" informacje o zbrodniach niemieckich na ludności cywilnej, w tym na mieszkańcach wsi, w których wcześniej kwaterowali. 30 marca aresztowano w Gałkach 44 mężczyzn, których rozstrzelano 4 kwietnia w Radomiu, a 1 kwietnia zamordowano wszystkich mężczyzn ze wsi Szałasy-Zapusty. Po siedmiu dniach, gdy „Hubal" podjął decyzję przejścia w rejon stacjonowania z początków roku, 61 kolejnych osób zamordowano w Królewcu, 8 kwietnia 15 rolników z Cisowiska, 65 z Szałasów Starych, a samą wieś spalono. 11 kwietnia w Gałkach rozstrzelano 12 ludzi, w Hucisku i Skłobach łącznie 279 mężczyzn, a 69 – w Adamowie. Major obciążał się winą za zbrodnie, sądząc, że były one odwetem za jego działalność.

Pozorny spokój bez gwałtownych pościgów i starć trwał niemal do końca miesiąca. „Hubal" często zmieniał miejsca postoju, mylił ślady, znikał patrolom wroga, obozował po lasach, rzadko w chałupach i leśniczówkach,

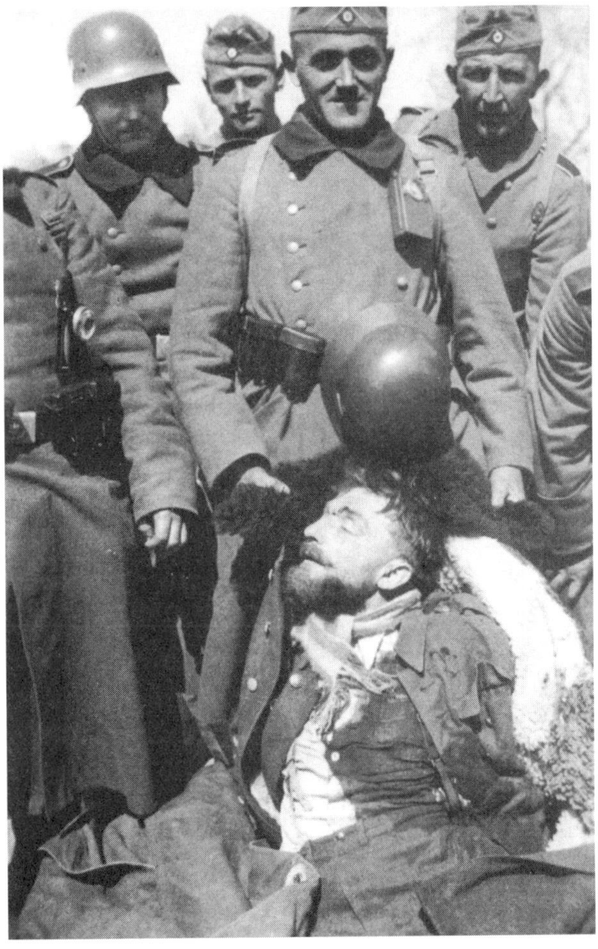

Zwłoki „Hubala" prezentowane przez żołnierzy niemieckich

nie chcąc narażać mieszkańców. Żołnierze byli coraz bardziej wyczerpani, dokuczał im głód, zimno i niewygody, kilku samowolnie opuściło szeregi. Oddział otaczała gęstniejąca sieć konfidentów, ze wszech stron wyłaniały się piesze i zmotoryzowane kolumny wroga. 28 kwietnia „Hubal" ukrywał się z ludźmi w Ponikłach w powiecie Opoczno, a 29 kwietnia w osadzie Fryszerka. W nocy z 29 na 30 kwietnia zatrzymał się w zagajniku pod Anielinem i tamże wczesnym rankiem został zaskoczony przez niemiecką obławę. Według słów meldunku kilku jego oficerów, zginął w gwałtownej i krótkiej strzelaninie.

Po identyfikacji zwłok „Hubala", Niemcy wywieźli je w niewiadomym kierunku i najprawdopodobniej spalili w lasach. Kilkudziesięciu ocalałych żołnierzy oddziału rozproszyło się, ale po pewnym czasie zebrało w wyznaczonym miejscu. Od przedstawiciela Komendy Głównej ZWZ otrzymali rozkaz zdjęcia mundurów i propozycję walki w podziemiu. Wielu z nich poległo w następnych latach walcząc w szeregach Armii Krajowej. Wszyscy szczycili się, że należeli do legendarnego oddziału, który jako pierwszy w II wojnie światowej podjął działania partyzanckie.

ENIGMA

Wojna bywa porównywana do partii szachów, ale to raczej partia rozgrywanego na najwyższym poziomie brydża. Sztaby i wodzowie naczelni próbują znaleźć słabe punkty przeciwnika. Jedni koncentrują siły i decydują się na frontalny atak, inni pozorują odwrót, by nieprzyjaciel wyszedł z okopów, jeszcze inni czekają. Wygrywają jednak nie ci najbłyskotliwsi, lecz ci najlepiej poinformowani. Napoleońska dewiza: „Do prowadzenia wojny potrzeba trzech rzeczy. Pieniędzy, pieniędzy i jeszcze raz pieniędzy" została w XX wieku wzbogacona modlitwami sztabowców o możliwość wglądu w plany przeciwnika. Trudno oszacować, jaką wartość miała dla aliantów znajomość szyfrów używanych w niemieckich maszynach kodujących zwanych Enigmami. Historycy spierają się, czy możliwość „zajrzenia Hitlerowi w karty" skróciła wojnę o 9 miesięcy czy aż o trzy lata. Bezsporne jest jednak, że rozwikłanie kodów Enigmy było jednym z najistotniejszych wkładów Polski w pokonanie III Rzeszy.

A wszystko zaczęło się długo przed agresją niemiecką na Polskę. Sama maszyna szyfrująca powstała w latach 20. XX wieku, później była wielokrotnie modyfikowana. W 1926 urządzenie weszło na wyposażenie jednostek Kriegsmarine, a w 1928 zaczęły go stosować wojska lądowe. Wprowadzana informacja była kodowana przy użyciu zmiennych impulsów elektrycznych; rozszyfrowanie jej wymagało – również zmiennego – klucza. Wykorzystując dwa zestawy po trzy wirniki (we flocie – cztery), uzyskiwano początkowo 17 567 kombinacji kluczy dziennych. Była to wielkość wyjściowa, rosnąca w miarę kolejnych modernizacji urządzenia. W owych czasach wydawało się, że jest to zabezpieczenie idealne.

To nieprawdopodobieństwo złamania kodu trapiło najbardziej płk. Gwidona Langera z polskiego kontrwywiadu, któremu podlegało Biuro Szyfrów (sekcja R). Zdawał on sobie sprawę, że Polska może być celem niemieckiego ataku i potrzebował pewnego źródła informacji, a nie było lepszego niż niemieckie tajne depesze. W 1928 Oddział II Sztabu Generalnego zdecydował się na ścisłą współpracę z matematykami z uniwersytetu w Poznaniu. Eksperyment pod nadzorem profesorów Stefana Mazurkiewicza i Wacława Sierpińskiego, którzy wyselekcjonowali swych najzdolniejszych studentów i asystentów, okazał się strzałem w dziesiątkę. Stanowiło to europejski ewenement, gdyż do tej pory wywiady używały do łamania szyfrów głównie wiedzy i intuicji filologów. Polski wywiad uważał jednak, że niemieckie depesze szyfrowane są w sposób mechaniczny

Niemieccy żołnierze obsługujący maszynę szyfrującą Enigma

i ich klucz ma charakter ścisłego algorytmu, zwłaszcza że podobne urządzenia do kodowania informacji były dostępne na rynku i chętnie korzystały z nich międzynarodowe koncerny obawiające się „szpiegostwa przemysłowego". Wszystko zależało od szczegółów technicznych i uchwycenia systemu zmian tarcz szyfrujących. Polski wywiad miał szczęście. W 1929 udało się przechwycić i w tajemnicy zbadać Enigmę wysłaną do Polski w przesyłce dyplomatycznej. Istotnym elementem łamania kodów Enigmy stała się – nawiązana w 1931 – współpraca z wywiadem francuskim, który rok wcześniej dotarł do niemieckich kluczy, ale nie potrafił ich zastosować (szyfry kupiono od pracownika Reichswehry). Tego elementu mozaiki brakowało polskim ekspertom i dopiero ściślejsza współpraca przyszłych aliantów pozwoliła na osiągnięcie zaskakująco dobrych rezultatów. Sposób kodowania depesz został złamany przez pracujących dla polskiego wywiadu matematyków z Uniwersytetu Poznańskiego: Mariana Rejewskiego, Jerzego Różyckiego i Henryka Zygalskiego. Pierwszym sukcesem tej trójki było złamanie w grudniu 1932 kodu używanego przez niemiecką marynarkę wojenną. W 1933 zbudowano według ich wskazówek replikę Enigmy, co umożliwiło – od 1934 – rutynowe deszyfrowanie depesz przesyłanych przez Enigmę niemiecką. Talentem błysnęli inżynierowie z warszawskiej fabryki AVA, którym udało się zbudować repliki urządzenia i jego najważniejszych elementów. Polacy nie spieszyli się jednak z przekazaniem wiadomości o przełomie w deszyfrowaniu wywiadowi francuskiemu. Czekali na zakończenie prac nad maszyną liczącą – praprzodkiem komputera (tzw. Bombą), która miała łamać kody zmodernizowanej Enigmy.

30 czerwca 1939 w tajnym bunkrze w podwarszawskich Pyrach francuski płk. Gustaw Bertrand poznał wszystkie tajemnice polskiego wywiadu. Dostał też dwa egzemplarze „polskiej" Enigmy. W sierpniu 1939 dane o sposobie kodowania zostały przekazane wywiadowi brytyjskiemu, który na własną rękę od lat próbował przejrzeć Enigmę. Współpracę nawiązano jednak zbyt późno. Trzeba tu dodać, że Enigma nie była jedynym kierunkiem zainteresowania polskich deszyfrantów. Polski radiowywiad złamał także kody sowieckie i już od czasu wojny z bolszewikami odczytywał depesze Armii Czerwonej i NKWD. Jak pisał jeden z badaczy dziejów polskiego wywiadu: „Kontynuacja rozpoznania radiowego Armii Czerwonej pozwalała na zdobywanie znacznie pełniejszych

informacji niż te, które mogliby dostarczyć wywiadowi polskiemu Lenin, Trocki, Tuchaczewski i Stalin, gdyby byli informatorami polskiego wywiadu wojskowego". Polacy skonstruowali także własną maszynę szyfrującą (wyprodukowano 125 egzemplarzy).

Po uderzeniu Wehrmachtu na Polskę, Rejewski, Zygalski i Różycki wraz z dwoma Enigmami uciekli do Rumunii, a stamtąd do Francji, gdzie zaopiekował się nimi Bertrand. Stali się oni najważniejszymi osobami w podparyskim tzw. Ośrodku Bruno, gdzie alianci wspólnie odcyfrowywali niemieckie meldunki. Sprawa nie była prosta, gdyż w 1938 Niemcy wykryli francuskiego szpiega w swych szeregach, a w ślad za tym zmodernizowali maszynę, dodając dwie kolejne tarcze szyfrujące, co ogromnie skomplikowało dobrze wydawać by się mogło znany system. Jednak kod Enigmy II złamano. Zrobiono to we współpracy z Alanem Tuningiem, specjalistą od szyfrów pracującym dla brytyjskiego wywiadu. Ale Anglicy pracowali nie tylko głową. Marines zdobyli dwa niemieckie okręty obserwacyjne i nim je zatopiono, pozorując katastrofę w czasie sztormu, zabrano szyfry Enigmy II. Stała wymiana materiałów i informacji pomogła Brytyjczykom zbudować własny system rozszyfrowywania niemieckich depesz, nazwany Ultra (w styczniu 1940). Od tej pory Brytyjczycy mieli tak samo wszechstronną wiedzę o armii niemieckiej, jak Polacy przed wrześniem 1939. Było to wyjątkowo ważne, gdyż wojna w Europie wkraczała w nową fazę.

Kiedy wiadomo było, że Francji wiedza ta nie ocali, bo czołgi Guderiana były skuteczniejsze od linii Maginota, polscy kryptolodzy przenieśli się na Wyspy Brytyjskie. Pod wodzą szefa sekcji powietrznej MI6 Fredericka W. Winterbothama kontynuowali walkę z wrogiem (oprócz Różyckiego, który zginął na morzu w styczniu 1942). Kryptolodzy brytyjscy zgrupowani w ośrodku w Bletchley Park łamali kolejne szyfry niemieckie. Uruchomiona wkrótce maszyna licząca Colossus pozwalała na przyspieszenie rozszyfrowywania depesz. Przez wiele lat brytyjscy historycy i publicyści minimalizowali lub wręcz pomijali rolę, jaką w walce z niemieckimi kodami odegrali polscy naukowcy, inżynierowie i wojskowi. Dopiero u schyłku XX wieku prawda zaczęła być powoli odkrywana i prezentowana opinii publicznej na Wyspach Brytyjskich.

W 1943 Brytyjczycy uruchomili prakomputer Columbus, którego moc obliczeniowa pozwoliła na złamanie kodu Lorenz, dotąd skutecznie broniącego się przed próbami alianckich analityków. Kodem takim posługiwały się najwyższe szczeble dowodzenia oraz instytucje centralne III Rzeszy. Wiedza o sposobie szyfrowania niemieckich depesz w znacznym stopniu przyczyniła się do sukcesów militarnych aliantów. Wiadomości dostępne dzięki Ultrze pozwoliły zyskać przewagę w bitwie o Atlantyk i pokonać korpus Rommla w Afryce. Sygnał od kryptologów dał początek końca chlubie Kriegsmarine – pancernikowi „Bismarck", zatopionemu 27 maja 1941. Niemieckie U-booty musiały przesyłać sygnał radiowy o swoim położeniu. Niemal w tym samym momencie docierał on do alianckich dowódców lotnictwa morskiego i zespołów niszczycieli, które tylko czekały na podobne wezwania. Trzeba jednak podkreślić, że alianci bardzo dbali o to, by nie zdekonspirować źródła swej wiedzy. Informacje dotyczące frontu wschodniego były przekazywane stronie sowieckiej, bez nich Rosjanie nie obroniliby Moskwy czy Stalingradu, nie zwyciężyliby w bitwie pod Kurskiem (otrzymali dokładne plany niemieckiej ofensywy). Wywiad brytyjski nie informował Sowietów tylko o źródle danych. Brytyjczycy nie wiedzieli jednak, że ich własne

Enigma

tajemnice przekazywała Stalinowi słynna piątka szpiegów sowieckich: Blunt, Burgess, Philby, Cairncross, Maclean. Kolejnym etapem w doskonaleniu metod deszyfrażu było przejęcie niemieckiej łodzi podwodnej U-110, zmuszonej do wypłynięcia na powierzchnię przez korwetę „Aubrietia" i towarzyszące jej niszczyciele. Zanim holowana łódź zatonęła (9 maja 1941), na jej pokładzie znaleziono cenne informacje o maszynie kodującej Enigma i szyfrach łodzi podwodnych.

W dziedzinie deszyfrażu alianci mieli wyjątkowe szczęście. Amerykański płk William Friedman, w latach 1941–1947 szef pracowni kryptologicznej Departamentu Wojny w Waszyngtonie, złamał latem 1940 japoński kod dyplomatyczny. Dzięki temu Amerykanie zyskali dostęp do najtajniejszych informacji wroga. W swych pracach Friedman korzystał z doświadczeń polskich pogromców Enigmy. Kierował operacją „Magic", której zadaniem było przechwytywanie depesz nadawanych z Tokio do japońskich ambasad. Dane były ściśle tajne i lądowały bezpośrednio na biurku Cordella Hulla, sekretarza stanu. Można zaryzykować twierdzenie, że między Wydziałem Matematyki Uniwersytetu Poznańskiego, skąd wywodzili się polscy uczeni, a na przykład śmiercią adm. Yamamoto istnieje logiczny związek.

Niemcy nigdy nie przestali ufać Enigmie. 60 tysięcy działających maszyn codziennie przesyłało miliony meldunków. Stały się one nieocenionym źródłem wiedzy o niemieckiej armii. Wiedza ta zadecydowała o sukcesach w Bitwie o Anglię, walkach na Atlantyku i podczas lądowania w Normandii. Inne fronty szpiegowskiej działalności miały mniejsze znaczenie. Przed wojną Niemcy nie posiadali rozbudowanej siatki szpiegowskiej na Wyspach Brytyjskich, agenci wysłani tam przed wojną i w jej trakcie w większości zostali zdemaskowani. „Odwróconych" agentów zmuszono do przekazywania fałszywych informacji, które zręcznie mieszano z prawdziwymi. Akcją dezinformacji kierował specjalny Komitet XX (Double Cross), który opracował mnóstwo alianckich operacji istniejących jedynie na papierze. W ten sposób udało się np. zmylić czujność Niemców przed lądowaniem wojsk alianckich w Afryce Północnej. Podobnie przed lądowaniem w Normandii Niemcy uwierzyli w istnienie fikcyjnej 1. Grupy Armii USA, rzekomo mającej uderzyć w rejonie Calais. Alianci zorganizowali na użytek wroga makiety czołgów, które fotografowali zwiadowcy Luftwaffe, i wzmożony ruch radiowy, imitujący działalność nieistniejącej armii.

KURIERZY

Wraz z warszawskimi Powązkami, krakowskimi Rakowicami, wileńską Rossą i lwowskim Łyczakowem, stary cmentarz zakopiański na Pęksowym Brzyzku należy do elitarnego grona najważniejszych polskich nekropolii. O nim na początku XX wieku pisano w „Przeglądzie Zakopiańskim": „Przytuliła skalna ziemia tych, którzy są jej synami i tych, którzy przybyli tu by z gór zaczerpnąć sił, schować się przed prześladowcami". Nie jest to cmentarz wyłącznie dla uprzywilejowanych, lecz kres drogi tych, którzy Tatry i Podhale kochali całą duszą. Obok goprowców spoczywają tu literaci, kompozytorzy, artyści, wybitni sportowcy, politycy i działacze społeczni. Przybysze leżą obok tych, którzy na Podhalu żyli od pokoleń. Symboliczne były w tym kontekście pogrzeby ludzi, którzy reprezentowali wprawdzie dwa światy, lecz jedną miłość Ojczyzny i Tatr, jedną służbę i przyjaźń: profesora historii Uniwersytetu Jagiellońskiego Wacława Felczaka (drugiego Polaka – po Józefie Bemie – nazywanego przez Węgrów „ojczulkiem") i znakomitego sportowca Stanisława Marusarza. Obaj tworzyli podczas okupacji sieć kurierską rządu polskiego na wychodźstwie. Wacław Felczak, organizator doskonale działającej służby kurierskiej, był wybitnym badaczem dziejów środkowej Europy, głównie Węgier. Marusarz – narciarz, 4-krotny olimpijczyk, medalista Mistrzostw Świata '38, 25-krotny mistrz Polski (1931–1952), laureat Wielkiej Honorowej Nagrody Sportowej '38 – był słynnym sportowcem. Schwytany podczas jednej z tajnych wypraw do Budapesztu, został przez Niemców skazany na śmierć. Wymknął się jej, uciekając z krakowskiego więzienia na Montelupich, którego mury pokonał dzięki swej niesłychanej sprawności i kondycji. Wacława Felczaka władze komunistyczne uznały za wrogiego agenta. Skazano go na karę śmierci, którą jednak zamieniono na więzienie; przebywał w nim w latach 1948–1956. Przyjaźń Felczaka i Marusarza trwała przez dziesięciolecia i tak, jak razem żyli, tak razem odeszli. Podczas pogrzebu prof. Felczaka na Pęksowym Brzyzku Stanisław Marusarz zasłabł. Spoczął w tym samym miejscu kilka dni później.

Kurierzy przenosili tajną pocztę oraz przeprowadzali z Polski na Węgry osoby cywilne i oficerów. W drodze powrotnej nieśli – oprócz poczty

Helena Marusarzówna

– pieniądze, broń i materiały wybuchowe. Przeprowadzali także emisariuszy oraz niezbędnych podziemiu instruktorów. Główne szlaki kurierów biegły przez Podhale lub Sądecczyznę, a dalej przez Słowację w okolice Koszyc lub Rożniawy (miasta te leżały wówczas w granicach Węgier). Zwykle poszczególni kurierzy przebywali pewien odcinek szlaku; rzadko zdarzało się, by docierali bezpośrednio z Polski do Budapesztu. Niebezpieczeństwa czaiły się wszędzie. Na terenie Generalnej Guberni na kurierów czyhały niemieckie patrole. Słowacka żandarmeria schwytanych posłańców wydawała Niemcom. Taki los spotkał m.in. Helenę Marusarzównę (podobnie jak brat wybitną sportsmenkę), schwytaną przez słowacką straż graniczną już na granicy węgierskiej. Przekazana w ręce gestapo, została uwięziona w Tarnowie i po brutalnym przesłuchaniu rozstrzelana w Pogórskiej Woli. Najbezpieczniejszy był węgierski odcinek szlaku, choć i na nim zdarzało się, że zatrzymanych węgierscy żandarmi osadzali w aresztach. Wśród kurierów byli wytrawni przewodnicy tatrzańscy (m.in. Józef Krzeptowski, który trasę do Budapesztu przebył ponad 50 razy), taternicy i górale. Ich służbę otoczyła z czasem bohaterska legenda, co sprawiło, że wielu zwykłych przemytników zaczęło podawać się za kurierów Polski Podziemnej. Tych prawdziwych nie było wielu. Według drobiazgowych ustaleń zakopiańskich badaczy mianem kuriera tatrzańskiego mogło się szczycić ledwie 37 osób. Do ich grona dochodzi podobna grupa tych, którzy operowali na Sądecczyźnie. Trzeba też zaznaczyć, że wielu Polaków na własną rękę próbowało wydostać się z okupowanego kraju. Podejmowali duże ryzyko, gdyż schwytanych Niemcy zwykle rozstrzeliwali; wielu zmarło od odmrożeń (zwłaszcza podczas pierwszej wojennej zimy).

Stała łączność z krajem była dla rządu polskiego na wychodźstwie rzeczą ogromnie istotną. Dziś wydaje się to proste, ale w latach II wojny nastręczało rozmaite, trudne do rozwiązania problemy natury technicznej i logistycznej. Dopiero 18 września 1940 doszło do nawiązania bezpośredniego kontaktu radiowego między władzami polskimi na emigracji i podziemiem w kraju. Obok tej drogi w łączności z krajem stale byli wykorzystywani emisariusze-kurierzy, docierający do Polski najczęściej szlakiem przez Rumunię (do października 1940, tj. do zerwania przez Rumunię stosunków dyplomatycznych z Polską), Jugosławię, Węgry i Litwę (do czerwca 1940, tj. do momentu jej zajęcia przez ZSRR). Nocą z 15 na 16 lutego 1941 wykonano pierwszy zrzut do kraju skoczków-kurierów rządu gen. Władysława Sikorskiego. Do kwietnia 1942 zostało wykonanych 9 zrzutów, które objęły 48 skoczków (41 żołnierzy i 7 kurierów politycznych) i 2 tony zaopatrzenia, a także ok. 1,7 mln dolarów w banknotach i złocie, 1775 angielskich funtów i 885 tys. marek niemieckich. Ze względów technicznych zrzuty dokonywane przez brytyjskie bombowce nie mogły sięgać dalej na wschód niż w rejon Warszawy. Od lutego 1941 wszyscy kurierzy udawali się do kraju drogą powietrzną. Było to ryzykowne, ale relatywnie proste. O wiele więcej trudności przedstawiało przesłanie informacji (zwłaszcza tych najbardziej poufnych) z kraju na Zachód.

Podczas II wojny wydawało się, że do polskiej praktyki wojskowo-politycznej wróciła nieco zapomniana, ale jakże heroiczno-romantyczna postać emisariusza. W okresie zaborów tajni wysłannicy polityczni – kierowani przez organizacje emigracyjne, które w ten sposób chciały oddziaływać

Stanisław Marusarz

na kraj – przemycali pisma i literaturę oraz organizowali sieć konspiracyjną. Podczas okupacji działo się odwrotnie – ich rolą było zapoznanie władz państw alianckich z realiami Polski i Europy pod okupacją niemiecką.

Wśród kurierów pierwszoplanową postacią był Jan Karski (*de facto* Kozielewski) – dyplomata, prawnik i politolog, od 1939 pracujący w służbie dyplomatycznej. Od listopada 1939, po ucieczce z sowieckiej niewoli, włączył się w działalność Polski Podziemnej. Podczas swej drugiej misji kurierskiej został aresztowany przez gestapo, ale na rozkaz Tadeusza Bora-Komorowskiego odbito go z więziennego szpitala. Jako członek Komendy Głównej AK zajmował się sytuacją Żydów w okupowanej Polsce, odbył tajną wizję lokalną w getcie warszawskim, a w październiku 1942 przebrany w mundur estońskiego strażnika dostał się na teren obozu zagłady w Bełżcu. W listopadzie 1942 przez Francję i Portugalię udał się do Londynu, z misją dania świadectwa o nieznanej jeszcze światu zagładzie Żydów, zorganizowanej przez Niemców na terenie Polski. Informacje, raporty, wstrząsające przesłanie Żydów przekazał także władzom brytyjskim i amerykańskim z (bezskutecznym) apelem o pomoc. Po wojnie zamieszkał w Stanach Zjednoczonych, gdzie został profesorem prestiżowego Georgetown University. Ze Stanami Zjednoczonymi swe późniejsze losy i działania na rzecz Polski związał także Zdzisław Jeziorański, opinii publicznej lepiej znany jako Jan Nowak-Jeziorański, albo po prostu Kurier z Warszawy. W czasie wojny działał w konspiracji. Był kurierem i emisariuszem rządu RP na wychodźstwie, utrzymywał łączność między Londynem a Komendą Główną AK w Warszawie. Po wojnie pozostał za granicą, włączając się w działalność polityczną polskiej emigracji. W latach 1952–1976 był dyrektorem sekcji polskiej Radia „Wolna Europa", następnie działał w Kongresie Polonii Amerykańskiej. To jego zabiegi przyspieszyły polskie członkostwo w NATO.

NARWIK

Wojsko Polskie, skazane na samotną walkę z najeźdźcami, poniosło we wrześniu 1939 klęskę. Jednak ani rząd, ani naczelne władze wojskowe nie podpisały aktu kapitulacji. 30 września urząd premiera objął we Francji gen. Władysław Sikorski, który w rozkazie z 7 listopada napisał m.in.: „Walka trwa. Biją się nasi marynarze. Bić się będą nasi lotnicy. Niebawem wyruszą w pole pierwsze nasze pułki. A w walce tej nie jesteśmy sami". Władze francuskie oddały do dyspozycji Polaków obóz ćwiczebny w Coëtquidan, który stał się centrum formowania polskich oddziałów lądowych.

Pierwszą jednostką, która z bronią w ręku mogła wziąć na wrogu odwet za Wrzesień była Samodzielna Brygada Strzelców Podhalańskich gen. Zygmunta Szyszko-Bohusza. W czasie I wojny światowej był on oficerem armii rosyjskiej, od 1918 służył w Wojsku Polskim. Po dłuższym okresie pracy sztabowej objął w 1933 stanowisko zastępcy dowódcy Korpusu Ochrony Pogranicza. W kampanii wrześniowej dowodził 16. Pomorską Dywizją Piechoty w składzie Armii „Pomorze". Internowany na Węgrzech, przedostał się z końcem 1939 do Francji.

Brygadę utworzono wiosną 1940, myśląc o włączeniu jej do 1. Lekkiej Dywizji Strzelców – korpusu mającego wesprzeć Finlandię w walce z sowiecką agresją. Użyto jej jednak dopiero, kiedy armia niemiecka rozpoczęła działania wojenne przeciwko Norwegii. 9 kwietnia niemieckie desanty morskie opanowały największe miasta kraju: Oslo, Bergen, Trondheim i Narwik. Uderzenie uzupełniały desanty z powietrza na lotniskach w Sola (Oslo) i Stavanger. Szczupłe siły norweskie odważnie podjęły obronę, ale armia, w większości składająca się z sił typu milicyjnego, nie była nawet do końca zmobilizowana. Napastnikom oraz wewnętrznej V kolumnie nie udało się pochwycić króla Haakona VII, który wraz z rządem schronił się na północy Norwegii, w Trömsö, by stamtąd kierować walką narodu. Król wezwał aliantów do udzielenia pomocy w pokonaniu agresora. Pierwszą wspólną operacją była nieudana próba odzyskania Trondheim. Centrum walk przeniosło się do Narwiku. Zarówno alianci, jak i Niemcy doskonale zdawali sobie sprawę z tego, że utrzymanie Narwiku jest kluczem do panowania nad całą północną częścią Półwyspu Skandynawskiego. Tylko stąd w miesiącach zimowych można było wywozić frachtowcami rudę żelaza, niezbędną dla niemieckiego przemysłu. Miasto to zostało oddane Niemcom bez walki przez komendanta narwickiego garnizonu, płk. Johana Sundlo. Kapitulację, będącą właściwie zdradą,

Polski patrol motocyklowy w Norwegii

Oficerowie Samodzielnej Brygady Strzelców Podhalańskich przed bitwą o Narwik (od lewej: płk Kwiatkowski, mjr Iliński, gen. Zygmunt Szyszko-Bohusz, kpt. Starkiewicz)

przyjął gen. Eduard Dietl, dowódca 3. Dywizji Strzelców Górskich. Jego żołnierze obsadzili także bazę norweskiej 6. Dywizji Piechoty, co uniezależniło ich od dostaw amunicji, sprzętu, żywności i paliwa.

Podczas posiedzenia Najwyższej Rady Wojennej Sprzymierzonych postanowiono cały impet alianckiego desantu skierować na północ. Zaczęto od zniszczenia osłaniających fiord i port okrętów Kriegsmarine. W dwóch brawurowych wypadach okręty brytyjskiej Home Fleet posłały na dno niemieckie niszczyciele (13 kwietnia) i zatopiły bądź rozproszyły chronione przez nich jednostki transportowe. Niemieckie jednostki lądowe zostały odcięte w rejonie Narwiku, a dowództwo zaczęło naprędce przygotowywać awaryjny plan ich ewakuacji. Moment na rozpoczęcie desantu był znakomity, ale zamiast zaatakować wprost port narwicki i wysadzić w nim żołnierzy, dowództwo alianckie zmarnowało swą szansę i rozpoczęło realizację wariantu wręcz asekuranckiego. Ostrożność była może wynikiem niepowodzeń, jakich doznały wcześniejsze desanty wysadzane przez aliantów w środkowej Norwegii.

W rejon Narwiku Brytyjczycy wysłali 24. Brygadę Gwardii, ale rychło jej żołnierzy przerzucono na południe, by zatrzymali powolnie, ale nieubłaganie maszerujący na północ niemiecki korpus armijny. Narwik pozostawiono koalicji norwesko-francusko-polskiej, dowodzonej przez gen. Marie Émile'a Bethuarta. Pierwsze oddziały francuskie wyruszyły w rejon Narwiku pod koniec drugiej dekady kwietnia. 27 kwietnia desantowali się strzelcy alpejscy, 5 maja cudzoziemscy legioniści z 13. Półbrygady Legii. Samodzielna Brygada Strzelców Podhalańskich wylądowała w Norwegii w nocy z 7 na 8 maja 1940. 4778 żołnierzy brygady (w tym 182 oficerów) wyładowano z transportowców w Harstadt. 1. i 2. batalion skierowano natychmiast do patrolowania wybrzeży wyspy Hinnoya, 3. przewieziono kutrami do Ballangen, a 4. do Salangen. Wartość bojową brygady złożonej z żołnierzy pełnych zapału, niecierpliwie czekających na możliwość wzięcia odwetu na Niemcach, obniżał brak artylerii i czołgów. Problemem było także rozrzucenie pododdziałów na sporym (ok. 60 km średnicy) terenie. W operacji narwickiej brały także udział okręty Polskiej Marynarki Wojennej, m.in. niszczyciele „Błyskawica", „Burza" i „Grom" (który zatonął 4 maja od bomb niemieckich), a także – jako statki transportowe – polskie liniowce „Sobieski", „Batory" i „Chrobry" (zatonął zbombardowany 16 maja).

10 maja podczas narady w Harstadt dowódcy, m.in. gen. Szyszko-Bohusz, ustalili sposób działania aliantów. Pierwszym zadaniem miało być oczyszczenie z nieprzyjaciela półwyspu Oijord i zajęcie pozycji do ataku na port. 13 maja legioniści mieli desantować się z morza, a 2. batalion Podhalańczyków – atakować na zachód od Bjervik. Podhalańczycy – po wylądowaniu w zatoce Bogen – musieli jednak przebyć ok. 20 km górskich bezdroży: „Najpierw główne dojście stanowiła wąska górska dróżka, a następnie wijąca się ścieżka. Posuwali się nad skrajem przepaści, to znów postępowali grzbietem albo schodzili w szeroką dolinę. Na ramionach rzemienne paski wcinały się pod ciężarem 30-kilogramowych plecaków, a buty nasiąkały wodą, kiedy zagłębiali się w kopny, wiosenny śnieg".

Zwiadowcy znajdowali przed sobą opuszczone niemieckie obozowiska. Niemcy próbowali jeszcze montować linię obrony w skałach na północ od Bjervik, ale ogień artylerii morskiej i śmiałe uderzenie Podhalańczyków zmusiły ich do wycofania się w góry na wschód od osady.

Generalny odwrót Niemców rozpoczął się po południu, chociaż już o godzinie 11.00 batalion polski i pluton zwiadu motocyklowego 13. Półbrygady Legii Cudzoziemskiej weszły do zrujnowanego i opuszczonego Bjervik. W ślad za cofającym się ku granicy szwedzkiej nieprzyjacielem rzucono kompanie francuskich legionistów, nakazując im utrzymanie styczności z wrogiem. 2. batalion Brygady Podhalańskiej został zatrzymany w miasteczku w charakterze odwodu.

Ostateczne natarcie na Narwik przewidziano na 24 maja. Do tego czasu miano uzupełnić wyposażenie i zająć pozycje wyjściowe. 16 i 17 maja bataliony 1. i 2. zluzowały na półwyspie Ankenes walijskich gwardzistów i francuskich strzelców alpejskich. 19 maja dołączył do nich 4. batalion. Jedynie 3. batalion pozostawał nadal w Ballangen, ubezpieczając tyły dywizji. Rozpoczęto ostatnie uzgodnienia sztabowe. Tymczasem 26 maja, po zakończeniu przygotowań do natarcia, naczelne dowództwo poinformowało gen. Bethuarta, że ma rozpocząć przygotowania

Żołnierze polscy na kutrze rybackim w drodze ku Narwikowi

do opuszczenia Norwegii – sytuacja sprzymierzonych we Francji stawała się katastrofalna, nie można było pozwolić sobie na dalsze rozproszenie sił. 10 maja 1940 zakończyła się bowiem „dziwna wojna", trwająca od września 1939. Wojska francuskie stanęły w obliczu ataku potężnej, doskonale wyćwiczonej i w pełni zmotoryzowanej armii niemieckiej.

Gen. Bethuart przeforsował jednak decyzję, że planowany atak na niemieckie pozycje odbędzie się i dopiero po nim wojska alianckie wycofają się z rejonu Narwiku. 27 maja o godzinie 23.30 artyleria floty rozpoczęła przygotowanie artyleryjskie na półwyspie Narwik i w rejonie fiordu Rombaken. O godzinie 24.00 oddziały ruszyły do natarcia. Zadaniem brygady było opanowanie wybrzeży Ankenes od strony Narwiku. Do wieczora 28 maja cel ten, mimo twardego oporu niemieckiej 1. Dywizji Górskiej, został osiągnięty, a Narwik opanowany przez oddziały polskie, norweskie, brytyjskie i francuskie. Bitwa o przyczółek została wygrana, jednak kosztem dużych strat i zupełnego wyczerpania fizycznego żołnierzy. Strzelcy gen. Dietla cofali się w pośpiechu ku neutralnej Szwecji, niszcząc dokumenty i przygotowując się do internowania za granicą. Nie wiedzieli, że pościgu nie będzie.

W trakcie walk Podhalańczycy działali w dwóch zgrupowaniach bojowych, dowodzonych przez płk. Benedykta Chłusewicza i ppłk. Władysława Deca. W walkach w trudnym terenie odznaczyła się zwłaszcza 2. kompania 2. batalionu, która w czasie 7-godzinnej walki przebiła się przez linie niemieckie, zajęła wioskę Nyborg i zaryglowała ogniem karabinów maszynowych główną przeprawę przeciwnika. Dwie barki pełne Niemców poszły na dno fiordu, trzecia zawróciła do brzegu, aby skapitulować. Zajęcie Nyborga i osady Ankenes przesądziło o sukcesie w zdobyciu Narwiku. Sami Niemcy wielokrotnie podkreślali, jakim „zaciętym i fanatycznym" przeciwnikiem byli Polacy. Nie był to koniec działań Podhalańczyków. W myśl porozumienia zawartego przez dowódcę 13. Półbrygady Legii Cudzoziemskiej płk. Magrin-Vernereya z gen. Zygmuntem Szyszko-Bohuszem, legioniści i Podhalańczycy przeprowadzili wspólne uderzenie w kierunku Sildvik. 13. Półbrygada atakowała wzdłuż toru kolejowego, a zgrupowanie płk. Chłusewicza – przez góry. Rozkaz został wykonany, zajęto spory odcinek torów oraz osady Kuberget i Klubnes; opanowano wzgórza 675 i 660, przechwycono stację kolejową Strömsnes.

Ale nie miało to już żadnego znaczenia... prócz udokumentowania niezwykłej woli walki. Dowództwo alianckie, mając rozkaz opuszczenia Norwegii, dążyło tylko do zapewnienia spokojnej ewakuacji. 4 czerwca przyszedł rozkaz skrytego niszczenia sprzętu i zapasów, których nie dałoby się ewakuować na wybrzeże. Po otrzymaniu tego polecenia legioniści rozpoczęli huraganowy ogień w kierunku pozycji niemieckich. Moździerze i kilka ton amunicji do nich wniesiono na wzgórze 844, skąd prowadzono ostrzał nieprzyjaciela. Był to ostatni akord kampanii norweskiej. Po wystrzeleniu całej posiadanej amunicji legioniści wycofali się na wybrzeże. Otrzymawszy rozkaz opuszczenia Skandynawii, SBSP do 8 czerwca osłaniała ewakuację wojsk alianckich i jako jedna z ostatnich odbiła od brzegów Norwegii. Ksawery Pruszyński tak zapamiętał tę chwilę: „Kontrtorpedowce ruszyły z miejsca [...]. Przewożone przez nie kompanie polskie, wspaniałej Legii Cudzoziemskiej, czarnych strzelców alpejskich stały na pokładzie. [...] Była to jakby defilada krótka i szybka wzdłuż pola dwutygodniowych walk". Ogółem straty brygady pod Narwikiem wyniosły ok. 100 zabitych i 200 rannych. Gen. Bethuart napisał w pożegnalnym liście do norweskiego gen. Carla Fleischera: „Opuszczam Norwegię głęboko zasmucony. Pozostawiam na Pańskiej ziemi to, co posiadam najdroższego jako żołnierz – moich poległych". W grudniu 1940 kombatanci spod Narwiku otrzymali prawo noszenia honorowego sznura w barwach norweskich i odznaki ze złotym lwem.

Podhalańczycy wrócili do Francji w chwili, gdy potęga wojskowa Republiki legła w gruzach. Polacy wzięli udział w obronie tzw. Reduty bretońskiej, na północ od Rennes. Ale Reduta też była tylko jednym z mitów, jakimi karmiła się francuska generalicja. I znów niemal jedynymi towarzyszami broni Podhalańczyków byli ewakuowani z Norwegii cudzoziemscy legioniści. Pijani francuscy piechurzy, którzy zdążyli już wcześniej porzucić broń i oporządzenie, masowo dezerterowali. Wieśniacy byli do walczących wrogo nastawieni. W ich stronę leciały wyzwiska i zarzuty: „Wasz opór sprawi, że Niemcy będą nas źle traktować". Merowie ogłaszali swe grajdołki „wolnymi miastami". Podhalańczycy, pozbawieni ciężkiej broni, nie zdołali powstrzymać niemieckich czołgów i 18 czerwca brygada została rozbita. Z ocalałej i ewakuowanej do Wielkiej Brytanii resztki brygady (ponad 600 żołnierzy) sformowano batalion strzelców podhalańskich.

MONTBARD

Formalną podstawą tworzenia jednostek WP we Francji była umowa podpisana 4 stycznia 1940 w Paryżu przez premiera Edouarda Daladiera i gen. Sikorskiego. Większość żołnierzy odradzających się sił zbrojnych pochodziła spośród emigracji polskiej we Francji. Jednak drugim bardzo istotnym źródłem rekrutacji byli Polacy ewakuowani z obozów internowania na Węgrzech i w Rumunii. W maju 1940 w skład wojsk lądowych wchodziły: 1. Dywizja Grenadierów, 2. Dywizja Strzelców Pieszych, Samodzielna Brygada Strzelców Podhalańskich (jako pierwsza z polskich jednostek walczyła z Niemcami, w kwietniu 1940 pod Narwikiem) i Brygada Strzelców Karpackich (formowana w Syrii). Istniały również zawiązki 3. i 4. Dywizji Piechoty, a w toku organizacji znajdowała się lekka dywizja zmechanizowana, mająca kontynuować tradycje 10. Brygady Kawalerii płk. dypl. Stanisława Maczka, która we wrześniu 1939 z powodzeniem toczyła walki obronne z Niemcami i jako zwarta, niepokonana przez wroga jednostka przekroczyła granicę węgierską. Niestety, formowanie polskiej dywizji zmechanizowanej było bardzo utrudnione z uwagi na niechęć francuskich władz wojskowych, forsujących tworzenie tylko jak największej liczby dywizji piechoty.

Przebieg rozpoczętej 10 maja 1940 ofensywy Wehrmachtu w Europie Zachodniej był olbrzymim zaskoczeniem dla dowództwa armii francuskiej. Klęski w Ardenach i we Flandrii dowiodły, że nie wyciągnięto żadnych wniosków z walk w Polsce w 1939. Niemiecki Blitzkrieg okazał się po raz kolejny niezwykle skuteczną metodą prowadzenia działań wojennych. Dopiero wówczas, w końcu maja 1940, w obliczu nadchodzącej całkowitej klęski, dowództwo armii francuskiej zaakceptowało ostatecznie plan sformowania polskiej wielkiej jednostki pancerno-motorowej. Zgrupowanie żołnierzy dowodzone przez gen. bryg. Stanisława Maczka przewieziono w rejon Paryża i wkrótce zaczęli napływać nowi ochotnicy oraz długo oczekiwany nowoczesny sprzęt i uzbrojenie. 1 czerwca 1940 stan liczebny tworzonej dywizji osiągnął 3323 ludzi, a w następnych dniach przekroczył 5 tys. żołnierzy. Niestety, zabrakło czasu, by udało się w pełni zorganizować, wyszkolić i uzbroić jednostkę. Już w pierwszych dniach czerwca dowództwo francuskie zażądało natychmiastowego skierowania nieistniejącej jeszcze *de facto* dywizji

Czołgi R-35 z 10. Brygady Kawalerii Pancernej w jednym z francuskich miasteczek w czerwcu 1940

na front. Z wydzielonych oddziałów utworzono zgrupowanie bojowe o nazwie 10. Brygada Kawalerii Pancernej i skierowano pod osobistym dowództwem gen. Maczka na front do Szampanii.

W skład 10. BKPanc. włączono m.in. batalion czołgów lekkich R-35, kombinowany dywizjon kawalerii zmotoryzowanej, kompanie saperów i dywizjon artylerii przeciwpancernej. W sumie w zaimprowizowanej *ad hoc* jednostce było zaledwie 1709 oficerów i żołnierzy.

10 czerwca 1940 Brygada została podporządkowana dowództwu francuskiej 4. Armii, a następnie otrzymała zadanie osłaniania jej zachodniego skrzydła. 13 czerwca polska jednostka, wykonując zadania osłonowe, umożliwiła m.in. wycofanie się francuskiej 20. Dywizji Piechoty poza obszar bagien St. Gond. Tego dnia żołnierze gen. Maczka stoczyli walki z niemieckimi oddziałami pancernymi i zmotoryzowanymi w rejonie miejscowości Montgivroux oraz Champaubert. Od 14 czerwca brygada prowadziła walki odwrotowe, ponosząc dotkliwe straty od nalotów niemieckiego lotnictwa, w tym także osławionych sztukasów. W marszu na południe przekroczono rzekę Aube, a następnie Sekwanę.

16 czerwca do dowódcy 10. BKPanc., znajdującej się wówczas w lasach Chaource, dotarł rozkaz zdobycia w nocy z 16 na 17 czerwca przeprawy przez Kanał Burgundzki w miejscowości Montbard. Miało to ułatwić wycofywanie się francuskiej 42. Dywizji Piechoty w kierunku Loary. Od celu ataku dzieliło Polaków kilkadziesiąt kilometrów. Ponieważ brygada nie dysponowała już praktycznie paliwem, z części pojazdów, w tym z większości czołgów, zlano benzynę, a następnie je zniszczono. Do natarcia na Montbard pozostała tylko jedna kompania z 17 czołgami R-35. Z rejonu Chaource wyruszono ok. godziny 15.00, a rejon Montbard osiągnięto wieczorem. Tuż przed rozpoczęciem natarcia odbyła się odprawa oficerów jednostki, w której uczestniczyły także wszystkie załogi czołgów (zdawano sobie sprawę, że to od ich skutecznego działania zależeć będzie w wielkiej mierze powodzenie nocnego ataku). Szef sztabu brygady, ppłk dypl. Franciszek Skibiński wspominał:

„Zaskoczenie było naszym najsilniejszym atutem. Toteż przed ruszeniem z chwilowego postoju Maczek kazał zebrać załogi 17 czołgów i wygłosił do nich krótkie przemówienie, w którym powiedział o honorze Polaka i żołnierza, przypomniał gruzy Warszawy i przeciwstawił im oddany bez bitwy Paryż. Zakończył słowami na temat szczęścia żołnierskiego, które nas spotyka już przez to samo, że możemy jeszcze natłuc Niemców za nasze krzywdy. Po czym wydał rozkaz: maszerować naprzód na Montbard; z chwilą otrzymania ognia – ruszyć pełnym gazem do miasta, gniotąc wszystko, co stawia opór; przedmiot natarcia – most na kanale".

Przemówienie gen. Maczka odniosło pożądany skutek i żołnierze wyruszyli do natarcia z dużą determinacją i wolą walki. Około godziny 22.00 Polacy natknęli się na pierwszych żołnierzy nieprzyjaciela i natychmiast uderzono na miasto. Gen. Maczek wspominał:

„Jak spodziewałem się, uderzenie nasze nocne czołgami na Montbard było zupełnym zaskoczeniem dla Niemców (...) Ubezpieczenia ich wzdłuż szosy prysły niemal bez oddania strzału. Szybko zsunęły się czołgi po stromym wirażu szosy do pierwszych zabudowań miasta, wciągając za sobą oba szwadrony kawalerii zmotoryzowanej (...)".

Około godziny 1.30 miasto znalazło się w rękach polskich żołnierzy. Żołnierze Wehrmachtu musieli w pośpiechu wycofać się na drugi brzeg Kanału Burgundzkiego. Był to dla nich szok. Ppłk Skibiński tak wspominał przesłuchanie niemieckich jeńców: „Wszyscy jak jeden zeznawali, że zostali całkowicie zaskoczeni. Od dłuższego czasu odzwyczaili się od napotykania na jakikolwiek opór, a już w żadnym razie nie przewidywali uderzenia w nocy, na miasto, czołgami... To były wypadki, na które tylko oni sami mieli monopol w tej kampanii".

Polscy żołnierze pokonali przeciwnika mimo jego przewagi liczebnej – rozbili batalion niemieckiej piechoty, wzmocniony pododdziałem motocyklistów oraz artylerią przeciwpancerną i przeciwlotniczą. Zginęło około 60 żołnierzy wroga, wzięto kilkunastu jeńców; zdobyto trochę uzbrojenia, kilka samochodów i kilkanaście motocykli. Niestety, sukces okupiono 17 poległymi i około 30 rannymi żołnierzami. W czasie pancernej szarży utracono również trzy czołgi.

Nie udało się przejąć kontroli nad przerzuconym nad kanałem mostem, który wyleciał w powietrze. Gen. Maczek musiał podjąć decyzję „co dalej?". Zdawał sobie sprawę nie tylko ze szczupłości sił własnych. Zaalarmowane walką w Montbard dowództwo niemieckiej 13. Dywizji Zmotoryzowanej było z pewnością gotowe do kontrdziałania w przypadku podjęcia jakichkolwiek prób forsowania wspomnianej przeszkody wodnej. Wówczas dotarła wiadomość o zmianie marszruty francuskiej 42. Dywizji Piechoty, która nie posuwała się na Montbard, ale skręciła ku południowemu wschodowi. W tej sytuacji około godziny 2.00 gen. Maczek zdecydował się wycofać z miasta i posuwać wzdłuż północno-wschodniego brzegu Kanału Burgundzkiego w poszukiwaniu luki pomiędzy wojskami niemieckimi.

17 czerwca polska brygada dotarła w rejon Is-sur-Tille w pobliżu Dijon, gdzie znalazła się w całkowitym okrążeniu. Dalszy marsz zwartej jednostki był niemożliwy. Odrzucając możliwość kapitulacji, gen. Maczek rozkazał zniszczyć cały sprzęt ciężki i przedzierać się pieszo w kierunku Loary. Warto w tym miejscu dodać, że zmianie uległa ogólna sytuacja polityczno-militarna – kolejne klęski doprowadziły do sformowania nowego rządu francuskiego, kierowanego przez marszałka Petaina, który 17 czerwca podjął rozmowy z Niemcami w sprawie zawieszenia broni.

Wieczorem 18 czerwca kilkuset żołnierzy 10. BKPanc. podzieliło się na małe grupki i rozpoczęło marsz na południe. Większości z nich udało się, omijając kolumny wojsk niemieckich, dotrzeć do portów na południu Francji i po długich perypetiach trafić w końcu do Wielkiej Brytanii. Tam rozwinięta w 1. Dywizję Pancerną, w sierpniu 1944 została skierowana do boju w Normandii, gdzie zamykając „worek" pod Falaise przyczyniła się decydująco do zwycięstwa aliantów w tej operacji.

Polscy piechurzy w czasie walk we Francji

BITWA O ANGLIĘ

Po bohaterskiej, lecz zakończonej klęską kampanii wrześniowej wielu polskich lotników różnymi drogami, głównie przez Rumunię, dokąd od 17 września ewakuowano samoloty oraz personel, przedostało się do Anglii i Francji, aby tam walczyć z Niemcami. Pod koniec 1939 we Francji zaczęto organizować Polskie Siły Powietrzne. Niestety i tym razem polskim pilotom, walczącym ponownie na sprzęcie mocno ustępującym niemieckiemu, nie dane było wyrównać wrześniowych rachunków, gdyż Francja skapitulowała już w czerwcu 1940, kilka tygodni po inwazji niemieckiej. Polacy znów musieli uchodzić przed niemiecką okupacją, tym razem do Wielkiej Brytanii.

11 czerwca, po ewakuacji Brytyjskiego Korpusu Ekspedycyjnego spod Dunkierki, podpisana została w Londynie pierwsza umowa pomiędzy rządem brytyjskim i rządem polskim o ochotniczym zaciągu polskich lotników do Królewskich Sił Powietrznych (RAF). Na jej mocy Brytyjczycy zgodzili się na tworzenie jednostek Polskich Sił Powietrznych, ale ściśle związanych organizacyjnie i operacyjnie z RAF. Początkowo sformowane miały być dwa polskie dywizjony bombowe. Polacy podlegaliby prawu brytyjskiemu i składaliby dwie przysięgi – polską i brytyjską, obowiązywać miało brytyjskie umundurowanie z polskim orłem na czapce i naszywką Poland na mundurze, ale bez polskich odznak specjalności.

Na przełomie czerwca i lipca do Wielkiej Brytanii napłynęło z Francji i Afryki Północnej około 6 tys. polskich lotników, dołączając do 2 tys. rodaków, którzy już przebywali na Wyspach Brytyjskich.

10 lipca 1940 rozpoczęła się Bitwa o Anglię. W sytuacji bezpośredniego zagrożenia, gdy Brytyjczycy toczyli walkę o przeżycie, zmienił się ich stosunek do Polaków. 5 sierpnia podpisano drugą umowę lotniczą. Postanowiono w niej, że Polskie Siły Powietrzne stanowić będą część suwerennych Polskich Sił Zbrojnych, polscy lotnicy mieli składać tylko polską przysięgę wojskową, a obok 4 dywizjonów bombowych powstaną też dwa myśliwskie. Na mundurach, poza obowiązkowymi brytyjskimi, lotnicy mogli nosić odznaki polskich stopni wojskowych i odznaki specjalności (ale stopnie brytyjskie stanowiły o wysokości uposażenia).

W przyszłości planowano sformowanie także kolejnych jednostek myśliwskich. Polskie dywizjony miały podlegać operacyjnie dowództwu RAF. Utworzono też Inspektorat Polskich Sił Powietrznych, współpracujący z Air Ministry w zakresie administrowania polskim personelem.

Ładowanie amunicji do karabinów maszynowych myśliwca Hurricane Dywizjonu 303

Lotnicy Dywizjonu 303 na przełomie 1941 i 1942

W dniu wybuchu bitwy Niemcy dysponowali 1480 bombowcami i 980 myśliwcami, natomiast Brytyjczycy przeciwstawić im mogli około 620 nowoczesnych myśliwców. 26 dywizjonów RAF dysponowało ustępującymi trochę niemieckim myśliwcom samolotami Hawker Hurricane oraz 19 nowoczesnymi, równorzędnymi maszynom wroga, myśliwcami Supermarine Spitfire. Problem „wyspiarzy" stanowił nie tyle niedostatek samolotów, te bowiem były masowo produkowane i remontowane, ale brak doświadczonych pilotów. W tej sytuacji już w lipcu zaproponowano, aby polscy piloci mający doświadczenie bojowe przydzielani byli do dywizjonów brytyjskich, gdzie mieli walczyć do czasu wprowadzenia do boju jednostek polskich. Pierwsi Polacy trafili do dywizjonów RAF 16 lipca, a 3 dni później pierwsze zwycięstwo w Wielkiej Brytanii odniósł por. Antoni Ostowicz, zestrzeliwując wspólnie z Brytyjczykiem bombowego Heinkla He-111. 11 sierpnia Polacy ponieśli pierwsze straty – zginęli zestrzeleni por. Ostowicz i por. Michał Stęborowski.

Ogółem w czasie Bitwy o Anglię w dywizjonach brytyjskich walczyło 85 polskich pilotów, którzy zestrzelili 77,5 samolotów niemieckich na pewno, 16 prawdopodobnie i 29 uszkodzili, przy stracie 19 własnych pilotów. Wśród walczących w dywizjonach RAF szczególnie wyróżnił się sierż. Antoni Głowacki z 501. Dywizjonu RAF, który zestrzelił 8 samolotów wroga – najwięcej ze wszystkich polskich pilotów latających w dywizjonach brytyjskich podczas Bitwy o Anglię. 24 sierpnia ustanowił on także, nigdy niepobity, polski rekord pięciu samolotów zestrzelonych w ciągu jednego dnia. W 4 lotach zniszczył 3 Messerschmitty Me-109 i dwa Junkersy Ju-88, uzyskując w jednym dniu tytuł asa.

W czasie, gdy część Polaków walczyła w brytyjskich dywizjonach, piloci dywizjonów 302. i 303., wyposażonych w myśliwce Hawker Hurricane Mk I, wciąż przechodzili szkolenie. Choć zarówno personel latający, jak i obsługowy stanowili Polacy, to Brytyjczycy zadecydowali, że początkowo dywizjonami dowodzić będą oficerowie brytyjscy – do czasu, gdy Polacy nabędą doświadczenia. Brytyjskim dowódcą powstałego 10 lipca 302. Poznańskiego Dywizjonu Myśliwskiego został squadron leader Jack W. A. Satchell, a 26 lipca polskim dowódcą, formalnie dublującym brytyjskiego, mianowano ppłk. Mieczysława Mümlera. 15 sierpnia dywizjon osiągnął gotowość bojową. Już pięć dni później jednostka odniosła pierwszy sukces, gdy dowódca s/ldr Satchell i ppor. Stefan Wapniarek zestrzelili wspólnie niemieckiego Junkersa Ju-88.

Niewątpliwie najsłynniejszym i najskuteczniejszym polskim dywizjonem walczącym w Bitwie o Anglię był 303. Dywizjon Warszawski im. Tadeusza Kościuszki. Osiągnął on gotowość bojową 31 sierpnia 1940. Brytyjskim dowódcą został s/ldr Ronald Kellet, a polskim mjr Zdzisław Krasnodębski, który pełnił tę funkcję do chwili, kiedy został zestrzelony i uległ poparzeniu. Od 7 września do 21 października dowodził dywizjonem por. Witold Urbanowicz.

Pierwsze zwycięstwo dywizjon odniósł już w trakcie lotu szkoleniowego. 30 sierpnia, podczas ćwiczenia w przechwytywaniu bombowców, por. Ludwik Paszkiewicz zauważył prawdziwą walkę brytyjskich myśliwców z formacją przeciwnika, o czym zameldował brytyjskiemu dowódcy. Nie widząc reakcji z jego strony, sam ruszył w kierunku przeciwnika i zestrzelił Dorniera Do-17. Wydarzenie to spowodowało, że już dzień później dywizjon uznano za w pełni zdolny do służby. Dzień potem piloci 303. Dywizjonu odnieśli kolejne zwycięstwa, zestrzeliwując 4 samoloty niemieckie na pewno i 2 prawdopodobnie, bez strat własnych. Był to początek sławy tego najskuteczniejszego dywizjonu myśliwskiego RAF w całej Bitwie o Anglię. 7 września Kościuszkowcy, bo tak nazywano pilotów tego dywizjonu, zestrzelili 14 samolotów niemieckich, ustanawiając rekord liczby wrogich samolotów zniszczonych przez pojedynczy dywizjon RAF jednego dnia. Już 11 września Polacy powtórzyli ten sukces, zestrzeliwując 9 myśliwców i 5 bombowców przeciwnika.

W szeregach 303. Dywizjonu Myśliwskiego walczyło aż sześciu najskuteczniejszych polskich pilotów Bitwy o Anglię. Spośród wszystkich biorących w niej udział Polaków najwięcej zwycięstw odniósł por. Witold Urbanowicz, który zestrzelił 16 samolotów przeciwnika (w tym dwie w dywizjonie brytyjskim 145.). Latający w tym samym dywizjonie por. Zdzisław Hanneberg, sierż. Eugeniusz Szaposznikow oraz ppor. Jan Zumbach zestrzelili po 8 samolotów wroga. Asami Bitwy o Anglię zostali też walczący w tym dywizjonie ppor. Mirosław Ferić, który miał na swym koncie 7 niemieckich samolotów i por. Ludwik Paszkiewicz z 6 zniszczonymi maszynami przeciwnika. Niestety, por. Paszkiewicz był jednym z wielu polskich pilotów, którzy zginęli podczas Bitwy o Anglię.

Dniem największej chwały Polaków broniących nieba nad Anglią był 15 września, rozstrzygający dzień bitwy, kiedy to zestrzelili aż 26 samolotów przeciwnika. W pierwszym starciu tego dnia najlepsze wyniki uzyskali oczywiście piloci 303. Dywizjonu. Ppor. Mirosław Ferić i sierż. Tadeusz Andruszkow zestrzelili po jednym myśliwcu niemieckim, por. Hanneberg nie tylko sam uniknął zestrzelenia, ale zniszczył dwa wrogie myśliwce. Po jednym samolocie niemieckim zniszczyli też ppor. Jan Zumbach, por. Marian Pisarek, por. Ludwik Paszkiewicz oraz por. Walery Żak. Sukcesy odnieśli też piloci 302. Dywizjonu. Kpt. Tadeusz Chłopik zestrzelił Dorniera Do-215 i Do-17, tego drugiego wspólnie z kpt. Franciszkiem Jastrzębskim, po jednym Do-17 zestrzelili też ppor. Stanisław Chałupa, ppor. Tadeusz Czerwiński oraz sierż. Marian Wędzik. Polscy lotnicy wzięli też udział w drugiej, popołudniowej walce. Pilot 303. Dywizjonu por. Witold Urbanowicz zestrzelił dwa Dorniery, natomiast po jednym samolocie wroga zniszczyli sierż. Mieczysław Wojciechowski i por. Mirosław Ferić. Niestety, w bohaterskiej walce z kilkunastoma Messerschmittami Me-109 zginął sierż. Michał Brzozowski. Tego dnia piloci 303. Dywizjonu zestrzelili ogółem 15 samolotów wroga, piloci 302. Dywizjonu zniszczyli 8 maszyn, a Polacy walczący w dywizjonach RAF zestrzelili trzy dalsze. W tym przełomowym dla losów bitwy dniu Polacy zyskali sobie ogromny szacunek i wdzięczność Brytyjczyków, bowiem co siódmy zestrzelony tego dnia samolot był dziełem polskiego pilota. Klęska, jaką Luftwaffe poniosła 15 września, zmusiła Hitlera do odłożenia inwazji na Wielką Brytanię na czas nieokreślony, co w praktyce oznaczało koniec marzeń o opanowaniu Wysp Brytyjskich. Choć Bitwa o Anglię trwała jeszcze do 31 października 1940, to jednak w tym dniu szala zwycięstwa przechyliła się na korzyść Anglików.

Bitwa o Anglię była jednym z punktów zwrotnych II wojny światowej. Spośród 2945 walczących w niej pilotów RAF, 145 było Polakami. Stanowili oni największą grupę pilotów spoza Wysp Brytyjskich. Według oficjalnych powojennych danych RAF, Polacy walcząc w 302. i 303. Dywizjonie Myśliwskim oraz w dywizjonach brytyjskich, zestrzelili łącznie 203,5 samolotu wroga na pewno, 35 prawdopodobnie i 36 uszkodzili. Piloci 302. Dywizjonu Myśliwskiego zapisali na swym koncie zniszczenie 17 samolotów na pewno, 11 prawdopodobnie i uszkodzenie 2; straty własne wyniosły 6 pilotów. Lotnicy 303. Dywizjonu zniszczyli 93 samoloty na pewno, 14 prawdopodobnie i uszkodzili 9; ceną tych sukcesów była śmierć 8 pilotów.

Piloci z Dywizjonu 303 po odniesieniu 178 zwycięstwa 3 stycznia 1942

Dywizjon ten okazał się najskuteczniejszą jednostką spośród wszystkich dywizjonów RAF biorących udział w Bitwie o Anglię. Latając w dywizjonach brytyjskich po 5 samolotów zestrzelili ppor. Stanisław Skalski, ppor. Bolesław Własnowolski i por. Stefan Witorzeńć.

Prowadzone do dziś badania wykazały, że faktyczne straty Niemców w Bitwie o Anglię były o ponad 35% mniejsze niż ustalone przez oficjalne komisje brytyjskie krótko po wojnie. Prawdopodobnie nigdy nie uda się ustalić z całą pewnością, kto i ile samolotów zestrzelił, ale nawet, jeśli zmniejszy się proporcjonalnie liczbę polskich sukcesów do 131 samolotów zestrzelonych, to nic nie zmieni najważniejszego faktu, że to alianci wygrali Bitwę o Anglię, a sukces zawdzięczano w dużej mierze bohaterstwu polskich pilotów.

Spośród 145 polskich pilotów biorących udział w Bitwie o Anglię do momentu jej zakończenia zginęło 33 pilotów, do końca wojny śmierć poniosło dalszych 38.

Do końca 1943 zorganizowano jeszcze 5 polskich dywizjonów myśliwskich (306., 308., 315., 316., 317.), jeden nocnych myśliwców (307.) i jeden myśliwsko-rozpoznawczy (318.). Brytyjczycy uznali też wreszcie formalnie wartość i zasługi polskich lotników. 6 kwietnia 1944 podpisano trzecią umowę lotniczą, na mocy której polski personel lotniczy przeszedł, oprócz użycia operacyjnego, pod rozkazy polskich władz, lotników obowiązywał polski regulamin, a Inspektorat Polskich Sił Powietrznych przemianowano na Dowództwo PSP.

Jednak po wojnie brytyjski sojusznik, który tak wiele zawdzięczał polskim pilotom, odwrócił się od nich. Bojąc się gniewu Stalina oraz konfliktu z komunistycznym rządem polskim, Brytyjczycy zabronili polskim lotnikom uczestnictwa w Defiladzie Zwycięstwa w Londynie w czerwcu 1946. Polacy byli jedynymi z bezpośrednio wspierających Anglików żołnierzy, którym odmówiono tego zaszczytu.

ROTMISTRZ PILECKI – OFICER O NADLUDZKIEJ ODWADZE

W 1979 brytyjski historyk Michael Foot przedstawił w swej książce sylwetki sześciu najodważniejszych ludzi w okupowanej Europie. Jednym z nich był rotmistrz Witold Pilecki (z Polaków zaliczył do nich także oddających życie za współwięźniów o. Maksymiliana Marię Kolbego i nauczyciela Mariana Batkę), który dobrowolnie znalazł się w obozie koncentracyjnym Auschwitz, aby informacje o ludobójstwie przekazać całemu światu. Będąc już więźniem, utworzył na terenie obozu podziemną organizację, ratując od śmierci setki innych ludzi. W PRL-u pierwszy artykuł o tej heroicznej postaci, skazanej na niepamięć przez komunistyczną historiografię, ukazał się dopiero po powstaniu „Solidarności".

Witold Pilecki (rocznik 1901) w styczniu 1919 w szeregach II batalionu Samoobrony Wileńskiej uczestniczył w bojach o Wilno, później jako ułan walczył w oddziale słynnego zagończyka ppłk. Jerzego Dąmbrowskiego, przekształconym następnie w 13. pułk ułanów. W lipcu 1920 zgłosił się jako ochotnik do Wojska Polskiego. Dowodził sekcją w 1. wileńskiej kompanii harcerskiej 201. pułku piechoty, a od sierpnia w 13. pułku ułanów. Po zdaniu matury ukończył Szkołę Podchorążych Rezerwy Kawalerii w Grudziądzu. W wojnie obronnej 1939 ppor. Pilecki dowodził szwadronem „Krakusów", stanowiących kawalerię dywizyjną 19. Dywizji Piechoty; później walczył w dowodzonym przez mjr. Jana Włodarkiewicza oddziale zwiadu kawaleryjskiego w Armii „Lublin", kończąc swój szlak bojowy pod Tomaszowem Lubelskim.

W październiku 1939 rozpoczął działalność konspiracyjną. Został pierwszym szefem sztabu, a następnie głównym inspektorem organizacji Tajna Armia Polska (TAP). W końcu sierpnia 1940 dowództwo organizacji wysunęło wniosek, aby ktoś z nich dostał się do obozu w Oświęcimiu w celu wysondowania możliwości uwolnienia niektórych więźniów, zdobycia materiałów dotyczących złego traktowania więźniów politycznych przez Niemców (i następnie przekazanie ich rządowi RP w Londynie), zorganizowania podziemnej organizacji w obozie Auschwitz. Ten największy hitlerowski obóz koncentracyjny i ośrodek natychmiastowej zagłady został powołany rozkazem Heinricha Himmlera z kwietnia 1940 i powstał miesiąc później na Zasolu, przedmieściu Oświęcimia. Pierwsze transporty polskich więźniów politycznych z Generalnej Guberni, Śląska i Wielkopolski zaczęły przybywać do Oświęcimia od połowy czerwca 1940. Załoga obozu liczyła ok. 6 tys. esesmanów. W październiku 1941 został uzupełniony o Auschwitz II-Birkenau, nowy obóz w Brzezince, przeznaczony dla 200 tys. więźniów. Obok Polaków do Oświęcimia kierowani byli więźniowie z ok. 30 krajów, w tym szczególnie licznie jeńcy sowieccy, Cyganie, a przede wszystkim Żydzi. Dla Żydów z całej Europy Oświęcim stał się miejscem masowej eksterminacji, którą prowadzono od września 1941 używając gazu – cyklonu B.

Do wykonania ryzykownego zadania zgłosił się na ochotnika ppor. Pilecki. Zaopatrzony w fałszywe dokumenty na nazwisko Tomasza Serafińskiego oczekiwał na dogodny moment, który nadarzył się 19 września 1940 podczas niemieckiej łapanki (specjalnie wyszedł z mieszkania, w którym mógł się ukryć). W wyniku segregacji zatrzymanych na Pawiaku trafił do grupy wywiezionej 21 września 1940 do obozu w Oświęcimiu. Pilecki wspominał: „Wsadzono nas do aut ciężarowych i w towarzystwie eskortujących motocykli z bronią maszynową odwieziono nas na dworzec zachodni i załadowano do wagonów towarowych. Wieziono nas cały dzień. Pić ani jeść nie dali (...). Ok. 10 wieczór pociąg się zatrzymał w jakimś miejscu i dalej już nie ruszył. Słychać było krzyki, wrzask – otwieranie wagonów, ujadanie psów (...). Pędzono nas przed siebie, ku większej ilości skupionych świateł. W drodze kazano jednemu biec do słupa w bok od drogi i zaraz w ślad za nim puszczono

Rtm. Witold Pilecki jako więzień Auschwitz

serię z p-ma. Zabito. Wyciągnięto z szeregu 10 przygodnych kolegów i zastrzelono w marszu z pistoletów, na skutek odpowiedzialności solidarnej za «ucieczkę», którą zaaranżowali sami SS-mani."

W październiku 1940 więzień nr 4859 nawiązał kontakt z przebywającymi w obozie członkami sztabu TAP, ppłk. Władysławem Surmackim pracującym w obozowym biurze budowlanym, dr. Władysławem Deringiem będącym pielęgniarzem w szpitalu obozowym, rotmistrzem Jerzym de Virion, ppor. Alfredem Stosselem, blokowym baraku szpitalnego i Eugeniuszem Obojskim. W ten sposób powstała pierwsza „górna piątka", która stała się zalążkiem organizacji konspiracyjnej, pierwszej z tych, które działały w ekstremalnie trudnych warunkach KL Auschwitz. Pilecki nadał jej nazwę Związek Organizacji Wojskowej (ZOW) i postawił, jak napisał w powojennej relacji, następujące cele: podtrzymanie na duchu kolegów poprzez dostarczanie i rozpowszechnianie wiadomości z zewnątrz, organizowanie w miarę możliwości dożywiania i rozdzielania odzieży wśród więźniów, przekazywanie wiadomości na zewnątrz oraz przygotowanie oddziałów własnych do opanowania obozu. Później doszły do nich: organizowanie ucieczek, obsada najważniejszych funkcji w obozie przez członków organizacji oraz konkretne przygotowania na wypadek podjęcia przez załogę obozu akcji całkowitej likwidacji więźniów. W ramach struktur ZOW funkcjonował podziemny sąd, a wyroki na najbardziej szkodliwych donosicieli wykonywane były przeważnie w obozowym szpitalu. W 1942, gdy w obozie zapanowała epidemia tyfusu, udawało się także wykonywać wyroki na esesmanach. Wykorzystywano do tego celu wyhodowane przez członka ZOW zakażone tyfusem wszy, które rzucano na esesmanów lub wkładano do przeznaczonej dla nich odzieży.

Niezwykle istotnym elementem misji Pileckiego było przekazywanie meldunków zawierających informacje o obozie i działalności ZOW. Wiosną 1942 Pilecki wraz z Konstantym Piekarskim wykradli części z ośrodka radiowo-telegraficznego przy komendanturze SS i zorganizowali tajną radiostację nadawczą.

Proces rtm. Witolda Pileckiego (pierwszy z lewej)

W noc Wielkanocy z 26 na 27 kwietnia 1943, po dwóch latach i sześciu miesiącach pobytu w obozie, Witold Pilecki razem z Janem Redzejem i Edwardem Ciesielskim zbiegli z Oświęcimia. Dla trójki uciekinierów, którzy wydostali się na wolność poprzez piekarnię stojącą poza obozem, przygotowano fałszywe dokumenty, cywilne ubrania, płyn do zacierania śladów przed pościgiem psów, pieniądze i kapsułki z cyjankiem potasu na wypadek dostania się w ręce Niemców.

Na granicy Generalnego Gubernatorstwa Pilecki został postrzelony przez patrol niemiecki. Mimo to po sześciu dniach wędrówki uciekinierzy znaleźli się w punkcie konspiracyjnym w Bochni, skąd przerzucono ich do placówki AK w Wiśniczu Nowym. Po przybyciu do Warszawy w sierpniu 1943, Pilecki złożył obszerny raport w Komendzie Głównej AK i przedstawił – odrzucony – plan odbicia więźniów obozu oświęcimskiego. Awansowany do stopnia rotmistrza, działał w Oddziale II Kedywu Komendy Głównej AK. W Powstaniu Warszawskim walczył jako dowódca 2. kompanii I Zgrupowania Chrobry II. Po kapitulacji dostał się do niewoli niemieckiej. Gdy odzyskał wolność, wyjechał do Włoch i wstąpił do Korpusu Polskich Sił Zbrojnych na Zachodzie.

W grudniu 1945 rtm. Pilecki powrócił do kraju. W maju 1947 został aresztowany i oskarżony o to, że jest „szefem wywiadu Andersa na Polskę". 3 marca 1948 wraz z siedmioma innymi osobami stanął przed Wojskowym Sądem Rejonowym w Warszawie. 15 marca 1948 ogłoszono w jego sprawie wyrok śmierci, mimo prośby o łaskę skierowanej przez rodzinę do prezydenta Bolesława Bieruta i premiera Józefa Cyrankiewicza. Wielu byłych więźniów uważało, że Witold Pilecki przypłacił życiem znajomość prawdy o Oświęcimiu, w tym rzeczywistej roli odgrywanej w obozie przez Cyrankiewicza. Wyrok wykonano w więzieniu mokotowskim 15 maja 1948. Pomimo wieloletnich starań córki, Pileckiego zrehabilitowano dopiero 1 października 1990.

„PIORUN" KONTRA „BISMARCK"

W maju 1940, w czasie dramatycznych działań na wodach norweskich Polska Marynarka Wojenna utraciła niszczyciel ORP „Grom", szczęśliwie jednak większość załogi tego okrętu uratowano i przewieziono do Wielkiej Brytanii. Po kilku miesiącach marynarze ze wspomnianej jednostki obsadzili wydzierżawiony przez brytyjską admiralicję niszczyciel HMS „Nerissa". Był to świeżo zbudowany, nowoczesny okręt typu „N", o wyporności standardowej 1773 t, uzbrojony w 6 dział kal. 120 mm, 1 działo 102 mm, 4 działa 40 mm, 8 dział 20 mm, 5 wyrzutni torped kal. 533 mm oraz wyrzutnie i miotacze bomb głębinowych. Okręt był nie tylko silnie uzbrojony, ale zwrotny i szybki, mógł pływać z maksymalną prędkością 36 węzłów. 5 listopada 1940 w porcie w Greenock odbyło się uroczyste podniesienie polskiej bandery na niszczycielu, który otrzymał nazwę ORP „Piorun". Dowódcą okrętu został komandor por. Eugeniusz Pławski.

Od marca 1941 „Piorun" uczestniczył w osłonie konwojów atlantyckich. Rankiem 26 maja polski okręt, przydzielony do 4 flotylli niszczycieli komandora Philipa Viana, eskortował płynący na Bliski Wschód konwój „WS-8B". Niespodziewanie nadszedł z brytyjskiej admiralicji rozkaz nakazujący opuszczenie konwoju i skierowanie się na północny wschód, w celu dołączenia jako eskorta do dwóch okrętów liniowych „King Georg V" i „Rodney", które uczestniczyły w prowadzonej na ogromną skalę operacji poszukiwania wielkiego niemieckiego okrętu liniowego „Bismarck".

Musimy cofnąć się o kilka dni wstecz. 18 maja 1941 z portu gdyńskiego wypłynęły okręt liniowy „Bismarck" i krążownik ciężki „Prinz Eugen". Ich zespołem dowodził wiceadmirał Günther Lütjens. Otrzymał on zadanie przedarcia się poprzez Cieśniny Duńskie, na północ od Islandii, na otwarte wody Oceanu Atlantyckiego i rozpoczęcia tam niszczenia konwojów alianckich dostarczających zaopatrzenie na Wyspy Brytyjskie. Wiosną 1941 „Bismarck" był najpotężniejszym okrętem w swojej klasie na świecie, o wyporności maksymalnej 50 405 t, długości kadłuba 250,5 m i szerokości 36 m. Z uwagi na bardzo silne uzbrojenie artyleryjskie oraz wyjątkowo mocne opancerzenie można go było dosłownie uważać za pływającą twierdzę. Załoga tej największej jednostki Kriegsmarine liczyła 2065 ludzi. Okręt mógł pływać z maksymalną szybkością 30 węzłów, a jego zasięg wynosił 11 tys. mil morskich!

W dniu 24 maja w rejonie Cieśnin Duńskich walkę z okrętami niemieckimi nawiązał zespół Royal Navy, składający się z największego

Gen. Władysław Sikorski przemawia do marynarzy ORP „Piorun"

brytyjskiego okrętu, krążownika liniowego „Hood" i okrętu liniowego „Prince of Wales". Teoretycznie Brytyjczycy mieli przewagę w sile ognia, jednak jeden z pocisków szóstej salwy „Bismarcka" przebił pancerz i eksplodował w komorze amunicyjnej „Hooda". W gigantycznej eksplozji został rozerwany kadłub brytyjskiej jednostki, która po kilku minutach zatonęła. Zginęła, niestety, niemal cała załoga „Hooda", w tym także czterech polskich podchorążych odbywających staż na tym okręcie. Osamotniony „Prince of Wales" również został kilkakrotnie trafiony, postawił zasłonę dymną i wycofał się z walki. Wiceadmirał Lütjens przewidział, że w zaistniałej sytuacji Brytyjczycy, także ze względów prestiżowych, zrobią wszystko, by zatopić niemiecki okręt liniowy. Z tego też względu przeciwko konwojom skierował tylko „Prinz Eugena", a uszkodzony „Bismarck" popłynął ku bazie w Saint Nazaire. Początkowo jednostki brytyjskie podążały za niemieckim okrętem liniowym, śledząc go za pomocą radarów. Jednak w nocy 25 maja Brytyjczycy utracili kontakt radiolokacyjny z „Bismarckiem".

Odpowiedzią na zatopienie „Hooda" było skierowanie przeciwko niemieckim okrętom ogromnych sił – do rejonu, gdzie miano nadzieję odnaleźć „Bismarcka", podążały 4 okręty liniowe, 2 krążowniki liniowe, 2 lotniskowce, 12 krążowników i znaczna liczba niszczycieli.

26 maja o godzinie 10.30, mimo bardzo złej pogody na morzu, niskiej podstawy chmur, niemiecki okręt został odnaleziony przez łódź latającą typu „Catalina". Przeciwko „Bismarckowi" wystartowały z pokładu lotniskowca „Ark Royal" samoloty torpedowe, którym wieczorem udało się dwukrotnie storpedować niemiecką jednostkę. Szczególnie ważne okazało się trafienie w rufę, które uszkodziło śruby i ster. „Bismarck" utracił tym samym możliwość manewrowania i nie mógł kontynuować dalszego rejsu ku Saint Nazaire.

Brytyjski krążownik „Sheffield", który w tym czasie zbliżył się do „Bismarcka", został przez niego ostrzelany z artylerii głównej i musiał, kryjąc się pod zasłoną dymną, oddalić się z pełną prędkością z niebezpiecznego rejonu. Ponownie utracono kontakt z niemieckim okrętem.

Tymczasem do „Bismarcka" zbliżały się jednostki 4 flotylli niszczycieli. Jej dowódca, komandor Vian, z własnej inicjatywy skierował swoje okręty w kierunku obszaru, gdzie spodziewał się natrafić na wroga. Pomimo wyjątkowo trudnych warunków na morzu, ciemności nocy

Niemiecki okręt liniowy „Bismarck"

i niemal sztormowej pogody, o godzinie 22.37 mat Edward Dolecki, pełniący obowiązki sygnalisty na pomoście „Pioruna", dostrzegł na wzburzonym morzu w odległości około 8 mil sylwetkę wielkiej jednostki i natychmiast zameldował: „Okręt w prawo przed dziobem", dodając mimowolnie: „Ależ to stodoła!". Komandor por. Pławski polecił przekazać świetlny sygnał rozpoznawczy, by upewnić się, że nie natrafiono na jednostkę Royal Navy. Chwilę później nadeszła jednoznaczna odpowiedź – w kierunku polskiego niszczyciela poszybowały pociski kalibru 150 mm! Natychmiast rozpoczęto przekazywać do dowództwa brytyjskiego meldunki o aktualnej pozycji i kursie „Bismarcka". Polski okręt również otworzył ogień, jak wspominał jeden z członków załogi: „(...) dowódca uległ pokusie i dał rozkaz rozpoczęcia strzelania: «Trzy salwy na cześć Polski!»". Druga i trzecia salwa polskiego okrętu były celne, jednak pociski kalibru 120 mm nie mogły wyrządzić istotnych szkód bardzo silnie opancerzonemu okrętowi niemieckiemu. Nie istniała już, niestety, możliwość skrytego wykonania ataku torpedowego, a chcąc go przeprowadzić, „Piorun" musiałby zbliżyć się bardziej do niemieckiej jednostki, co równałoby się niemal samobójstwu. Początkowo Niemcy ostrzeliwali „Pioruna" tylko z artylerii średniego kalibru, ale po pewnym czasie zirytowany wiceadmirał Lütjens rozkazał otworzyć ogień także z dział kalibru 380 mm. Każdy z ważących 800 kg pocisków tego kalibru, trafiając w nieopancerzony kadłub polskiego niszczyciela, mógł go zatopić.

Najważniejszym zadaniem „Pioruna" było utrzymywanie obserwacji wzrokowej nieprzyjacielskiego okrętu do czasu nadpłynięcia innych alianckich jednostek. Wymagało to pozostawania w zasięgu ognia artylerii wroga. Mimo że niszczyciel był stosunkowo niewielkim i ruchliwym celem, Niemcy szybko wstrzeliwali się i ich salwy zaczęły niebezpiecznie obramowywać „Pioruna". Komandor Pławski musiał nieustannie manewrować swoim okrętem, stawiano również zasłonę dymną. Mimo to pociski „Bismarcka" kilkakrotnie spadły na tyle blisko, że na pokładzie niszczyciela pojawiały się odłamki rozrywających się pocisków. Dowódca polskiego okrętu mógł, tak jak dowódca „Shieffielda", wycofać się poza zasięg nieprzyjacielskiego ognia, jednak tego nie uczynił. Polski okręt pozostawał przez prawie 60 minut pod ostrzałem „Bismarcka". To wystarczyło, by nadpłynęły pozostałe jednostki 4 flotylli niszczycieli i zajęły pozycję umożliwiającą przeprowadzenie ataków torpedowych.

O godzinie 23.35 „Piorun", manewrujący w celu uniknięcia ostrzału, stracił kontakt z nieprzyjacielem. Mimo licznych zmian kursów i poszukiwań prowadzonych za pomocą radaru nie natrafiono już na „Bismarcka". 27 maja o godzinie 5.00 wobec braku paliwa, na rozkaz komandora Viana „Piorun" przerwał poszukiwania i skierował się do portu w Plymouth.

Zagłada „Bismarcka" była tylko kwestią czasu. W jego kierunku podążały już główne siły floty brytyjskiej. O godzinie 9.00 do wolno płynącego „Bismarcka" otworzyły ogień okręty liniowe „King George V" i „Rodney", a później także inne okręty Royal Navy. Po zaciętej walce, o godzinie 10.36, „Bismarck" – trafiony 300–400 ciężkimi pociskami, a na koniec także dobity torpedami – zatonął z ogromną większością swojej załogi, z dowódcą na czele.

CICHOCIEMNI

„W obliczu Boga Wszechmogącego i Najświętszej Maryi Panny, jako żołnierz powołany do służby specjalnej przysięgam, że powierzonego mi sprzętu, poczty i pieniędzy strzec będę nie tylko jako dobra państwowego, ale i jako środków przeznaczonych dla odzyskania Wolności Ojczyzny, a tajemnicy służby specjalnej dochowam, nawet wobec moich przełożonych i kolegów w konspiracji i nie zdradzę nikomu, aż do końca wojny. Tak mi Panie Boże dopomóż!". Tak brzmiącą rotę przysięgi powtarzali cichociemni – znakomicie wyszkoleni oficerowie Polskich Sił Zbrojnych i zarazem Armii Krajowej, specjaliści od sabotażu, dywersji, wywiadu, łączności, w pełni przygotowani do pełnienia funkcji dowódczych i sztabowych. Pomysł stworzenia i wyszkolenia grupy ludzi przeznaczonej do wykonywania zadań specjalnych na terenie kraju powstał na przełomie 1939 i 1940. Koncepcję zorganizowania łączności lotniczej połączonej z desantowaniem spadochroniarzy opracowali kapitanowie Jan Górski, Maciej Kalenkiewicz i Jan Jaźwiński. Maciej Kalenkiewicz, pseud. Kotwicz, jeden z najbardziej zasłużonych bohaterów państwa podziemnego, pochodził z Nowogródczyzny. Po wrześniu 1939 był zastępcą mjr. Henryka Dobrzańskiego „Hubala". W grudniu 1939 przedostał się do Polskich Sił Zbrojnych na Zachodzie. Nie tylko był pomysłodawcą cichociemnych, ale sam został jednym z pierwszych ludzi przerzuconych do okupowanego kraju. W latach 1942–1944 działał jako oficer Komendy

Głównej AK, następnie został dowódcą Zgrupowania Nadniemeńskiego AK i Komendantem Nowogródzkiego Podokręgu AK. Był głównym autorem operacji „Ostra Brama" mającej na celu wyzwolenie Wilna. Uczestniczył w bojach z Niemcami i Sowietami, m.in. w bitwie pod Trabami z jednostkami niemieckimi (1 lipca 1944). Mimo ciężkiej rany i amputacji ręki, walczył do końca – zginął w bitwie z NKWD pod Surkontami 21 sierpnia 1944. Oficerowie przeznaczeni do wysłania do kraju szkoleni byli wielokierunkowo, m.in. nabywali umiejętności z zakresu sabotażu, wywiadu, łączności radiowej, fałszowania dokumentów. Każdy cichociemny musiał przejść kurs spadochronowy oraz tzw. kurs odprawowy, który polegał na kształtowaniu umiejętności życia i poruszania się w warunkach konspiracji. Po ukończeniu szkolenia przyszli cichociemni składali przysięgę na Rotę ZWZ-AK i przybierali pseudonim.

Akcja przerzutu cichociemnych była elementem szerszego planu realizowanego przez aliantów. 15 lipca 1940 w Wielkiej Brytanii powołano do życia Special Operations Executive (Kierownictwo Operacji Specjalnych), której zadaniem była koordynacja i wspieranie działań ruchu oporu na kontynencie. Zatwierdzona 22 lipca na posiedzeniu Gabine-

Ćwiczenia skoków z wieży spadochronowej

tu Wojennego „Karta SOE" oddawała pod jej kontrolę sabotaż, dywersję i propagandę. Na czele Kierownictwa stanął Hugh Dalton. Według słów Winstona Churchilla, organizacja ta miała być „detonatorem Europy". Zdaniem Daltona należało położyć nacisk na tworzenie w podbitych krajach podziemnych armii, które na dany znak gotowe będą do wszczęcia powstania. W ramach SOE powstały narodowe sekcje, z których każda koordynowała działania na rzecz „swojego" kraju. Sekcja polska SOE cieszyła się największą autonomią, co wynikało z oddzielnych porozumień politycznych na najwyższym szczeblu. Nie oznaczało to, że miała w SOE priorytet; pomoc dla polskiego podziemia była bowiem ograniczona ze względu na trudności logistyczne. Sekcja polska miała jednak własną kontrolę nad łącznością z krajem, swobodnie planowała operacje oraz dokonywała przerzutów cichociemnych i kurierów.

Początkowo baza szkoleniowa cichociemnych znajdowała się w Wielkiej Brytanii. Pod koniec 1943, kiedy bazę lotniczą z Anglii przeniesiono do Włoch, ośrodek szkoleniowy utworzono także w Ostuni koło Brindisi. Do jesieni 1943 ochotniczo zgłosiło się do tej służby przeszło 2400 żołnierzy PSZ. Łącznie w latach 1940–1944 wyszkolono 606 cichociemnych, spośród których do przerzutu do kraju zakwalifikowano 579 skoczków. Ostatecznie do kraju wysłano 316 cichociemnych, w tym 1 kobietę (Elżbieta Zawacka „Zo"), 28 kurierów cywilnych, a także 1 Węgra i 4 Anglików.

Pierwszy przerzut cichociemnych miał miejsce w nocy z 15 na 16 lutego 1941. Z samolotu Whitley z załogą angielską skakali: mjr Stanisław Krzymowski „Kostka", rtm. Józef Zabielski „Żbik" oraz kurier polityczny Czesław Raczkowski „Orkan", „Włodek". Przy Komendzie Głównej ZWZ-AK powołano specjalną komórkę, której powierzono całokształt spraw związanych z odbiorem zrzutów. Wytypowano sieć terenowych konspiracyjnych placówek odbiorczych (w sumie było ich kilkaset), ustalono punkty kontaktowe, meliny, zgrywano wszystkie elementy łączności i wzajemnego informowania się o terminach zrzutów. Cichociemni, przerzucani drogą lotniczą do kraju, odegrali w konspiracji bardzo ważną rolę, zwłaszcza w dowództwie ZWZ-AK. Cichociemny, gen. Leopold Okulicki, pełnił kolejno funkcje zastępcy szefa sztabu Komendy Głównej AK, komendanta organizacji „Nie", a od października 1944 Komendanta Głównego AK. Ośmiu cichociemnych było komendantami i zastępcami komendantów okręgów AK, siedmiu szefami sztabów, kilkunastu innych szefami oddziałów w Komendzie Głównej, obszarach i okręgach AK. Cichociemni prowadzili szkolenia kadry ZWZ-AK. Organizowali działania dywersyjne i sabotażowe m.in. w ramach akcji „Wachlarz" oraz operacji Kedywu; obejmowali kierownictwo oddziałów partyzanckich AK (m.in. Jan Piwnik, Alfred Paczkowski, Adam Borys), a niekiedy również najwyższe stanowiska dowódcze (m.in. gen. Leopold Okulicki, płk Kazimierz Iranek-Osmecki czy płk Józef Spychalski).

Doświadczenia zdobyte w pracy w „Wachlarzu" zostały spożytkowane w Kedywie – cichociemni obsadzili tu wiele stanowisk dowódczych i sztabowych, m.in. szefów i zastępców szefów Kedywu w obszarach, okręgach i podokręgach, inspektorów i szefów dywersji w obwodach, kierowników ośrodków dywersyjnych. Dowodzili różnymi oddziałami specjalnymi i dyspozycyjnymi, m.in. „Sztafeta-Podkowa", „Parasol" w Warszawie, „Egzekutywa" w Wilnie. Kierowali akcjami samoobrony przed działalnością oddziałów UPA na Wołyniu. Organizowali siatki wywiadowcze, wnosząc przede wszystkim wiele fachowości do techniki pracy wywiadu. Dowodzili także bezpośrednio oddziałami leśnymi. Najbardziej znana jest działalność por. Jana Piwnika, który dowodził zgrupowaniem partyzanckim w Górach Świętokrzyskich. Ponadto pod dowództwem cichociemnych pozostawało wiele innych oddziałów, np. bataliony „Suszarnia" i „Skała" w Małopolsce, 6. Brygada Dyspozycyjna na Wileńszczyźnie, 27. i 30. Dywizja Piechoty AK na Wołyniu i Polesiu. Przykładowo Stanisław Sędziak „Warta" objął funkcję szefa sztabu Okręgu Nowogródzkiego AK. Po akcji „Burza" i śmierci Kalenkiewicza w walce z NKWD, został pełniącym obowiązki komendanta Okręgu Nowogródzkiego do końca 1944. Odtworzył struktury Komendy Okręgu po okresie rozbicia spowodowanego stratami zadanymi przez NKWD. Zagrożony aresztowaniem, w listopadzie 1944 musiał przenieść się na teren Podlasia. Uwięziony przez UB w 1946, wyszedł na wolność w 1956. W czasie Powstania Warszawskiego 91 skoczków pełniło funkcje sztabowe i dowódcze na wielu odcinkach. Adolf Pilch „Góra", w styczniu 1943 jako cichociemny został zrzucony do kraju. Skierowany do Obwodu AK Stołpce, objął dowództwo batalionu piechoty, a od grudnia 1943 był dowódcą Zgrupowania Stołpecko-Nalibockiego AK. Dowodzone przez niego oddziały dokonały wielu udanych akcji przeciw Niemcom w Iwieńcu i w rejonie Puszczy Nalibockiej. Jednocześnie toczył walki w obronie oddziału i polskiej ludności z sowieckimi oddziałami dywersyjnymi. Po przejściu Zgrupowania w rejon Puszczy Kampinoskiej, wziął udział w Powstaniu Warszawskim jako dowódca pułku „Palmiry-Młociny". Po klęsce pod Jaktorowem dowodził oddziałem partyzanckim, a jesienią 1944 został dowódcą III batalionu 25. pułku piechoty w okolicach Piotrkowa Trybunalskiego. Od 1945 przebywał w Anglii.

Podczas okupacji 9 cichociemnych zginęło śmiercią spadochroniarza w czasie lotu do Polski lub podczas skoku, 26 poległo w walce z okupantem, 27 zamordowało gestapo, 8 zginęło w obozach koncentracyjnych, 10 w sytuacji bez wyjścia odebrało sobie życie, a 18 poległo w Powstaniu Warszawskim. Rychło jednak do walki z cichociemnymi przystąpiły nowe władze. Już 12 kwietnia 1945 stracono 11 osób pod zarzutem przygotowania zamachu na przewodniczącego KRN Bolesława

Cichociemny por. Jan Piwnik „Ponury"

Bieruta i przewodniczącego PKWN Edwarda Osóbkę-Morawskiego. Mimo iż zamach był odwołany, wyrok Wojskowego Sądu Okręgowego w Lublinie z 9 kwietnia został zatwierdzony i wykonany. Wśród straconych byli 2 cichociemni, oficerowie AK: Mieczysław Szczepański i Czesław Rossiński oraz szef Kedywu Lubelskiego Okręgu AK mjr Jan Kazimierz Nawrat. Także wielu innych cichociemnych było prześladowanych, więzionych, stracono ośmiu (m.in. Bolesława Kontryma „Żmudzina"). Jesienią 1947 podczas próby przedostania się na Zachód aresztowany został jeden z nich, mjr Hieronim Dekutowski „Zapora", dowódca jednego z największych zgrupowań partyzanckich WiN. Skazany na karę śmierci, 7 marca 1949 został stracony w więzieniu mokotowskim w Warszawie. Dziś imię Cichociemnych Spadochroniarzy Armii Krajowej nosi specjalna jednostka wojskowa GROM. Na terenie Jednostki Wojskowej 2305 znajduje się izba pamięci poświęcona cichociemnym, do której skoczkowie Armii Krajowej przekazali swoje osobiste pamiątki.

Mjr Jan Kiwerski „Oliwa" wręcza proporzec cichociemnemu por. Zbigniewowi Twardemu „Trzaskowi" w marcu 1944

„WACHLARZ"

Dowództwo Polskich Sił Zbrojnych na Zachodzie oraz kierownictwo podziemia w kraju zdawały sobie doskonale sprawę z faktu, że niemieckie uderzenie na ZSRR w czerwcu 1941 to nowy rozdział w dziejach wojny. Przyjęto to z ulgą, gdyż widziano w tym szansę na odzyskanie – z czasem – niepodległości. Rząd w Londynie depeszował do kraju: „Rozróżniając niebezpieczeństwo niemieckie od rosyjskiego, przez zdecydowane podkreślenie pierwszego jako groźniejszego dla narodu, rząd nie widzi w warunkach dzisiejszych możliwości angażowania się na rzecz współdziałania z Rosją". Pomijając względy polityczne, wiedziano, że Polacy nie mają wystarczających sił, aby w jakikolwiek sposób wpływać na śmiertelne starcie dotychczasowych sojuszników i współokupantów ziem polskich.

Ale musiano zadbać o wywiad, a przy okazji prowadzić akcje dywersyjne na zapleczu frontu wschodniego. Była to pierwsza powołana przez ZWZ struktura, która podjęła bezpośrednią aktywną walkę przeciwko Niemcom. Strukturze dywersyjno-sabotażowej Związku Walki Zbrojnej-Armii Krajowej, której celem było prowadzenie akcji bojowej na wschodnich ziemiach Rzeczpospolitej i na zachodnich terenach Związku Sowieckiego, nadano kryptonim „Wachlarz". Organizację utworzyła Komenda Główna ZWZ we wrześniu 1941 (w porozumieniu z dowództwem wojsk alianckich). Jej dowódcą został mjr Jan Włodarkiewicz „Damian".

„Wachlarz" obejmował obszar podzielony na pięć odcinków, od Bałtyku do Morza Czarnego, od Dźwiny do Dniepru. Wysiłek skoncentrowano na uruchomieniu odcinków środkowych: od centralnej Ukrainy do północnej Białorusi. Do organizacji kierowano ludzi młodych, przeważnie bez rodzin, odważnych, a nawet brawurowych, znających język rosyjski, ukraiński i białoruski. Początkowo do akcji dywersyjnych skierowano 150 najbardziej doświadczonych żołnierzy konspiracji oraz kilkudziesięciu cichociemnych. W miarę organizacji struktur konspiracyjnych stan osobowy „Wachlarza" zwiększał się; łącznie do tej struktury przydzielono ok. 500 osób. Powstające grupy zbrojne miały także równoważyć aktywność partyzantów sowieckich, których oddziały – z reguły nierozformowane pododdziały rozbitych przez niemieckie uderzenie dywizji – działały na zapleczu frontu. W akcjach sabotażowych i dywersyjnych zginęło 20 osób, ok. 40–60 zostało aresztowanych. Wedle słów jednego z cichociemnych, Bronisława Czepczaka-Góreckiego: „Tak wielkie

Oficerowie „Wachlarza" przed cerkwią w Charkowie: ppor. Andrzej Buchman „Korsak" i por. Franciszek Pukacki „Gzyms"

poświęcenie dla ojczyzny było możliwe tylko dzięki starannemu i patriotycznemu wychowaniu, w duchu tradycyjnych wartości, które cichociemni odebrali w domach rodzinnych".

Zadaniem „Wachlarza" było dezorganizowanie działań armii niemieckiej, paraliżowanie głównych linii komunikacyjnych i zaopatrzenia wojsk na rozległym obszarze rozciągający się w rejonie Czerkasów, Szepietówki, Kijowa, Smoleńska, Orszy, Dyneburga i Pskowa – na kresach Kresów. Poruszanie się po tak rozległym terenie było możliwe m.in. dzięki grupie śląskich kolejarzy Deustche Ost Bahn, wśród których powstała konspiracyjna grupa kierowana przez Hansa Wernera. Wykorzystywano także samochody należące do polskich firm budowlanych, które pracowały na zlecenie Wehrmachtu i Organizacji Todta; tą drogą dostarczano także sprzęt i materiały wybuchowe.

Najważniejszym zadaniem „Wachlarza" miała być osłona – od wschodu – przyszłego powstania powszechnego w kraju, czyli przeprowadzenie zbrojnej dywersji (zniszczenie linii komunikacyjnych) w jednym terminie na całym terenie. Zadanie osłony powstania nie zostało zrealizowane, ale żołnierze „Wachlarza" wykonali w okresie ponadrocznej działalności blisko 100 akcji bojowych i dywersyjnych. Grupy „Wachlarza" wysadzały mosty kolejowe i niemieckie transporty wojskowe, uszkadzały tory kolejowe, ścinały słupy łączności telefonicznej. Wielokrotnie atakowano kolumny samochodowe, w których zginęło ok. 150 hitlerowców, wśród nich jeden z dygnitarzy Ministerstwa Gospodarki. Cichociemny ppłk Alfred Paczkowski „Wania", dowódca III Odcinka „Wachlarza", zatopił rzeczny monitor na Kanale Królewskim, między Annopolem a Horodcem. Żołnierze „Wachlarza" zatrudniali się do pracy na polowych lotniskach. Była to znakomita okazja do dywersji. Wykorzystując panujące zamieszanie – np. podczas bombardowań – wlewali do baków zawiesinę cukru, opiłków metalu i mielonego karbonitu. Tak „zaszczepione" maszyny nie wracały już z lotów bojowych. Nie zawsze oficerowie mogli skupić się na pierwotnie wyznaczonym zadaniu. Por. Władysław Kochański, cichociemny, miał tworzyć w odcinku II grupy dywersyjne, ale jesienią 1942 zajął się organizowaniem ośrodków samoobrony. Stworzone przez niego oddziały stały się bardzo przydatne ludności polskiej podczas prowadzonych w 1943 przez ukraińskich nacjonalistów rzezi na Wołyniu. To one odznaczyły się w Przebrażu czy Hucie Stepańskiej.

W akcjach bojowych „Wachlarza" brali udział także cudzoziemcy; przy odcinku II powstał gruziński oddział partyzancki dowodzony przez cichociemnego Lecha Ładę. Gruzini bili się z Niemcami pod Młynowem i Boremlem; po likwidacji „Wachlarza" grupa dalej działała – już bez polskiego dowództwa – w lasach krzemienieckich, gdzie została rozbita podczas akcji pacyfikacyjnej prowadzonej przez własowców.

Jedną z najsłynniejszych akcji „Wachlarza" było uwolnienie w styczniu 1943 przez grupę por. Jana Piwnika „Ponurego" więźniów przetrzymywanych w więzieniu w Pińsku. Pod koniec listopada 1942 Niemcy aresztowali trzech żołnierzy „Wachlarza" (m.in. „Wanię") i osadzili w silnie strzeżonym Pińsku, gdzie stacjonowało ok. 3 tys. żołnierzy. Zadanie uwolnienia więzionych otrzymał por. Jan Piwnik „Ponury". 18 stycznia 1943, po niezbędnym przygotowaniu, pięcioosobowa grupa „Ponurego" (w jej skład weszli jeszcze trzej inni cichociemni: Jan Rogowski „Czarka" – zastępca dowódcy grupy, Wacław Kopisto „Kra" oraz Michał Fijałka „Kawa"), wspierana przez dziewięciu ludzi z brzeskiej grupy „Wachlarza", dokonała brawurowego napadu na więzienie. Po zapadnięciu zmroku najpierw sparaliżowali łączność w mieście, później – wykorzystując zaskoczenie strażnika – dostali się na zewnętrzny dziedziniec więzienia. Równocześnie opanowano budynek administracyjny i sforsowano bramę wewnętrzną. Uczestnik akcji wspominał: „Po dojściu do części mieszkalnej budynku, „Dym" pozostał na zewnątrz ubezpieczając, „Kawa" zaś z stenem oraz „Ryks" i „Kmicic" z koltami wpadli do pomieszczeń. Zastawszy tam Niemców, „Kawa" rozkazał im podnieść ręce do góry i oddać klucze. Zelner, udając, że idzie po nie, nagle odwrócił się, pchnął silnie „Ryksa" na „Kawę" i strzelił, raniąc „Ryksa" w rękę. Zanim zdążył powtórnie strzelić „Kawa" położył go serią ze stena. Hellinger, wykorzystując zamieszanie, uciekł do drugiego pokoju, gdzie zastrzelił go „Kmicic". Po unieszkodliwieniu Niemców, patrol „Kawy" zaatakował więzienie przez wieżę obserwacyjną, spuszczając się po niej na linie, i sforsował trzecią bramę wewnętrzną. Atak ten zbiegł się z czasem otwarcia drugiej bramy przez patrol „Donata" i z naszym współdziałaniem. W ten sposób, dzięki dobremu współdziałaniu wszystkich patroli, opanowaliśmy więzienie w ciągu niespełna dziesięciu minut. Spośród pięćdziesięciu czterech więźniów, przebywających wówczas w więzieniu na oddziale męskim, zwolniliśmy ponad czterdziestu, w tym „Wanię", „Rysia" i „Azora" oraz kilku partyzantów sowieckich. Oddziału kobiecego nie udało się otworzyć z powodu nieobecności strażniczki z kluczami. Naszych trzech uwolnionych dywersantów wsadziliśmy do opla, który natychmiast odjechał. Następnie, aby zmylić przeciwnika, jeden ze współuczestników akcji oznajmił więźniom po rosyjsku, że dzięki rosyjskim partyzantom są wolni i mają po nas uciekać z więzienia. Po czym, po zamknięciu strażników w celach i zabraniu kluczy, nasz grupa uderzeniowa zaczęła się wycofywać ku bramie głównej. Tam „Wrona" i „Płomień" trzymali pod lufami leżących na śniegu sterroryzowanych wartowników, którzy przyszli na nocną zmianę. Natychmiast po wyjeździe opla z bramy podjechali pod nią „Motor" i „Pakunek" swoim fordem i opuścili

Żołnierze AK zakładający ładunki wybuchowe na torach kolejowych

burtę. Szybko wśród różnych gapiów, w tym również paru zdezorientowanych żołnierzy Wehrmachtu, wsiedliśmy do samochodu i odjechaliśmy spod więzienia w kierunku na Brześć".

Niestety, brak wystarczającej liczby sprzętu, materiałów wybuchowych i trudności utrzymania się na obcym terenie sprawiły, że po rocznej działalności „Wachlarz" został zlikwidowany. Podobnie stało się ze Związkiem Odwetu (ZO) – wydzielonym pionem organizacyjnym Związku Walki Zbrojnej, przeznaczonym (rozkazem z 20 kwietnia 1940) do prowadzenia walki bieżącej. Komendantem ZO był płk Franciszek Niepokólczycki. Zorganizował on wiele małych oddziałów prowadzących akcję dywersyjną przeciw okupantowi niemieckiemu (głównie sabotaż kolejowy i przemysłowy). W 1942 grupy sabotażowe ZO spowodowały 129 przerw w niemieckim ruchu kolejowym, m.in. 8 października w ramach akcji „Wieniec" sparaliżowały większość linii dojazdowych do Warszawy. W połowie listopada 1942 i w 1943 w miejsce Związku Odwetu i „Wachlarza" powstało Kierownictwo Dywersji (Kedyw). Na jego czele stanął płk Emil Fieldorf „Nil".

Pociąg niemiecki zniszczony w wyniku akcji dywersyjnej w ramach „Wachlarza"

TOBRUK

Już w październiku 1939 pojawiła się idea stworzenia polskich oddziałów wojskowych na terytoriach mandatowych Bliskiego Wschodu. Dowódca armii francuskiej gen. Maurice Gamelin 30 grudnia 1939 wyraził zgodę na organizowanie polskiej brygady w Syrii. Jednak z powodu oporów francuskich wojskowych (wymawiających się m.in. brakiem koszar i niedostatkiem uzbrojenia) rozkaz o formowaniu Brygady Strzelców Karpackich gen. Sikorski wydał dopiero 12 kwietnia 1940. Tworzyli ją żołnierze, którym udało się zbiec z internowania w Rumunii i na Węgrzech. Sporo też było ochotników przedzierających się pomimo wielkich trudności z okupowanej Polski, a także rodaków z różnych miejsc na świecie, m.in. do brygady zgłosiło się 14 mężczyzn z kolonii polskiej w chińskim Charbinie czy kilkunastu zarabizowanych Polaków. Dowódcą tej nowej formacji został płk Stanisław Kopański (wkrótce awansowany na generała), który przyleciał do Bejrutu 23 kwietnia. Przez moment wydawało się, że jednostkę wzmocnią dobrze wyszkoleni Polacy służący dotąd w Legii Cudzoziemskiej, w stacjonującym w Syrii 6. Pułku Piechoty Cudzoziemskiej. W kwietniu 1941 rozmowy na ten temat prowadził gen. Kopański. Negocjacje utknęły jednak w martwym punkcie.

Po klęsce Francji brygada nie pozwoliła się rozbroić i przeszła, wraz ze sprzętem (nie obyło się bez trudności ze strony podporządkowanych rządowi Vichy francuskich sztabowców – gen. Kopański był nawet krótko

Żołnierze polscy przybywający do Tobruku

zakładnikiem w Bejrucie) na terytorium Palestyny, mandatowego terytorium brytyjskiego, a następnie do Egiptu. Operacja ewakuacyjna rozpoczęła się 27 czerwca: „Zwarte kompanie z bronią i w pełnym oporządzeniu opuszczały baraki obozu, kierując się na dworzec. Szły z pieśnią na ustach poprzez koszary Legii Cudzoziemskiej. Oficerowie i żołnierze Legii, stojąc, salutowali nam w milczeniu. Wywołana pod broń warta Legii prezentowała broń przechodzącym kompaniom. Kapitulująca Francja składała niemy hołd walczącej Polsce...". Ewakuację zakończono 2 lipca i brygada, w sile 3,4 tys. ludzi (w tym 400 oficerów), przeszła w Palestynie pod komendę brytyjską. Brygada miał także swój ośrodek zapasowy. W jego ramach stworzono tzw. Legię Oficerską, 400-osobową jednostkę kadrową złożoną z oficerów służby czynnej i rezerwistów, oczekujących na etaty w jednostkach liniowych. 12 stycznia 1941 Naczelny Wódz PSZ gen. Władysław Sikorski przemianował stacjonującą już wówczas w Egipcie jednostkę na Samodzielną Brygadę Strzelców Karpackich. W związku z postępami niemieckiej ofensywy w Afryce Brygadę Karpacką skierowano na pozycje obronne w delcie Nilu, w rejon Aleksandrii.

W sierpniu 1941 Karpatczyków wyznaczono do obrony Tobruku – twierdzy nad Morzem Śródziemnym, 150 km na zachód od granicy Egiptu, gdzie w latach 1940–1942 koncentrowały się walki wojsk alianckich z oddziałami niemieckimi i włoskimi na froncie północnoafrykańskim. Obwód pierwszej linii obrony miał około 50 km długości, a jego promień wahał się od 12 do 15 km. Wzdłuż obwodu biegły zasieki z drutu kolczastego. Przed zasiekami rozciągało się zaminowane przedpole. Za pierwszą linią znajdował się pierścień obrony nazywany przez Anglików „niebieską linią", w którego obrębie stały cztery dawne forty. Twierdzę oblegały jednostki włoskiego 21. Korpusu, wzmocnione 2 pułkami niemieckimi. Włosi za wszelką cenę próbowali zmyć hańbę kapitulacji włoskiej jeszcze niedawno twierdzy, której załoga złożyła broń przed brytyjskim patrolem: 1500 żołnierzy adm. Massimiliano Vietina w styczniu 1941 poddało się „zgrupowaniu" składającemu się z 2 angielskich brygadierów, 10 kawalerzystów i kilku korespondentów wojennych, którzy przypadkowo – dwoma transporterami opancerzonymi – wjechali w obręb twierdzy. W drugą fazę walk w Afryce włączył się już zupełnie inny przeciwnik. Dowództwo Wehrmachtu zdawało sobie sprawę, że bez rychłej pomocy Afryka zostanie stracona. Oblężenie Tobruku było wynikiem pojawienia się w Libii oddziałów niemieckich. Pierwsze, bezskuteczne szturmy wojska Osi przeprowadziły w kwietniu 1941. Na przełomie lipca i sierpnia zapadła decyzja o wycofaniu z Tobruku Australijczyków. W ich miejsce postanowiono wprowadzić brytyjską 70. Dywizję Piechoty i Polaków. Dowódca brytyjskiej 8. Armii gen. Claude Auchinleck uznał Brygadę Karpacką za pełnowartościową jednostkę, mimo że dla wielu jej żołnierzy Tobruk miał być dopiero miejscem bojowego chrztu.

Jednostka gen. Kopańskiego, przywieziona między 19 a 25 sierpnia na pokładach brytyjskich okrętów wojennych, zajęła 20-kilometrowy odcinek obrony. Pierwszym oddziałem, który wszedł na wyznaczone pozycje, był Pułk Ułanów Karpackich pod dowództwem mjr. Władysława Bobińskiego (wśród żołnierzy tej formacji między innymi był świetnie zapowiadający się przedwojenny publicysta, już pod Narwikiem uhonorowany

Krzyżem Walecznych, słynący z brawury Adolf Maria Bocheński, poległy pod Ankoną w 1944). Australijczycy, tkwiący w Tobruku od miesięcy, ze zdziwieniem przyjęli egzotycznych dla nich towarzyszy broni. Jeszcze bardziej dziwiła ich – przynajmniej początkowo – polska mentalność. Jeden z nich pisał o naszych piechurach: „Otwarcie wyrażali oni niezadowolenie, że mają być posłani do sektora, w którym za przeciwników mieli będą nie Niemców, lecz Włochów. Wojna była dla nich sprawą osobistą". Polska brygada objęła rejon fortu Solaro, pełniąc także rolę odwodu dowództwa twierdzy.

Mimo bardzo trudnych warunków klimatycznych, borykając się z niedostatkiem wody oraz mając świadomość przewagi sił niemiecko-włoskich, Karpatczycy prowadzili aktywną obronę, nękając przeciwnika nocnymi wypadami. Szybko dorównali australijskim „diggerom" w prowadzeniu patroli na dalekich przedpolach. Podczas jednego z nich kompanijny kucharz Kazimierz Tomaszewicz schwytał i doprowadził do własnych linii księcia Colonnę, wysokiego oficera armii włoskiej, który wybrał się na rozpoznanie. Walki na przedpolach, wśród pól minowych i zasieków, walki, w których używano głównie noży i kolb pistoletów miały niesłychaną dramaturgię, zwłaszcza że niemieccy grenadierzy czy włoscy bersalierzy łatwo nie ustępowali przeciwnikowi. Wojenne braterstwo broni bardzo zbliżyło nacje z antypodów, łącznie z formalnie podjętą deklaracją o konieczności wytyczenia po wojnie wspólnej granicy polsko-australijskiej. Niewidzialna nić powiązała nie tylko Polaków z brygady i Australijczyków, ale także walczących na pustyni szkockich strzelców, nepalskich Gurkhów i legionistów z Sił Wolnej Francji. Świadczyli sobie przysługi, wspierali w bójkach (także w starciach z własnymi z rodakami), dzielili tytoniem. Gen. Kopański zanotował: „Serdeczny stosunek cechował Australijczyków do dawnych Karpatczyków. Stary Karpatczyk mógł wszędzie dojechać australijskim «autostopem». Musiał mieć tylko na sobie pas parciany, oznakę pochodzenia pustynnego". Karpatczycy należeli także do australijskiego związku weteranów. „Szczury Tobruku", które wróciły do Australii, przysyłały Polakom do Włoch paczki z piwem oraz zaproszenia na przyjazd i osiedlenie się na koszt australijskich towarzyszy broni.

W październiku Karpatczyków skierowano na odcinek zachodni w rejon tzw. Wyłomu, którego strzegli wraz z regimentami szkockimi. Nadane obrońcom przez atakujących pogardliwie miano „Szczurów Tobruku" w pełni oddawało ich nieciekawe położenie. Zacięte walki toczono w piachu, wśród skał, w płytkich rowach pełnych robactwa. Żołnierzom brakowało żywności, ale nigdy zapału do walki. Problemem było jednak opatrywanie rannych i leczenie chorych, zapadających na tropikalne dolegliwości. 13 i 14 listopada odwiedził żołnierzy SBSK w Tobruku Naczelny Wódz PSZ gen. Władysław Sikorski. Jego obecność na pierwszej linii, w zasięgu strzału snajperów, zaimponowała żołnierzom. Sikorski odznaczył gen. Kopańskiego i kilku obrońców twierdzy Krzyżami Walecznych. W rozkazie dziennym napisał: „Kiedy przed trzema miesiącami zwróciłem się do rządu brytyjskiego o wysłanie was do Tobruku, kierowałem się wyłącznie względami na interes naszego narodu". Wszyscy rozumieli to doskonale.

W listopadzie 1941 dowództwo brytyjskie opracowało plan uwolnienia twierdzy od nieprzyjacielskiego oblężenia. W operacji pod kryptonimem „Crusader" ważną rolę przewidziano także dla garnizonu tobruckiego, który miał związać w walce jak najwięcej sił wroga, dając nacierającej

Artyleria polska w Tobruku

Flaga polska powiewająca nad zdobytym przez Karpatczyków wzgórzem Medauar

od strony Egiptu armii więcej swobody działania. Zintensyfikowano działania na przedpolu, dalekie patrole i skryte ataki na pojedyncze oddziały włoskie. Dalej od umocnień twierdzy trwała zażarta walka nacierającej armii alianckiej i broniących się wojsk Osi. W okolicach Sidi Rezegh doszło do bitwy pancernej. Szybko walki zamieniły się w serię izolowanych potyczek i starć. Manewrujące na pustyni pułki przemieszały się, a zdezorientowane lotnictwo często ostrzeliwało własnych żołnierzy.

Gen. Kopański otrzymał rozkaz wypadu na odcinku zachodnim. Dowódca przewidywał jednak, że odblokowanie twierdzy zakończy się sukcesem, więc zorganizował 2 grupy – jedna miała zaatakować zgodnie z rozkazami, druga – przejść do pościgu za wrogiem. Na razie jednak atakował przeciwnik, który cofając się przed naporem Brytyjczyków próbował „skrócić sobie drogę" przez wysunięte linie obrony twierdzy.

W nocnym ataku z 9 na 10 grudnia SBSK zdobyła wzgórze Medauar pod Tobrukiem, walnie przyczyniając się do przerwania 8-miesięcznego oblężenia. Zdobycie tej pozycji miało symboliczne znaczenie – wysunięte wzgórze stanowiło jedyny odcinek obrony zdobyty przez Włochów i Niemców, a Polakom udało się go odzyskać. Kiedy Karpatczycy złamali opór bersalierów, a nad wzgórzem załopotała polska flaga, ze wszystkich jednostek broniących Tobruku popłynęły słowa uznania. Dowódca czeskich artylerzystów walczących w twierdzy, płk Karel Klapalka napisał w depeszy: „Niechaj Tobruk i Libia staną się dla naszych nieprzyjaciół drugim Grunwaldem". Tobruk został wyzwolony przez nacierające od strony Egiptu oddziały brytyjskiej 8. Armii. W czasie walk brygada poniosła duże straty, sięgające 25% stanu osobowego (przybywając do Tobruku liczyła 5 tys. żołnierzy i oficerów), ale na szczęście większość z nich stanowili ranni i chorzy. Na cmentarzu wojskowym w Tobruku znaleźć można 109 polskich grobów. W części z nich leżą żołnierze polegli pod Gazalą i Bardią.

Po wyjściu z Tobruku brygada wzięła udział w walkach pod Gazalą. W nocy z 16 na 17 grudnia patrol transporterów 3. Batalionu Strzelców Karpackich zapuścił się w głąb obszaru nieprzyjacielskiego. Wczesnym rankiem 17 grudnia dowódca brygady zarządził pościg. Bitwa miała znaczenie operacyjne dla działań 8. Armii. Natarcie brygady przełamało linię oporu w najmocniejszym punkcie i zmusiło Włochów do pospiesznego odwrotu; zatrzymali front dopiero na granicy Trypolitanii. W bitwie pod Gazalą brygada wzięła do niewoli 1,7 tys. jeńców, tracąc ok. 130 zabitych, rannych i zaginionych. 18 grudnia 1941 brygada przeszła do odwodu XIII Korpusu, ale już 25 grudnia gen. Kopański otrzymał rozkaz skierowania Karpackiego Pułku Artylerii pod Bardię. W początkach stycznia 1942 skutecznie wspierał on szturm 2. Dywizji Południowoafrykańskiej na port morski i twierdzę Bardia, na wschód od Tobruku. Artyleryjskie przygotowanie natarcia prowadzone było przez 45 minut. Następnie do natarcia ruszyła piechota. Kolejne natarcie, w nocy z 1 na 2 stycznia, doprowadziło do złamania oporu i opanowania twierdzy. Poddało się 7,7 tys. Włochów i 300 Niemców.

Po zwycięskich walkach w środkowej Cyrenajce, brygada została zreorganizowana w 3. Dywizję Strzelców Karpackich i brała udział w kampanii włoskiej w ramach II Korpusu Polskiego.

AGENT NR 1 I INNI

Podczas II wojny światowej w różnorakich działaniach antyhitlerowskich na Bałkanach odznaczyli się polscy partyzanci i przeszkoleni do działań dywersyjnych agenci pozostający w służbie brytyjskiej lub polskiej, spośród których największą sławą okrył się „Agent nr 1", uważany w Grecji za bohatera narodowego.

Jerzy Iwanow-Szajnowicz urodził się w 1911 w Warszawie. Był synem rosyjskiego pułkownika Władimira Iwanowa i Polki Leonardy z domu Szajnowicz. Po kilku latach rodzice się rozeszli, a matka wyszła ponownie za mąż, za Greka i razem z nim wyjechała do Salonik. Jerzy pozostał w Warszawie, aby ukończyć szkołę u ojców marianów na Bielanach. W 1925 złożył przyrzeczenie harcerskie. Niedługo potem matka ściągnęła go do Grecji. W Salonikach skończył z wyróżnieniem francuskie liceum. W latach 1933–1938 studiował w Belgii, gdzie zdobył tytuł akademickiego mistrza w pływaniu oraz złoty medal w Międzynarodowych Mistrzostwach w Pływaniu. W 1935 podjął starania o uzyskanie obywatelstwa polskiego, które otrzymał w listopadzie tego roku. Krótko przed wojną występował jako piłkarz wodny w reprezentacji Polski, zaliczano go do najlepszych zawodników tej dyscypliny w Europie. Jego rodzinne koneksje, wojaże i wrodzony talent przysporzyły mu jeszcze jednej umiejętności – oprócz polskiego posługiwał się biegle językiem greckim, angielskim, francuskim, niemieckim i rosyjskim.

We wrześniu 1939 przebywał w Grecji, gdzie organizował pomoc dla uchodźców z Polski. Na wiosnę 1940 wstąpił do polskiego wojska. Wpierw służył jako cywilny pracownik, potem został oficerem Samodzielnej Brygady Strzelców Karpackich. Następnie przez pewien czas był tłumaczem w kairskim konsulacie, by w końcu zostać zwerbowanym przez wywiad brytyjski, który 13 października 1941 przerzucił go na pokładzie okrętu podwodnego do Grecji. Przerzutu dokonała kairska placówka SOE „004".

Szajnowicz miał się zająć prowadzeniem wywiadu i akcjami dywersyjnymi. Otrzymał znak wywoławczy „033B". Po przybyciu do Grecji bezzwłocznie rozpoczął wykonywanie zadań. Anglicy wyposażyli agenta w pistolet, nóż i niewielką radiostację. Szybko nawiązał kontakt ze znanymi mu wcześniej Grekami. Zorganizował siatkę wywiadowczą, której zadaniem była obserwacja portów i ruchów niemieckich transportów. Drogą radiową przekazał placówce kairskiej SOE (Kierownictwo Operacji Specjalnych) informacje o wypływających z portu w Pireusie włoskich i niemieckich statkach z transportami zaopatrzenia dla niemieckiego Afrika Korps, dowodzonego przez feldmarszałka Erwina Rommla. Dało to Anglikom możliwość atakowania konwojów. Lotnictwo angielskie zatopiło część jednostek jeszcze w porcie, a część na pełnym morzu.

W 1942 Szajnowicz na polecenie przełożonych zatrudnił się w charakterze mechanika w stoczni remontowej w Skaramanga, położonej w zatoce Eleusis. Pracował pod fałszywym nazwiskiem Kiriakosa Paryssisa. 15 marca zdołał podpłynąć pod niemiecki okręt podwodny U-133, przeznaczony do szkolenia niemieckich nurków, i zatopił go za pomocą miny magnetycznej. W następnych miesiącach wysadził i zatopił kilka innych niemieckich statków i okrętów stojących w Pireusie.

W kolejnym radiowym meldunku przekazał informacje dotyczące Salonik i okolicy. Wykorzystując je, brytyjskie lotnictwo zbombardowało wskazane cele. Agent działał intensywnie w dalszym ciągu, wysadzając lub uszkadzając wiele włoskich i niemieckich statków, np. 2 jednostki zniszczył w porcie Paros, kilka jednostek w okolicach wyspy i w zatoce Parikia. Na jednej z dróg spowodował katastrofę drogową, niszcząc cysternę z paliwem i samochód z amunicją. Zaatakował stojący w Koryncie okręt podwodny U-372 za pomocą bomby zegarowej. Jego grupa, wprowadzając do silników substancję niszczącą je od środka, poważnie uszkodziła ok. 400 samolotów w fabryce „Malziniotti" w Nowym Faleronie.

Do dnia 8 września 1942 Szajnowiczowi dopisywało szczęście. Wcześniej był dwukrotnie aresztowany i udało mu się zbiec; Niemcy za wskazanie go wyznaczyli pół miliona drachm nagrody. Tym razem został zdradzony przez człowieka uchodzącego za przyjaciela. Włoscy żołnierze aresztowali go w Atenach. Osadzony w więzieniu Auerof, 2 grudnia 1942 został skazany wyrokiem sądu wojennego na trzykrotną karę śmierci. 4 stycznia 1943 w Kesariani, prowadzony na miejsce straceń, spróbował jeszcze raz ucieczki. Tym razem dosięgły go kule esesmanów.

Pośmiertnie postanowieniem rządu emigracyjnego został odznaczony Orderem Virtuti Militari, a w lipcu 1945 marszałek Harold Alexander wygłosił podziękowanie dla „Agenta nr 1" w imieniu sił koalicyjnych. Grecy uczcili bohatera wystawieniem pomnika w Salonikach.

Innym żołnierzem SOE był kpt. Józef Maciąg, pseud. Nesz, urodzony w 1914 syn Polaka i Chorwatki. Przed wojną służył w 34. pułku piechoty w Białej Podlaskiej. W ostatniej bitwie kampanii wrześniowej, pod Kockiem, wziął udział jako dowódca kompanii. Następnie był jednym z organizatorów Służby Zwycięstwu Polsce i Związku Walki Zbrojnej w powiecie bielskim. Wiosną 1940 przedostał się do Palestyny i trafił do Samodzielnej Brygady Strzelców Karpackich. Jako osoba świetnie znająca język serbsko-chorwacki, został zaangażowany w 1943 przez Brytyjczyków. Po szkoleniu przeprowadzonym w kairskiej placówce SOE, wraz z innym komandosem Irlandczykiem Dawidem Russelem i radiotelegrafistą Ridewoodem zostali wyekspediowani z bazy w Dernie do Jugosławii, gdzie wylądowali nocą z 15 na 16 czerwca 1943. „Nesz" otrzymał rozkaz współpracy z mjr. Erickiem Greenwoodem, który był szefem brytyjskiej misji przy czetnickim pułkowniku Pavlovicu. Kpt. Maciąg zajmował się rozpoznaniem ruchu rzecznego na Dunaju i kolejowego, głównie na trasie Sofia–Saloniki i Belgrad–Niš. Penetrował największą kopalnię miedzi w bułgarskim Bor. Po dostaniu się do środka zakładu, spośród przymusowych robotników wybrał mówiących po polsku i utworzył z nich zalążek oddziału partyzanckiego, który wkrótce osiągnął liczbę przeszło stu ludzi.

Zadaniem „Nesza" była także próba odtworzenia polskich szlaków przerzutowych na Bałkanach, zlikwidowanych przez Niemców w 1941. Zadanie to zlecił mu Oddział Specjalny Sztabu Naczelnego Wodza w Londynie. Realizując zlecenie, wielokrotnie przekraczał Dunaj, odtwarzał punkty kontaktowe na terenie Rumunii i zbierał dane wywiadowcze, które przekazywał do Kairu. Przyprowadzał z sobą także zbiegłych Polaków i jeńców sowieckich z obozów Turnu-Severin.

W lipcu 1943 „Nesz" z oddziałem, po zlikwidowaniu ochrony, wysadził w powietrze tunel kolejowy Gornjak. W październiku wraz z Anglikami z misji i czetnikami brygady Jevticia ostrzelał i zatopił dwie barki z paliwem holowane na Dunaju. Po tej akcji partyzanci przenieśli się w góry wschodniej Serbii.

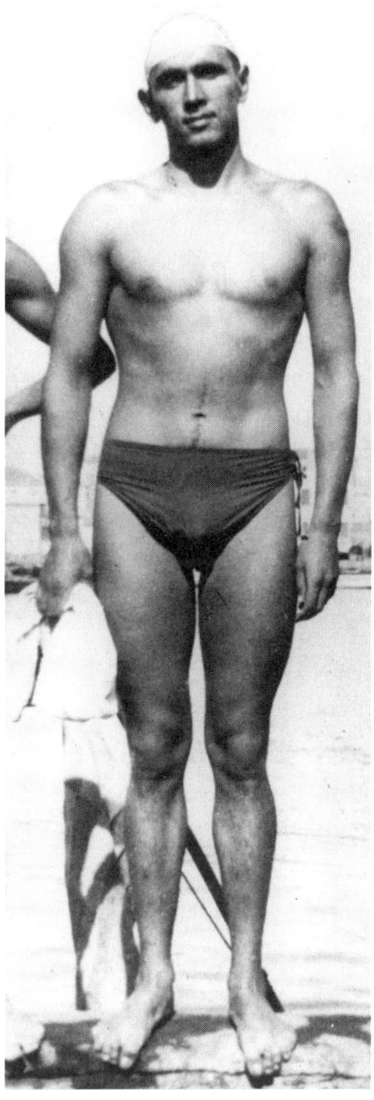

Jerzy Iwanow-Szajnowicz

Aktywna działalność „Nesza" i uznanie, jakim cieszył się u Anglików, spowodowały zadrażnienia z czetnikami, którzy byli niezadowoleni, że akcje „Nesza" psuły ich dobre relacje z Niemcami. Prawdopodobnie w wyniku zdrady hitlerowcy 11 grudnia 1943 otoczyli i zaatakowali wieś Suke Majdanpek, w której mieściła się kwatera brytyjskiej misji. Za bezpieczeństwo misji odpowiadali czetnicy Jevtica, którzy nie pojawili się podczas akcji Niemców, co należy ocenić jednoznacznie. W trakcie przeszłogodzinnej, nierównej walki Maciąg poległ.

Od 1943 z placówki SOE nr 11, mieszczącej się w Brindisi we Włoszech, do Grecji przerzucani byli komandosi-wywiadowcy, w tym Polacy, którzy zgodnie z umową z Oddziałem VI Sztabu Naczelnego Wodza w Londynie mieli, poza „normalną robotą" szpiegowsko-dywersyjną, siać zamęt w niemieckich i włoskich jednostkach, głównie pomocniczych i wartowniczych, wykorzystując w tym celu przymusowo wcielonych do Wehrmachtu Polaków z ziem włączonych do Rzeszy. Każdy z komandosów, realizując swoje zadanie, miał działać w innym rejonie Grecji. Trafili tam m.in. we wrześniu 1943 ppor. piechoty Stanisław Hołły, w czerwcu 1944 por. piechoty Jerzy Walatko, we wrześniu 1944 por. kawalerii Tomasz Kurasiewicz i por. artylerii Jerzy Skolimowski, a w październiku 1944 por. lekarz Jerzy Lisowski.

LEŚNI

W okupowanej Polsce walka zbrojna nie wygasła nawet na chwilę. Symboliczne znaczenie miała bitwa pod Huciskami stoczona 30 marca 1940 przez oddział mjr. Henryka Dobrzańskiego „Hubala" z dwoma batalionami niemieckiej policji – pierwsza większa walka partyzancka w czasie II wojny światowej. Podstawową siłę walczącą z niemieckim okupantem stanowiła Armia Krajowa, najliczniejsza polska konspiracyjna organizacja wojskowa, powołana 14 lutego 1942 rozkazem Naczelnego Wodza Polskich Sił Zbrojnych, gen. Władysława Sikorskiego, w miejsce istniejącego od listopada 1939 Związku Walki Zbrojnej. Na czele AK stał Komendant Główny, którego funkcje pełnili kolejno: do 30 czerwca 1943 gen. Stefan Rowecki, do 2 października 1944 gen. Tadeusz Komorowski, wreszcie do rozwiązania 19 stycznia 1945 gen. Leopold Okulicki.

W latach 1942–1943 wcielono do AK m.in. takie organizacje, jak Polska Niepodległa, Polska Organizacja Zbrojna, Narodowa Organizacja Wojskowa, Tajna Organizacja Wojskowa, a także oddziały taktyczne Batalionów Chłopskich. Ta ostatnia organizacja, utworzona przez podziemne Stronnictwo Ludowe „Roch", do końca 1941 zorganizowała komendy w 10 okręgach. W ramach BCh powstało ok. 300 oddziałów specjalnych (w sile od kilku do kilkudziesięciu ludzi), prowadzących stałą akcję sabotażową i bojową, mającą przeciwdziałać terrorowi i zaborowi mienia rolników przez okupanta, czemu służyło niszczenie niemieckich magazynów ze zbożem, pracujących na potrzeby wroga młynów, tartaków, urzędów gminnych wraz z dokumentacją. Pierwszeństwo w tworzeniu leśnych oddziałów należy przyznać właśnie Batalionom Chłopskim (pod komendą Franciszka Kamińskiego), gdyż to one już w 1942 wystąpiły w obronie ludności Zamojszczyzny. Od 1941 Niemcy rozpoczęli realizację tzw. Generalnego Planu Wschodniego, zakładającego długofalową eksploatację ziem słowiańskich, podporządkowanie całej Europy Wschodniej i eksterminację lub deportację ok. 30 milionów jej dotychczasowych mieszkańców. Generalne Gubernatorstwo zamierzano zgermanizować w ciągu 20 lat, zasiedlając je niemieckimi kolonistami. Następne w kolejności miały być kraje bałtyckie, Ukraina, Białoruś oraz europejska część Rosji po Ural. Polaków postanowiono deportować na Syberię. Obszarem „testowym" realizacji planu stała się Zamojszczyzna – fragment pasa niemieckiego osadnictwa, który z ziem nadbałtyckich i Prus Wschodnich sięgać miał po rumuński Siedmiogród. W okresie od listopada 1941 do marca 1942 wysiedlono 116 wiosek, a w lipcu 1943 171 (ok. 110 tys. ludzi), w sumie 31% mieszkańców Zamojszczyzny. Ok. 30 tys. dzieci uznanych za zdatne do germanizacji ze względów rasowych wywieziono w głąb Rzeszy (łącznie w tym celu odebrano być może nawet ok. 200 tys. polskich dzieci). Jednak Niemcy musieli odłożyć realizację swej wizji na skutek zbrojnego oporu polskiej partyzantki. W grudniu 1942 partyzanci BCh (wspierani przez grupę partyzantów sowieckich) stoczyli zwycięską potyczkę pod Wojdą. Niemiecka żandarmeria opanowała ostatecznie Wojdę, ponosząc poważne straty. W styczniu i lutym następnego roku walczono pod Zaborecznem, Różą i Krasnobrodem, gdzie zgrupowanie 300 partyzantów BCh stawiło czoło połączonym oddziałom niemieckiego wojska, żandarmerii i osadników (łącznie ok. 2 tys., zginęło ok. 100). BCh zostały rozwiązane w marcu 1945. Ich straty w całej wojnie wyniosły ok. 7 tys. żołnierzy. Próby scalenia z Armią Krajową nie dały pełnego rezultatu: w latach 1943–1944 do AK zostało wcielonych ok. 40 tys. ludzi z taktycznych oddziałów BCh, natomiast ok. 120 tys. żołnierzy BCh zachowało samodzielność. Leśnymi oddziałami dysponowała także Armia Ludowa, kierowana politycznie przez Polską Partię Robotniczą. Powołana 1 stycznia 1944, kontynuowała działalność istniejącej przy PPR od marca 1942 Gwardii Ludowej. W 6 obwodach terenowych skupionych było ogółem ok. 50 tys. członków AL, z czego 9 tys. stanowili partyzanci. Działalność bojowa AL koncentrowała się głównie na zapleczu frontu i obejmowała ataki na transport niemiecki, a także odpieranie akcji przeciwpartyzanckich (m.in. walki pod Rąblowem, w lasach parczewskich).

Od początku 1943 AK rozwijała swoje formacje partyzanckie, likwidujące posterunki policji i administracji niemieckiej, udaremniające ściąganie przymusowych kontyngentów, niszczące szlaki komunikacyjne i dezorganizujące sieć łączności armii niemieckiej. Ogółem od 1941 do końca 1944 oddziały ZWZ-AK wykonały przeszło 230 tys. akcji sabotażu i dywersji, wysadzając 38 mostów, uszkadzając przeszło 19 tys. wagonów i blisko 7 tys. parowozów; wykolejono ponad 700 transportów kolejowych, spalono blisko 300 wojskowych magazynów i składów żywności, dokonano ok. 6 tys. zamachów na Niemców i zlikwidowano przeszło

Pluton „Alona" należący do Świętokrzyskiego Zgrupowania Partyzanckiego dowodzonego przez por. Jana Piwnika „Ponurego" w lipcu 1943 na polanie Wykus w Górach Świętokrzyskich

2 tys. agentów gestapo. Dzięki akcji scaleniowej, AK osiągnęła wiosną 1944 stan ok. 380 tys. żołnierzy. Kadrę dowódczą tworzyli przede wszystkim przedwojenni oficerowie i podchorążowie rezerwy, uzupełniani grupą oficerów przeszkolonych w Wielkiej Brytanii i przerzuconych do kraju (tzw. cichociemni). Działania AK wspierał rząd RP na wychodźstwie i Polskie Siły Zbrojne na Zachodzie – oprócz uzupełnień kadrowych także pieniędzmi, bronią i sprzętem wojskowym, samolotami kierowanymi na zorganizowane w kraju zrzutowiska (wykonano ogółem 480 zrzutów, przekazując ok. 450 ton sprzętu, 35 mln dolarów i 19 mln marek niemieckich). Jednym z najsłynniejszych bohaterów walk partyzanckich był Jan Piwnik „Ponury", urodzony w 1912 major WP i cichociemny. Jako dowódca II odcinka „Wachlarza" (1942–1943) zdobył rozgłos, kiedy oddział AK pod jego dowództwem zdobył więzienie w Pińsku, wyzwalając grupę osadzonych tam żołnierzy AK oraz partyzantów sowieckich. W 1943 Piwnik był szefem Kedywu okręgu kieleckiego AK i dowódcą zgrupowania partyzanckiego w Górach Świętokrzyskich. 28 października 1943 partyzanci „Ponurego" stoczyli bitwę ze skierowanym przeciw nim 4-tysięcznym zgrupowaniem sił niemieckich na Wykusie (w lasach suchedniowskich na Kielecczyźnie). Mimo 10-krotnej przewagi Niemców, „Ponuremu" udało się wyprowadzić oddział z okrążenia i zadać przeciwnikowi poważne straty. Wiosną 1944 legendarny partyzant rozkazem Komendy Głównej AK został przeniesiony na Nowogródczyznę. Podczas walk w miejscowości Jewłasze koło Lidy dowodził atakiem VII batalionu 77. pułku piechoty AK. Niestety, podczas zwycięskiego szturmu na niemiecki posterunek został śmiertelnie ranny. W latach 80. ciało „Ponurego" ekshumowano i uroczyście pochowano w klasztorze Cystersów w Wąchocku na Kielecczyźnie.

Niemcy robili wszystko, by ruch partyzancki zdławić, gdyż nie tylko zaprzeczał on okupacyjnej propagandzie dowodzącej ostatecznego pokonania „band", ale zagrażał frontowi, wystawiając na szwank chociażby strategicznie ważne linie kolejowe. W walce z partyzantką hitlerowcy nie cofali się przed żadnym okrucieństwem, a dziesiątki spacyfikowanych wsi, tysiące ich rozstrzelanych lub spalonych żywcem mieszkańców są tego najwymowniejszym dowodem. Już jesienią 1942 Heinrich Himmler wyznaczył gen. SS Ericha von dem Bach-Zelewskiego (znanego później przede wszystkim ze stłumienia Powstania Warszawskiego)

Żołnierze AK z 1. kompanii oddziału leśnego Obwodu Sambor

na pełnomocnika „do zwalczania band". W styczniu 1943 Himmler wydał rozkaz aresztowania w GG wszystkich podejrzanych o działalność partyzancką i zesłanie ich do obozów koncentracyjnych. Wprowadzono też możliwość ogłaszania pewnych obszarów terenem walk partyzanckich, z czym wiązało się formowanie specjalnych jednostek policyjno-wojskowych dla zwalczania ruchu oporu i wspomagającej go ludności, a także przyjęcie zasady odpowiedzialności zbiorowej wobec ludności cywilnej. Warto też pamiętać, że mimo śmiertelnej walki Stalina z Hitlerem, ich stosunek do polskiego ruchu niepodległościowego nie różnił się wiele. Już w listopadzie 1943 gen. Pantelejmon Ponomarienko, naczelny dowódca sowieckich sił partyzanckich, wydał rozkaz nakazujący rozbrajanie polskich oddziałów partyzanckich i rozstrzeliwanie ich członków, gdyby stawiali opór.

Atutami polskich partyzantów były wiara w zwycięstwo i doskonała znajomość terenu. W przepastnych lasach mogli stawiać opór nie tylko lepiej uzbrojonemu, ale często także liczniejszemu przeciwnikowi. W czerwcu 1944 w Lasach Janowskich i Puszczy Solskiej na południowej Lubelszczyźnie oddziały niemieckie przeprowadziły wielką akcję przeciwpartyzancką. Biorące w niej udział 3 dywizje Wehrmachtu (25 tys. żołnierzy) zamknęły w okrążeniu zgrupowanie jednostek Armii Krajowej, Armii Ludowej, Batalionów Chłopskich oraz grupę partyzantów sowieckich. Współpracujące z sobą oddziały partyzanckie zdołały do 15 czerwca wydostać się z okrążenia w rejonie Lasów Janowskich, przegrupowując się w kierunku Puszczy Solskiej. Ogółem znalazło się tam ok. 5 tys. partyzantów. 21 czerwca Niemcy wznowili natarcie, osaczając przeciwnika. Podczas nieudanej próby ponownego przebicia się przez pierścień okrążenia pod Osuchami (25 czerwca) szczególnie ciężkie straty poniosły oddziały AK i BCh pod dowództwem mjr. Edwarda Markiewicza (rozbite zostało całe, liczące 1200 osób zgrupowanie). Oddzielnie próby przedarcia się przez linie niemieckie podejmowały jednostki AL i partyzanci sowieccy. Udało się to jedynie drobnej części otoczonych oddziałów. Bitwa w Lasach Janowskich miała duże znaczenie wojskowe, gdyż toczyła się na bezpośrednim zapleczu frontu i wiązała 3 duże jednostki niemieckie. Mimo wielkich strat AK, AL i BCh partyzantka na terenie Lubelszczyzny nie została zlikwidowana i nękała Niemców aż do przesunięcia się linii frontu. Na wiele obszarów – zwłaszcza górskich i puszczańskich – oddziały niemieckie nie zapuszczały się niemal wcale.

WYJŚCIE Z BUZUŁUKU

Armia Polska na Wschodzie powstała na podstawie umów z 30 lipca (układ Sikorski–Majski) i 14 sierpnia 1941 (umowa wojskowa) zawartych przez emigracyjny rząd polski w Londynie z rządem Związku Radzieckiego.

Wówczas w różnych rejonach państwa sowieckiego, głównie na Syberii, w Kazachstanie i na Dalekim Wschodzie, przebywały rzesze Polaków, zesłanych tam jeszcze przed wojną oraz po zajęciu wschodnich ziem Rzeczypospolitej przez Sowietów, a także wielu żołnierzy Września. Umowa wojskowa dała tym ludziom szansę wyrwania się z beznadziejnie ciężkich warunków życia i możliwość walki o niepodległość Polski. Wedle jej zapisu źródłem rekrutacji nowych jednostek mieli być polscy jeńcy wojenni z 1939 i poborowi powoływani spośród obywateli polskich przebywających w ZSRR. Zgodnie z pierwszymi ustaleniami armia miała liczyć 30 tys. ludzi.

11 sierpnia 1941 dowódcą nowo tworzonej armii w ZSRR został mianowany gen. dyw. Władysław Anders – żołnierz I wojny światowej i dowódca Nowogródzkiej Brygady Kawalerii we wrześniu 1939. 18 sierpnia Anders objął swoje stanowisko, a 22 sierpnia wydał pierwszy rozkaz. Szefem sztabu armii został płk. Leopold Okulicki.

Jako miejsce formowania dywizji polskich wyznaczono położony nad Wołgą okręg czkałowski. W pierwszym okresie istnienia Armii Polskiej w ZSRR jej skład i rozmieszczenie były następujące: dowództwo ze sztabem umieszczono w Buzułuku, 5. Dywizja Piechoty organizowała się w Tatiszczewie nad Wołgą, 6. DP w miejscowości Tockoje niedaleko Czkałowa, ośrodek zapasowy armii (będący zalążkiem 7. DP) także stacjonował w Tockoje, 5. i 7. batalion saperów, 8. dywizjon kawalerii i lotniczy punkt zborny umieszczono w Kotłubance, a w nadmorskim Archangielsku usytuowano komisję odbioru materiałów z Anglii.

Oddziały miały być zorganizowane na wzór sowiecki. Uzbrojenie i wyposażenie armii leżałoby w gestii ZSRR i częściowo Wielkiej Brytanii w ramach realizacji dostaw amerykańskich określonych projektem. Służba miała się odbywać zgodnie z polskimi regulaminami. Operacyjnie jednostki podlegałyby Armii Czerwonej.

Do punktów zbornych bardzo szybko zaczęły napływać rzesze Polaków, tak że liczba kandydatów do armii przekroczyła zdecydowanie przyjęte limity. W połowie listopada 1941 do wojska trafiło już 32 549 ludzi, wśród nich 2288 oficerów, którym udało się przeżyć (ok. 15 tys.

Ochotnicy do lotnictwa Armii Polskiej na punkcie zbornym w Kotłubance

zostało przez Sowietów wcześniej zamordowanych). Wielu z przybyłych w łachmanach ludzi było chorych i wycieńczonych. Do wojska napływała ludność cywilna, w tym wiele kobiet i dzieci.

W czasie wizyty premiera i Naczelnego Wodza gen. Władysława Sikorskiego w ZSRR, do której doszło w grudniu 1941, strony postanowiły podnieść stan liczebny Armii Polskiej w ZSRR do 96 tysięcy. W skład armii miało wchodzić sześć dywizji piechoty, każda licząca 11 tys. ludzi oraz oddziały i służby pozadywizyjne, liczące łącznie ok. 30 tys. żołnierzy. Podczas tej wizyty postanowiono przesunąć część oddziałów do nowych rejonów zakwaterowania w Azji Środkowej. Zamierzano również przeprowadzić ewakuację z ZSRR 27 tys. polskich żołnierzy, aby uzupełnić nimi jednostki polskie rozlokowane na Bliskim Wschodzie i w Wielkiej Brytanii.

Rosjanie planowali, wbrew polskiemu stanowisku, wysyłanie na front, po kolei, pojedynczych polskich dywizji, co niewątpliwie skazywało je na zagładę.

Między 13 a 25 stycznia 1942 oddziały polskie zostały przetransportowane na teren południowych republik sowieckich – do Kazachstanu, Uzbekistanu i Kirgizji. Miejscem postoju dowództwa stała się miejscowość Jangi Jul. Poszczególne jednostki armii rozrzucono od pogranicza chińskiego na wschodzie po Amu-darię na zachodzie. Dywizje, oddziały i służby stacjonowały w różnych miejscowościach, na rozległym 1000-kilometrowym terenie.

Od razu rozpoczęto prowadzenie nowego poboru. Objęto nim roczniki z lat 1897–1923 i zgłaszających się ciągle ochotników, z roczników do 1925. W połowie lutego 1942 armia liczyła 46 159 żołnierzy. Rozpoczęto formowanie czterech kolejnych dywizji piechoty (7., 8., 9. i 10.), pułków specjalnych, ośrodka organizacyjnego, centrum wyszkolenia armii.

Armia była rozmieszczona w sposób następujący: sztab, Centralne Składy Intendentury i Sanitarne, 1. pułk saperów, szpital polowy, 1. pułk łączności, centrum wyszkolenia PSZ i centrum wyszkolenia łączności rozlokowano w okolicach Taszkientu; na północny wschód od niego, w okolicy Czymkentu, w Pachta Arat stacjonowała 8. DP ze szpitalem i batalionem drogowym; dalej na wschód, w Ługowaja stała 10. DP ze szpitalem i batalionem drogowym; jeszcze dalej na wschód, w miejscowości Korabałty (na zachód od Frunzego – Biszkeku) kwaterował Ośrodek

Gen. Władysław Sikorski wśród żołnierzy w Buzułuku w grudniu 1941

Organizacyjny Broni Pancernej; na północny wschód od niego, w Otar umieszczono 1. pułk ułanów; na zachodzie, w Karmienie (na wschód od Buchary) i okolicach stacjonowała 7. DP z 2 szpitalami, batalion drogowy, batalion kolejowy i lotniczy punkt zborny; z kolei na południowy zachód od Samarkandy – w Kitab i Sachrisjabz rozlokowano 6. DP ze szpitalem; dalej na południowy zachód, w Guzar były Ośrodek Organizacji Armii, szpital i Ośrodek Zapasowy Pomocniczej Służby Kobiet.

W nowych miejscach stacjonowania i rekrutacji wojska zaczęły się w sposób gwałtowny szerzyć epidemie. Żołnierze i licznie zgromadzona ludność cywilna, wygłodniała, osłabiona wcześniejszymi warunkami bytu, nieprzystosowana do niekorzystnego, środkowoazjatyckiego klimatu, łatwo ulegała chorobom. Mimo to nie przerywano prac organizacyjnych i szkolenia już sformowanych jednostek. Pododdziały 5 dywizji odbyły ćwiczenia bojowe na stokach Pamiru. Na początku lutego 1942 władze sowieckie wystąpiły o jak najszybsze skierowanie 5. DP na front, motywując żądanie tym, że termin gotowości upłynął 1 października.

Władze polskie mocno broniły swego stanowiska – niewysyłania na front odosobnionej dywizji. Spowodowało to konflikt, którego wynikiem było ograniczenie przez stronę sowiecką limitu armii do 44 tys. Wszystkich ponad ten limit strona polska postanowiła bardzo szybko ewakuować do Iranu.

W dniach 24 marca–4 kwietnia 1942 przeprowadzono pierwszą ewakuację, podczas której ZSRR opuściły: 8., 9. i 10. dywizje piechoty, części 5., 6. i 7. dywizji, ośrodek organizacyjny wojsk pancernych, 1. pułk ułanów, batalion drogowy i kolejowy, kompanie saperów armijnych i większość ośrodka organizacyjnego armii. W sumie było to 33 069 żołnierzy i 10 789 cywilów.

Pozostała w ZSRR część armii została przeformowana i na nowo zorganizowana. W jej skład wchodziły: 5., 6. i 7. DP, centrum wyszkolenia, armijny pułk zapasowy szkoły artylerii oraz bataliony: specjalny, łączności i saperów. Armia osiągnęła stan 41 tys. żołnierzy.

Na skutek ciągle pogarszających się stosunków ze stroną sowiecką, wkrótce zaprzestano prowadzenia dalszej rekrutacji. Pracowano z już zgromadzonymi żołnierzami, leczono uchodźców cywilnych. W lipcu 1942 rozpoczęła się ostateczna ewakuacja wojska i cywili. Szlakiem przez Krasnowodsk do Pahlawi w Iranie, w dniach 5–25 sierpnia 1942 udało się ewakuować 40 400 żołnierzy, 4432 junaków i junaczek, a także 25 437 osób cywilnych. W okresie późniejszym, do 20 listopada 1942, drogą przez Aszchabad wyprowadzono jeszcze 701 żołnierzy i 1936 osób cywilnych. Łącznie ocalono z „nieludzkiej ziemi" około 114 tys. Polaków. Żołnierze zasilili Polskie Siły Zbrojne na Zachodzie, walczyli później m.in. we Włoszech w szeregach II Korpusu.

Bardzo wielu Polakom nie udało się dotrzeć do formowanych jednostek. Niektórzy z nich zaciągnęli się później do 1. Dywizji Piechoty im. Tadeusza Kościuszki. Wielu, niestety, pozostało w ZSRR na zawsze.

KONWOJE DO MURMAŃSKA

Historia działań wojennych, prowadzonych na morzach i oceanach w latach II wojny światowej, to nie tylko bitwy z udziałem wielkich jednostek nawodnych, w których decydującą rolę odgrywały okręty liniowe, lotniskowce i krążowniki. Mniej spektakularne, ale z pewnością równie istotne znaczenie miały operacje konwojowe, dzięki którym starano się zapewnić bezpieczny transport żołnierzy, broni, żywności, surowców i ogólnie wszelkiego niezbędnego do prowadzenia wojny zaopatrzenia.

Gdy w czerwcu 1941 niemieckie siły zbrojne zaatakowały Związek Sowiecki, powstał na jego terytorium nie tylko gigantyczny front walk wojsk lądowych, rozszerzeniu uległ również obszar prowadzonej wojny morskiej. Wielka Brytania i Stany Zjednoczone udzieliły nowemu aliantowi, w ramach programu Lend-Lease, wielkiej pomocy w uzbrojeniu i sprzęcie wojskowym. Najkrótsza, ale i najniebezpieczniejsza trasa, którą można było dostarczyć zaopatrzenie dla Armii Czerwonej, wiodła z Wysp Brytyjskich do portów w Murmańsku i Archangielsku. W miesiącach zimowych wypływano z portów północnej Szkocji i przepływano Morze Norweskie, Morze Barentsa oraz Morze Białe, by po około 10 dniach dotrzeć do celu wyprawy. W miesiącach letnich trasa była bardziej przesunięta na północ, przebiegając dalej od baz niemieckiego lotnictwa w Norwegii, wiodła z rejonu na zachód od Islandii poprzez Morze Grenlandzkie, Morze Barentsa, na północ od Wyspy Niedźwiedziej. Tę dłuższą trasę pokonywano w około 15 dni.

Północna trasa konwojowa, prowadząca do Murmańska i Archangielska, była szczególnie niebezpieczna. Niemcy konsekwentnie dążyli do przerwania dostaw uzbrojenia i sprzętu wojskowego do Związku Sowieckiego. W tym celu skoncentrowano w bazach norweskich znaczne siły Kriegsmarine – nie tylko okręty podwodne, ale również wielkie jednostki nawodne. Ataki niemieckiej marynarki były wspierane przez liczne eskadry Luftwaffe. Sprzyjającą dla Niemców okoliczność stanowił fakt, że przez większą część rejsu alianckie statki i osłaniające je okręty były praktycznie pozbawione osłony powietrznej. Samoloty bombowe i torpedowe Luftwaffe nie musiały obawiać się myśliwców przeciwnika, mógł powstrzymać je tylko celny ogień artylerii przeciwlotniczej. Aby konwój dopłynął do celu swojej wyprawy, musiano również zmierzyć się z siłami przyrody – częste sztormy, śnieżyce i pływające góry lodowe nieustannie zagrażały na trasie północnej. Ogromne straty w ludziach, okrętach wojennych i statkach wiozących zaopatrzenie sprawiły, że rejsy do ZSRR określano wśród marynarskiej braci jako „konwoje śmierci" lub „samobójcze konwoje". W 1942 sytuacja militarna Armii Czerwonej była jednak tak tragiczna, że alianci zachodni, nie zważając na swoje ofiary, wysyłali kolejne konwoje w tym kierunku.

Pierwszą polską jednostką pływającą, która dotarła w marcu 1942 do Murmańska był statek „Tobruk", dowodzony przez kpt. Bronisława Hurkę. Historia tego rejsu zasługuje choćby na krótką wzmiankę z uwagi na niezwykłe bohaterstwo załogi polskiego frachtowca. Statek, transportujący m.in. czołgi i materiały wybuchowe, płynął początkowo w składzie konwoju „PQ-13", jednak w ciężkim sztormie na Morzu Barentsa utracono kontakt z innymi jednostkami. Rejs kontynuowano samotnie, nie mogąc liczyć na osłonę okrętów Royal Navy. Szczęśliwie nie natrafiono na miny i U-booty. Nie uniknięto jednak wrogich samolotów. 30 marca o godzinie 18.10 posterunki obserwacyjne na „Tobruku" usłyszały szum motorów lotniczych. Wkrótce na statek uderzyły niemieckie bombowce. Być może szczególna zaciętość, z jaką usiłowano zatopić „Tobruk" wynikała z faktu, że na wpływającym już na wody terytorialne ZSRR statku wywieszono dużą, rzucającą się w oczy banderę Polskiej Marynarki Handlowej. Teoretycznie powolny frachtowiec, którego całe uzbrojenie przeciwlotnicze składało się zaledwie z jednego działka oerlikon i kilku karabinów maszynowych, był bardzo łatwym celem. Jednak okazało się, jak wiele zależy od determinacji i umiejętności załogi. Kpt. Hurko zręcznie manewrując unikał zrzuconych bomb, a ogień przeciwlotniczy był zadziwiająco celny. Bosman Zdzisław Podkocki opisał następująco jeden z licznych ataków:

„Zajmowałem stanowisko na prawym skrzydle mostka, chociaż stale byłem wyznaczany na lewe. Junkersa dostrzegłem wcześnie. Lufę lewisa skierowałem w stronę lecącego samolotu. Kiedy złapałem na celownik prawy silnik, otworzyłem ciągły ogień. Z obłego dziobu samolot słał w statek pociski smugowe. Naprzeciw mknęły różnokolorowe pociski oerlikona, hotchkissów i lewisów. Wszystko zlewało się w nieprzerwany huk zaciekłej kanonady. Widziałem w celowniku wyjący silnik. O wyniku starcia decydowały sekundy. Przelatując nad «Tobrukiem», bombowiec zszedł z mojego pola ostrzału. Natychmiast obróciłem karabin maszynowy. Seriami okładałem stery i ogon ze znienawidzoną swastyką. Z prawego silnika junkersa buchnął dym. Ciemny warkocz ciągnął się za odlatującym samolotem. Pilot po ataku nie wyprowadzał maszyny

Tonący U-boot

w górę, ale lotem koszącym mknął w powierzchnię morza. (...) W odległości pół mili zaczepił skrzydłem o grzbiet fal. Kadłub momentalnie zniknął w wielkim gejzerze, który rozniosły nadbiegające fale".

Polskim marynarzom dopisało nieprawdopodobne szczęście. Nie tylko obronili własny statek, ale w toku dwugodzinnej walki zestrzelono dwa i uszkodzono dwa kolejne bombowce wroga. Był to wyczyn, którym nie mógł szczycić się niejeden szybszy, zwrotniejszy i lepiej uzbrojony aliancki okręt wojenny.

Polacy nie mieli jednak monopolu na wojenne szczęście. W końcu kwietnia 1942 z bazy na Szetlandach wypłynął polski okręt podwodny ORP „Jastrząb". Uczestniczył on w osłonie płynącego do Murmańska konwoju „PQ-15". Był to jego pierwszy, a zarazem, jak się okazało, ostatni rejs bojowy. Polska jednostka miała razem z innymi alianckimi okrętami podwodnymi stanowić pierwszą linię dozoru, chroniącą konwój przed atakiem niemieckich krążowników lub okrętu liniowego „Tirpitz". Niestety, z uwagi na groźbę natknięcia się przy słabej widoczności na góry lodowe konwój zmienił trasę i zboczył 70–90 mil na południe. 2 maja okręty eskorty konwoju przepływając przez sektor, w którym patrolował „Jastrząb", wykryły go i biorąc za U-boota zaatakowały. Atak kontynuowano, mimo że polski okręt wystrzelił sygnał rozpoznawczy, a w końcu wynurzył się. Dopiero po chwili załogi brytyjskiego trałowca i norweskiego niszczyciela zrozumiały, jak tragiczną pomyłkę popełniły. Od kul sojuszników zginęło 5 członków załogi „Jastrzębia", 6 innych zostało rannych. Sam okręt był tak ciężko uszkodzony, że musiano go zatopić.

W maju 1942, w czasie kolejnej operacji konwojowej niezwykłe bohaterstwo okazała załoga polskiego niszczyciela ORP „Garland", dowodzona przez komandora por. Henryka Eibela. Jednostka ta, wcielona do Polskiej Marynarki Wojennej w maju 1940, brała przez całą wojnę bardzo aktywny udział w patrolach, operacjach bojowych i konwojach, jednak najbardziej dramatyczny, okupiony krwią wielu marynarzy, był rejs w eskorcie płynącego do Murmańska konwoju „PQ-16".

Począwszy od 25 maja Niemcy rozpoczęli skoncentrowane ataki na konwój. Okręty eskorty musiały nieustannie poszukiwać U-bootów, jednak tym razem najgroźniejsze okazało się lotnictwo wroga. Załoga „Garlanda" zestrzeliła jeden z uczestniczących w nalotach junkersów. W nocy z 26 na 27 maja dowództwo brytyjskiej marynarki, nie chcąc narażać towarzyszących konwojowi krążowników, odesłało je do baz razem z kilkoma niszczycielami. Najtrudniejszy odcinek trasy konwój musiał w tej sytuacji pokonać z eskortą składającą się już tylko z 5 niszczycieli, 6 trałowców i 2 okrętów przeciwlotniczych.

Od wczesnych godzin 27 maja Luftwaffe rozpoczęło ataki, trwające nieprzerwanie przez cały dzień. Uczestniczyło w nich ponad sto samolotów bombowych i torpedowych. „Garland" skutecznie utrudniał wykonywanie Niemcom zadania, dlatego w końcu sam stał się celem dla jednej z grup samolotów Luftwaffe. Około godziny 14 kilka bomb eksplodowało 8 metrów od prawej burty okrętu. Kadłub nie uległ poważnym uszkodzeniom, jednak kilkaset odłamków bomb przebiło nadbudówki, zabijając i raniąc kilkudziesięciu marynarzy.

Zachowanie załogi w tych tragicznych minutach zasługuje na najwyższy szacunek. Mimo ran w pierwszej kolejności gasili pożary, zapobiegając groźbie wybuchu amunicji, a następnie obsadzali stanowiska i otwierali ogień do wroga. Dowódca jednego z brytyjskich niszczycieli, widząc zasłaniającą „Garlanda" ścianę dymu i wody z bomb, uznał początkowo, że okręt jest już stracony: „Z Polakami już koniec – powiedziałem do swoich oficerów, gdy spoza tej ściany wyskoczył «Garland», strzelając z dział i broni maszynowej. Zaimponowaliście nam".

Kpt. Józef Bartosik, pełniący wówczas na „Garlandzie" funkcję pierwszego oficera artylerii, opisał następująco skutki ataku:

„Niestety, z pięknego mechanizmu artylerii, z owej dumy okrętu – pozostały drzazgi. Do dalszej walki nadawały się tylko jedna «75» i jedna rufowa «120». Cała bateria dziobowa wybita. Prawy oerlikon również. Obsługi nkm-ów zniesione. Pięćdziesięciu ludzi rannych, niezdolnych do walki. A przecież bój trwał w dalszym ciągu (...) Marynarze przy działach rufowych prowadzili teraz ogień wśród stosów trupów. Z dołu, od głównego pokładu, dochodziły jęki rannych kolegów, których znoszono do pomieszczeń obok mesy oficerskiej, gdzie na stole operował lekarz".

Najgorzej przedstawiała się obronność sektora dziobowego. Zostało tam tylko jedno działo z uszkodzoną lufą i powbijanymi do wewnątrz guzami. Jakże śmiesznie wyglądają w takich sytuacjach przepisy bezpieczeństwa! Obsada, zaimprowizowana z niedobitków, kucharzy, stołowych, torpedystów – ludzi, którzy rzadko mieli możność spotkać się z działem z bliska – już cztery minuty później otwarła ogień do nadlatujących nowych fal junkersów. Działo numer 1 strzelało powoli, bardzo prymitywną metodą – ale strzelało! Wtedy jakiś maleńki trawler, osłaniający konwój za naszą rufą, przysłał nam krótki sygnał: «Bloody good show!» [Cholernie piękne widowisko!]".

Polski niszczyciel na przekór stratom i uszkodzeniom wypełniał nadal swoje zadania. Jednak na pokładzie było 22 poległych i 46 rannych. Wielu ciężko rannych wymagało specjalistycznej pomocy medycznej – można ich było uratować tylko w warunkach szpitalnych. Dlatego 28 maja kmdr Eibel uzyskał zgodę na odłączenie się od konwoju i samotny rejs do Murmańska, dokąd niszczyciel dotarł dzień później.

ORP „Garland" powrócił na Wyspy Brytyjskie w lipcu 1942. Wielu członkom załogi w uznaniu wybitnych zasług i czynów na polu walki, nadano wysokie polskie i brytyjskie odznaczenia. Krzyż Srebrny Orderu Virtuti Militari otrzymał komandor por. Henryk Eibel, por. mar. Józef Bartosik, ppor. mar. Wilhelm Ząbroń, st. bosman Władysław Duch i st. marynarz Bolesław Bomba.

Na przełomie 1942 i 1943 w operacjach konwojowych na trasie północnej wzięły udział także polskie niszczyciele ORP „Piorun" i ORP „Orkan". Szczęśliwie jednak nie doświadczyły one losu „Garlanda" i bez strat wykonały powierzone im zadania.

ORP „Orkan"

GETTA

Od początku wojny, sukcesywnie, Niemcy hitlerowskie rozkręcały obłędną machinę zagłady Żydów. Z czasem uczyniono z okupowanych ziem polskich zasadnicze miejsce zbrodni. Zaczęto od masowych deportacji. 12 października 1939 przetransportowano do Polski pierwszych Żydów z Moraw i Austrii. Szybko wprowadzono obowiązek noszenia gwiazd Dawida. W miastach wydzielano specjalne, odgrodzone od innych, dzielnice – getta i w nich stłaczano miejscowych i deportowanych Żydów. Getta były oddzielone od świata zewnętrznego murami i pilnowane przez oddziały SS i policji. Tłumy ludzi musiały mieszkać w niewyobrażalnej ciasnocie, w katastrofalnych warunkach higienicznych; panował głód. W okupowanej Polsce zorganizowano 400 gett. Działały w nich rady żydowskie (tzw. judenraty) i policja porządkowa. Na początku nikt jeszcze nie przeczuwał najgorszego.

Tylko od lutego do kwietnia 1941 do warszawskiego getta deportowano ok. 72 tys. Żydów z okolic miasta. Wiosną 1941 władcy III Rzeszy podjęli decyzję o „ostatecznym rozwiązaniu problemu żydowskiego". Rozpoczęły się masowe prześladowania Żydów w całej Europie. Organizowano zakrojone na szeroką skalę obławy, dokonywano masowych aresztowań, deportacji do obozów koncentracyjnych. Przeprowadzano masowe egzekucje. Powstawały nowe obozy koncentracyjne, a stare rozbudowywano. Wyposażano je w komory gazowe i krematoria, ponieważ stosowane dotychczas sposoby likwidacji więźniów były dla oprawców zbyt powolne i kosztowne. Zbudowano obozy, m.in. Auschwitz-Birkenau na przedmieściach Oświęcimia, w Chełmnie, Bełżcu, Sobiborze, Treblince i na Majdanku pod Lublinem. Obozy, do których zsyłano ludzi różnych narodowości, w 1942 przekształcono w obozy zagłady, służące głównie planowej likwidacji narodu żydowskiego. We wrześniu 1941 w Żytomierzu na Ukrainie przy likwidacji getta zamordowano 18 tys. ludzi, a w wąwozach Babiego Jaru pod Kijowem w ciągu dwóch dni rozstrzelano z karabinów maszynowych 33,8 tys. Żydów (głównie starców, kobiet i dzieci).

W lipcu 1942 rozpoczęto wywózkę Żydów z getta warszawskiego do obozów zagłady w Bełżcu i w Treblince. Wywieziono ok. 350 tys. ludzi. Wywożeni początkowo nie znali miejsca przeznaczenia, zwodzeni byli, że wyjeżdżają do pracy. 5 sierpnia 1942 żydowskie dzieci-sieroty zostały załadowane na Umschlagplatz do wagonów kolejowych i razem ze swoim opiekunem Januszem Korczakiem wysłane na śmierć do Treblinki.

Mieszkańcy getta w Warszawie w drodze ku zagładzie

Masowa eksterminacja ludności żydowskiej i świadomość zagłady doprowadziła do powstawania w gettach organizacji podziemnych, których celem miała być samoobrona. 28 lipca 1942 młodzież żydowska w getcie warszawskim zawiązała Żydowską Organizację Bojową. Do pierwszych aktów oporu doszło przeciw systematycznie prowadzonej likwidacji getta już w styczniu 1943.

19 kwietnia 1943 na rozkaz Heinricha Himmlera rozpoczęto ostateczną likwidację getta w Warszawie. Dobrze uzbrojone i wyposażone, liczące 3 tys. ludzi oddziały Waffen-SS i policji (wspomagane przez kolaboracyjne oddziały Łotyszów, Ukraińców i Litwinów), dowodzone przez Brigadeführera SS Jürgena Stroopa, przekroczyły granicę getta. Niespodziewający się żadnego oporu Niemcy zostali powitani strzałami przez nielicznych bojowników ŻOB i Żydowskiego Związku Wojskowego. Zdesperowani młodzi Żydzi, dowodzeni przez Mordechaja Anielewicza, stanęli do beznadziejnej walki o godność. Około 600 powstańców było bardzo słabo uzbrojonych w niewielkie ilości broni, dostarczonej im w dużej mierze przez Armię Krajową. Mimo przeogromnej dysproporcji sił, heroiczny zryw trwał do 16 maja. W wyniku przeprowadzanej z wyjątkową bezwzględnością i okrucieństwem pacyfikacji na terenie getta zginęło 7 tys. Żydów, ponad 6 tys. spłonęło żywcem w podpalonych budynkach. Broniący się w jednym z bunkrów przywódcy powstania z Mordechajem Anielewiczem, 9 maja zginęli śmiercią samobójczą. Prawie wszyscy z tych, którym udało się przeżyć, trafili do obozu w Treblince, gdzie zamordowano przeszło 50 tys. deportowanych. Dzielnice Warszawy, na terenie których znajdowało się getto, zostały zburzone.

Tylko nieliczni przetrwali, ocaleni i ukryci przez Polaków, w tym działaczy tajnej Rady Pomocy Żydom „Żegoty". „Żegota", agenda podziemnego państwa polskiego, powstała w grudniu 1942 z inicjatywy pisarki Zofii Kossak-Szczuckiej i Wandy Krahelskiej-Filipowiczowej, będąc kontynuacją założonego kilka miesięcy wcześniej przez to samo grono osób Tymczasowego Komitetu Pomocy Żydom. Grupowała głównie inteligencję, różnych opcji politycznych, w znacznej mierze działaczy katolickich. Przewodniczącym został socjalista Julian Grobelny. Działała przede wszystkim w Warszawie, Krakowie i we Lwowie. Uczestnikami „Żegoty" byli m.in. Władysław Bartoszewski, Aleksander Kamiński i Henryk Woliński. Do jej celów należało udzielanie schronienia, niesienie pomocy finansowej, medycznej i przygotowywanie fałszywych dokumentów dla uratowanych Żydów. Była to jedyna tego typu organizacja w całej okupowanej Europie. Dzięki działaniom „Żegoty" (jej referatem dziecięcym kierowała Irena Sendlerowa) w Warszawie uratowano m.in. ok. 2,5 tys. żydowskich dzieci, które ukrywano u polskich rodzin i często w klasztornych sierocińcach.

15 października 1939 Generalny Gubernator Hans Frank, wydał, oparte na dekrecie Hitlera z 12 października, rozporządzenie, nakładające karę śmierci przez rozstrzelanie lub powieszenie na każdego, kto udzielałby Żydom schronienia lub w jakikolwiek inny sposób im pomagał – także nie donosił o miejscu ich pobytu. Karę rozszerzono o palenie domostw i mordowanie całych rodzin osób pomagających Żydom.

Rząd polski w Londynie prowadził intensywną kampanię dyplomatyczną w celu uświadomienia światu ogromu zbrodni (jako pierwszy udokumentowane świadectwa przekazał na Zachód kurier Jan Karski). Próbowano szukać pomocy u rządów państw zachodnich, w Watykanie i w wielu organizacjach pozarządowych.

Poza działaniami zorganizowanymi wiele osób indywidualnie starało się pomagać, tracąc za to w wielu wypadkach życie. Niemcy rozstrzelali za ukrywanie Żydów m.in. 28 czerwca 1943 we wsi Cisie (Mazowsze) małżeństwo Jana i Aleksandrę Wąsowskich i wielu innych mieszkańców, 24 marca 1944 we wsi Markowa na Rzeszowszczyźnie rodzinę Ulmów: Józefa i Wiktorię (w ciąży) i ich 6 dzieci. 7 marca 1944 zamordowano na Pawiaku warszawskiego ogrodnika Ludomira Marczaka i jego rodzinę za ukrywanie w ziemiance grupy ok. 30 uchodźców z getta. Wszyscy zginęli, a pośród nich historyk, kronikarz i twórca konspiracyjnego archiwum getta warszawskiego – Emanuel Ringelblum. Nawet przedwojenni antysemici, widząc bezmiar zbrodni, pomagali Żydom, jak np. Jan Mosdorf, przywódca skrajnie prawicowego ONR, który wraz z Żydami zginął w Auschwitz. Dużo dobrego uczynili księża katoliccy i zakonnicy, np. ojcowie franciszkanie w Krakowie, Bieczu i Zakliczynie, siostry felicjanki w Sądowej Wiszni, sercanki w Przemyślu; wielu księży wydawało prześladowanym katolickie metryki chrztu. Dla części z nich ta pomoc oznaczała utratę życia.

Podaje się różne liczby osób narodowości polskiej zabitych za pomoc udzielaną Żydom (od kilkuset do ok. 2,5 tys.). Współcześnie w Jerozolimie na ok. 20 tys. „drzew wdzięczności" sadzonych dla upamiętnienia osób zasłużonych w ratowaniu Żydów, przeszło 6 tys. upamiętnia Polaków. Niestety, byli i tacy, którzy współpracowali z Niemcami, szantażowali i wydawali im ukrywających się. Byli to Polacy, ale byli i sami Żydzi.

W innych gettach Żydzi również starali się czynnie przeciwstawić ich likwidacji. W styczniu 1943 pod kierownictwem Mendla Fiszelewicza rozpoczęło się powstanie w getcie częstochowskim. Od 1941 przebywało tam ok. 48 tys. ludzi, w listopadzie 1942 ok. 40 tys. wywieziono do Treblinki. Zryw ten został bardzo szybko i krwawo stłumiony przez hitlerowców. 11 czerwca 1943 ponownie podjęto walki. Getto zostało zrównane z ziemią.

Do powstałego w lipcu 1941 getta w Białymstoku Niemcy spędzili przeszło 40 tys. ludzi. W listopadzie 1942 z Warszawy przybył Mordechaj

Domy w getcie warszawskim podpalone przez Niemców podczas powstania

Tennenbaum w celu utworzenia konspiracyjnej grupy, która przyjęła nazwę „Organizacja Antyfaszystowska". Z getta udało się zbiec trzem grupom Żydów; przedostali się oni do okolicznych lasów i oddziałów partyzanckich. W 1943 Niemcy rozpoczęli likwidację getta. Zimą do obozu w Treblince wysłano ok. 10 tys. Żydów, wielu zostało zamordowanych na miejscu. 16 lipca wybuchło powstanie. Po kilkudniowych krwawych walkach z hitlerowcami bojownicy ponieśli klęskę. Przywódcy popełnili samobójstwo, a resztę Żydów ze zlikwidowanego getta wywieziono m.in. na Majdanek.

We wrześniu 1943 Niemcy rozpoczęli likwidację getta wileńskiego. 23 września bojownicy żydowskiego ruchu oporu rozpoczęli powstanie. Jak gdzie indziej, i w Wilnie walka była beznadziejna i już w dniu następnym siły niemieckie zmusiły powstańców do jej zakończenia. Próbowano się przeciwstawić także likwidacji getta w Będzinie.

Zamknięci w obozach zagłady Żydzi także podejmowali próby wydostania się ze szponów pisanej im przez hitlerowców śmierci. 2 sierpnia 1943 bunt wybuchł w Treblince, położonej na wschód od Warszawy. W obozie tym, drugim co do wielkości po Auschwitz-Birkenau, zamordowano ok. 800 tys. Żydów. Około tysiąc zbuntowanych więźniów, kierowanych przez polskiego kapitana dr Leicherta podjęło nierówny bój z esesmanami, w wyniku czego grupie 200 więźniów udało się uciec, większość zginęła zastrzelona przez strażników przy próbie przedarcia się przez zasieki. Usiłując zatrzeć ślady zbrodni, Niemcy zrównali obóz z ziemią, a o istniejącej tu straszliwej machinie zagłady zaświadczyli ci z uciekinierów, którzy przeżyli do końca wojny (ok. 60 osób).

14 października 1943 wybuchł bunt więźniów osadzonych w obozie śmierci w Sobiborze (Lubelszczyzna), gdzie zginęło 250 tys. Żydów. Po zdobyciu magazynu broni straży obozowej, więźniowie przecięli i sforsowali ogrodzenie z drutu kolczastego. Blisko 300 z nich udało się zbiec do okolicznych lasów, jednak część z nich została złapana przez wysłane w pościg siły wojskowo-policyjne. Po powstaniu, SS w celu ukrycia ludobójstwa próbowało gruntownie zniszczyć obóz.

Niemcy w dalszym ciągu prowadzili systematyczną akcję niszczenia Żydów w całej Europie. Kilkaset tysięcy Żydów, m.in. z getta w Łodzi, przywiezionych z Grecji i Węgier, zdołali jeszcze uśmiercić w obozach zagłady na kilka miesięcy przed końcem wojny.

WYWIAD POLSKI W III RZESZY

Jeszcze przed wygaśnięciem walk wojny obronnej, pod koniec września 1939 w Warszawie powstała konspiracyjna Służba Zwycięstwu Polsce. Niedługo potem została przekształcona w Związek Walki Zbrojnej, który w lutym 1942 stał się Armią Krajową – częścią legalnych Polskich Sił Zbrojnych.

Od początku działania ZWZ oczywistą sprawą było, że organizacja w znacznej mierze będzie musiała skupić się na zbudowaniu sprawnego wywiadu. Wywiadu, który będzie działał na własne potrzeby, ale również będzie wykorzystywany w działaniach aliantów. Już od jesieni 1939 rozpoczęto żmudne tworzenie struktur wywiadowczych, w części opartych na strukturach przedwojennych, a częściowo budowanych od podstaw.

Przed wojną na terenie III Rzeszy działała sprawna polska siatka wywiadowcza, podlegająca Oddziałowi II Sztabu Generalnego, tzw. Dwójce. Kierował nią referat „Zachód". Jednakże we wrześniu 1939, w bliżej niewyjaśnionych okolicznościach, prawdopodobnie na skutek zwykłego niedbalstwa polskich władz, w ręce niemieckie wpadło archiwum wywiadu porzucone w warszawskim forcie Sokolnickiego, co w konsekwencji spowodowało zerwanie siatek, dekonspirację agentów i śmierć wielu z nich.

Wywiadem zajmował się Oddział II Informacyjno-Wywiadowczy Komendy Głównej Armii Krajowej. W pewnym sensie stanowił jakby krajową ekspozyturę Oddziału II Sztabu Naczelnego Wodza w Londynie.

Działał jednak w sposób autonomiczny, bez bezpośredniego podporządkowania. Z czasem wytworzyła się następująca struktura organizacyjna: sekretariat, wydział propagandy, wydział analityczno-wojskowy, wydział analityczno-przemysłowy, wydział łączności wewnętrznej, wydział finansów i opieki, wydział legalizacji i techniki, kontrwywiad, sekcja 666, która zajmowała się bezpośrednią łącznością z Hiszpanią przez Berlin i Paryż. Największe znaczenie posiadał wydział wywiadu zagranicznego, któremu nadano kryptonim „Stragan", a w skład którego wchodziły cztery sekcje: „Zachód" – prowadząca działania na terenie Rzeszy, „Północ" – odpowiedzialna za teren Prus Wschodnich i Pomorza, „Południe" – obejmująca tereny na południe od Warszawy po Austrię, „Wschód" – działająca na obszarze na wschód od Warszawy.

Struktura ta w latach 1942 i 1943, na skutek wsyp, spowodowanych działalnością polskiego „odwróconego" agenta Ludwika Kalksteina i jego żony Blanki Kaczorowskiej została w sporej części rozbita przez Niemców. W ręce gestapo wpadł m.in. Stanisław Rogiński „Stanisław", szef „Straganu", a także szef Sekcji Zachodniej „Niemcy" Karol Trojanowski „Radwan", który, niestety, w zagrożeniu wydał sieć AK m.in. w Austrii.

Szybko podjęto jednak działania rekonstrukcyjne i w ich wyniku wywiad AK zorganizowano w trzy sekcje: „52-kk" (kryptonim „Arkadiusz") – jej terenem działania była Generalne Gubernatorstwo; „WW-72" („Pralnia") – pracująca na wschodzie i wreszcie „Zachód" („Lombard") – operująca na zachodzie. Przy takiej strukturze wywiad polski objął swym działaniem teren Rzeszy, ZSRR i państw sprzymierzonych z Niemcami.

Wywiad ZWZ-AK kolejno kierowany był przez: mjr. Wacława Berka „Brodowicza" (1939–1942), ppłk. Mariana Drobika „Dzięcioła" (1942–1943), płk. Kazimierza Iranka-Osmeckiego „Makarego", „Hellera" (1943–1944) i ppłk. Bohdana Zielińskiego „Tytusa" (1944–1945).

Siatka zbudowana przez Polaków bardzo szybko stała się zasadniczym dostarczycielem informacji dla zachodnich aliantów. Dla Anglików zaś, którzy długo nie byli w stanie odbudować własnej siatki w Niemczech, była do 1942 narzędziem zdecydowanie najważniejszym.

Co miesiąc do Sztabu Naczelnego Wodza w Londynie kierowane były raporty, które trafiały do sekcji łącznikowej wywiadu brytyjskiego, a stamtąd, starannie opracowane i posegregowane, do odpowiednich militarnych i cywilnych agend aliantów.

Od 1940 obowiązywało porozumienie zawarte między polskim i brytyjskim wywiadem. Wypełniając je, Oddział II Sztabu Naczelnego Wodza otrzymywał od Anglików zapotrzebowanie na konkretne informacje, następnie przekazywał je do Oddziału VI, który utrzymywał łączność z okupywanym krajem (kierowali nim ppłk. Michał Protasewicz, po nim ppłk Marian Utnik). Oddział VI przekazywał zlecenie Komendzie Głównej AK. Siatka wywiadowcza gromadziła informacje, które po weryfikacji i opracowaniu w wydziale analiz Oddziału II KG wysyłane były do Londynu. Odbierał je Oddział VI, następnie dostarczał do Oddziału II i stąd trafiały do Anglików.

W ciągu wojny państwa sprzymierzone otrzymały od polskiego wywiadu ponad 25 tys. meldunków, pośród których bardzo wiele posiadało niezwykłą wartość. Były to: przeanalizowane opisy i rysunki techniczne różnych wynalazków i militarnych konstrukcji; dane taktyczno-techniczne broni, informacje o produkcji czołgów i łodzi podwodnych, informacje o dyslokacji i ruchach niemieckich okrętów w portach bałtyckich i niemieckich, o wszelkiej produkcji przemysłowej, w tym tak ważnej benzyny syntetycznej; raporty dotyczące przerzucania wojsk niemieckich między frontem wschodnim i zachodnim; rozkazy bojowe i materiały rozpoznawcze Luftwaffe; raporty opisujące armię niemiecką na wschodzie: dane liczbowe, miejsca postoju sztabów, wykazy oficerów, rejony koncentracji itd. (Brytyjczycy otrzymali dane od polskiego wywiadu o zamierzanym ataku na ZSRR, co przekazane do Moskwy, zostało przez nią zignorowane).

Bardzo wielu polskich informatorów rekrutowało się z osób wywiezionych z Polski na roboty przymusowe do Niemiec. W większości byli to ludzie nieposiadający wykształcenia, ale trafiali w miejsca, z których ewentualne informacje mogły być bardzo cenne. Komplikowało to sprawę o tyle, że wymuszało zorganizowanie komórki, której zadaniem byłoby indywidualne zajmowanie się informatorem i kierowanie jego poczynaniami. Powstał w ten sposób szczebel pośredni w drabinie wywiadowczej, położony między źródłem informacji a referatami specjalnymi. Agent otrzymywał zadania specjalnie dostosowane do możliwości ich realizacji i do jego poziomu. Na podstawie wiadomości nadchodzących od danego agenta powstawała fiszka jego osoby. Informacje o agencie trafiały do referatu specjalnego, który na ich podstawie określał zadania,

Rakieta V-2 w ośrodku w Peenemünde

dostosowując je do charakterystyki agenta. Jeśli, na przykład, niewykwalifikowany robotnik trafiał do bliżej nieznanej miejscowości, dział polityki wywiadowczej zlecał ustalenie nazwy najbliższej miejsca jego pracy stacji kolejowej. Po rozpoznaniu miejsca pobytu, otrzymywał drugą serię pytań, dotyczących ilości przewożonego tam węgla. Później otrzymywał pytania o cechy charakterystyczne pobliskiej fabryki, do której nie miał dostępu. Właśnie takimi metodami zdobyto większość informacji, w tym umiejscowiono fabrykę benzyny syntetycznej. Większość informacji o podobnych fabrykach Anglicy otrzymali od polskiego wywiadu, który zdobył duże uznanie na Wyspach Brytyjskich.

Jednym z najważniejszych osiągnięć polskiego wywiadu było zgromadzenie i przekazanie Brytyjczykom informacji o tajnej broni niemieckiej V-1 i później V-2, początkowo produkowanej i testowanej w ośrodku w Peenemünde na wyspie Uznam. Sprawę V-1 rozpracowywały sieci: pomorska, sieć własna „Straganu" i jednej z sieci przyłączonych. Bazę zlokalizowano na wiosnę 1942 w wyniku dobrze przeprowadzonych działań wielu ludzi. Sieć pomorska, która zdobyła informacje, została przez Niemców rozbita, a przeszło 150 ludzi straciło życie. Pierwsze informacje wysłano do Londynu w maju lub czerwcu 1942, RAF zbombardowało

Peenemünde w sierpniu 1943. Produkcję tajnej broni Niemcy przenieśli do zakładów w głębi Rzeszy, a poligon doświadczalny umiejscowili w rejonie Pustkowa-Blizny nieopodal Dębicy – jeden z wystrzelonych pocisków V-2 został przechwycony przez polski wywiad i drogą lotniczą przesłany do Londynu.

Zdobywane informacje były tak obfite, a brytyjskie zapotrzebowanie na wszelkie wiadomości wojskowe i gospodarcze tak wielkie, że zmusiło to Polaków do powołania Biura Studiów Gospodarczych (kryptonim „Arka", „Telesfor") z kpt. Jerzym Chmielewskim „Rafałem" na czele. Biuro, podzielone na referaty merytoryczne, opierało się na pracy specjalistów: inżynierów, konstruktorów, ekonomistów i in. Raporty wysyłane do Londynu zawierały wysoko cenione przez odbiorców oceny, syntezy, opinie i wnioski.

Aby wzmocnić działania Biura, powołano Radę Gospodarczą, którą kierował Hipolit Gliwic (aresztowany w 1943), jeden z przedwojennych ministrów przemysłu i handlu. Wykryciem V-1 zajmował się specjalny referat wywiadu lotniczego kierowany przez inż. Antoniego Kocjana, który analizował wszystkie materiały dotyczące sprawy.

Samodzielna ekspozytura wywiadu wojskowego „Zachód" (kryptonim „Lombard"), przeznaczona do działań na terenie III Rzeszy i ziemiach włączonych, powstała najwcześniej, bo już w 1940. W 1940 komórka nosiła nazwę ekspozytura 741 i podlegała „Lisztowi" – bazie polskiej na Węgrzech. Na jesieni 1941 przyłączona została do ZWZ.

W skład „Lombardu" wchodziły: Własne Biuro Studiów „Besta", które opracowywało materiały nadsyłane od wywiadowców i utrzymywało przez łączników bezpośredni kontakt z innymi placówkami Oddziału II KG AK; Wydział Ogólny z plutonem ochrony „Lombardu" i służbą sanitarną; Wydział Materiałów Wywiadowczych; Komórka Opieki nad Więźniami; Oddział Bezpieczeństwa (ochrona lokali, kontaktów itp.).

W „Lombardzie" opracowywano serwis prasowo-informacyjny, oparty na analizie niemieckich czasopism. Szefem „Lombardu" był mjr Edward Jetter „Edward", a szefami poszczególnych inspektoratów terenowych – cichociemni. Materiały wywiadowcze, po opracowaniu, przekazywano do Londynu dwiema metodami – wpierw radiową, przy czym w latach 1941–1943 polscy inżynierowie wynaleźli sposób szybkiej telegrafii, pozwalający na skrócenie meldunku do kilkunastu sekund. Następnie kurierzy, wysyłani równocześnie dwiema drogami, przewozili mikrofilmy (przygotowane przez komórkę o kryptonimie „Czarownia", ukryte w różnych przedmiotach, np. w cygarniczce, ołówku). W razie wpadki którejkolwiek przesyłki wysyłano natychmiast trzecią, wykorzystując szlak rezerwowy. Bardzo skomplikowane i trudne operacje przerzutowe były siłą rzeczy dość czasochłonne. Czas dotarcia poczty z Warszawy do Londynu wynosił w zależności od szlaku od kilku tygodni do kilku miesięcy. Najszybszy był szlak Warszawa–Sztokholm–Londyn (do 2 tygodni), najłatwiejszy wiódł przez Niemcy, Francję, Hiszpanię i Portugalię. Własne sieci kurierskie posiadał „Stragan", zajmujący się głębokim wywiadem i „Zagroda", czyli komórka zagranicznej łączności kurierskiej. Kurierzy z Warszawy dostarczali przesyłki do Berna, Paryża, Sztokholmu lub w inne miejsce. Stamtąd odbierali je łącznicy Oddziału VI Sztabu Naczelnego Wodza.

Wywiad AK skierowany na Niemcy był jedną z najwartościowszych organizacji wywiadowczych aliantów.

AKCJA POD ARSENAŁEM

Zdarza się słyszeć opinię, że to, co w innych krajach było beztroską zabawą, w Polsce zawsze musiało być podszyte obowiązkiem i narodową sprawą. Ale czy można z tego czynić zarzut? Wychowanie w skautingu czy harcerstwie opiera się na ideałach: służby Bogu, Ojczyźnie i bliźnim, braterstwie z innymi ludźmi, pracy nad sobą. To, że ideały te udało się wcielić w życie, dowiedli skauci garnąc się podczas I wojny światowej w szeregi polskich formacji zbrojnych, a następnie podczas walk o zachowanie granic odrodzonej Niepodległej. W 1939 harcerstwo liczyło ok. 200 tys. członków, w tym ponad 70 tys. dziewcząt. Lata II wojny światowej pokazały, że czas przeznaczony na patriotyczne wychowanie młodzieży, zwłaszcza harcerskiej, nie był czasem straconym. Już we Wrześniu katowiccy i grodzieńscy harcerze dali temu świadectwo własną krwią.

Kiedy 27 września 1939 dowódca Armii „Warszawa" gen. Juliusz Rómmel, na podstawie uprawnień przekazanych przez Naczelnego Wodza dał gen. Michałowi Karaszewiczowi-Tokarzewskiemu pełnomocnictwo do zorganizowania wojskowej siatki konspiracyjnej, do podziemia przeszedł również Związek Harcerstwa Polskiego, na czele którego stanęli doskonale znani jego międzywojenni działacze: ksiądz Jan Mauersberger i Florian Marciniak, a od 1942 Tadeusz Kupczyński. Działający w konspiracji Związek Harcerstwa Polskiego przyjął kryptonim Szare Szeregi. Zachowano przy tym przedwojenną strukturę organizacyjną. W podziemnym harcerstwie (Szare Szeregi, Związek Koniczyn Bądź Gotów oraz Hufce Polskie) działało ok. 20 tys. harcerzy i harcerek. Pełni zapału i patriotyzmu młodzi ludzie rwali się do działania, a rolą instruktorów i opiekunów było ich do walki przygotować. Początkowo uznano, że działania zbrojne muszą znaleźć się poza praktyką harcerską. 5 grudnia 1940 zespół starszyzny harcerskiej pod komendą Aleksandra Kamińskiego wykonał pierwszą próbną akcję Organizacji Małego Sabotażu „Wawer" – tłuczenie szyb fotografom wystawiającym w witrynach zdjęcia umundurowanych Niemców, co stanowiło formę ostrzeżenia przed serwilizmem wobec okupanta. Licząca 400–500 członków (w tym ponad 40% harcerzy z Szarych Szeregów) organizacja „Wawer" wykonała do jesieni 1944 ok. 170 akcji małego sabotażu. Ale to nie wystarczało.

We współpracy z AK został sformowany program udziału harcerzy w konspiracji. Podzielono ich na 3 grupy wiekowe: „Zawisza" (12–15 lat), „Bojowe Szkoły" (16–18 lat) i „Grupy Szturmowe" (powyżej 18). Starsze

Kotwica – znak Polski Walczącej – malowana na warszawskim murze

grupy spełniały zadania bojowe w małym sabotażu, a także w oddziałach dywersyjnych. W połowie listopada 1942, kiedy nastąpiła reorganizacja formacji dywersyjnych AK, coraz większą rolę w strukturach Kedywu (Kierownictwa Dywersji) zaczęły odgrywać rekrutujące się z kręgu starszych harcerzy bataliony „Zośka" i „Pegaz" (później „Parasol"), które przeprowadziły wiele słynnych akcji zamachowych na zbrodniarzy hitlerowskich w Warszawie i innych ośrodkach Polski. Do głównych działań należały ataki na linie komunikacyjne, akcje samoobrony, uwalnianie więźniów, likwidowanie agentów gestapo, zdobywanie broni i pieniędzy dla AK, akcje odwetowe – ataki na niemieckie strażnice, wartownie, posterunki, a niekiedy nawet osiedla mieszkaniowe. Kedyw prowadził także własną produkcję sprzętu i środków bojowych (materiały wybuchowe, granaty, pistolety).

Sławę jednego z najbardziej spektakularnych aktów ruchu oporu zyskała akcja pod Arsenałem, w której z rąk niemieckich uwolniony został Jan Bytnar „Rudy". Podporucznik AK, dowódca Hufca Południe warszawskich Grup Szturmowych, był przede wszystkim łącznikiem z więźniami Pawiaka oraz organizatorem akcji małego sabotażu. W marcu 1943 został aresztowany przez gestapo, nie dał się złamać pomimo okrutnego śledztwa. Dowództwo AK postanowiło odbić „Rudego" z rąk oprawców. Akcję w pobliżu historycznego budynku Arsenału w Warszawie przygotował i przeprowadził 26 marca 1943 oddział Grup Szturmowych AK. Zaatakowano ok. godziny 17.30 przy zbiegu ulic Długiej i Bielańskiej. W trakcie napadu na karetkę więzienną przewożącą „Rudego" z Pawiaka na kolejne przesłuchanie w siedzibie gestapo, oswobodzono łącznie 21 więźniów. Akcją dowodził bezpośrednio Tadeusz Zawadzki „Zośka", a całość nadzorował harcmistrz Stanisław Broniewski „Orsza" (od 6 maja 1943, po aresztowaniu Floriana Marciniaka, organizatora i przywódcy harcerskiej konspiracji, naczelnik Szarych Szeregów). Atakujący ponieśli jednak duże straty. Kilka dni później zmarli z ran odniesionych podczas wymiany ognia Aleksy Dawidowski „Alek" (jego poświęcenie, gdy ciężko ranny w brzuch dwukrotnie rzucił celnie granatem w Niemców, zadecydowało o ostatecznym powodzeniu akcji) i Tadeusz Krzyżewicz „Buzdygan". Jednego z uczestników akcji, Huberta Lenka „Huberta" schwytał volksdeutsch, właściciel pobliskiej restauracji i oddał w ręce gestapo; „Hubert" został rozstrzelany po ciężkim śledztwie. Podczas

Jan Bytnar „Rudy"

Aleksy Dawidowski „Alek"

akcji zginęła jedna z więźniarek, Halina Siemieńska (ciotka „Zośki"), a inna ranna więźniarka ponownie trafiła na gestapo i także została rozstrzelana. Niestety, uwolniony Bytnar zmarł 30 marca (tego samego dnia, co jego przyjaciel „Alek") wskutek tortur doznanych w śledztwie. W odwecie za tę akcję Niemcy, którzy stracili w niej 4 zabitych i 9 rannych, 27 marca rozstrzelali 140 więźniów Pawiaka.

Tadeusz Zawadzki „Zośka", harcmistrz, legendarny dowódca harcerskich Grup Szturmowych w Warszawie, działał m.in. w organizacji „Wawer", dowodził wieloma akcjami bojowymi. Kiedy poległ w walce 20 sierpnia 1943 pod Sieczychami, jego pseudonimem nazwano batalion szturmowy Komendy Głównej AK „Zośka". Sformowano go we wrześniu 1943 z członków Grup Szturmowych Szarych Szeregów przeznaczonych do akcji sabotażowo-dywersyjnych. Pod dowództwem Ryszarda Białousa „Jerzego" batalion brał udział w wielu akcjach odbijania więźniów z rąk gestapo, jak również w wysadzaniu mostów kolejowych i niemieckich pociągów (np. akcja „Jula" przeprowadzona przez patrole dywersyjne batalionu na niemieckie linie komunikacyjne w Małopolsce, w wyniku której wysadzone zostały 3 obiekty – tory kolejowe i mosty w rejonie Rzeszowa). W Powstaniu Warszawskim batalion walczył na Woli, Starym Mieście, Czerniakowie i Mokotowie. 5 sierpnia 1944 wyzwolił obóz koncentracyjny przy ul. Gęsiej (tzw. Gęsiówki), uwalniając 348 Żydów polskich, holenderskich, belgijskich, greckich, węgierskich, rumuńskich i francuskich. Po stracie większości (ponad 300) żołnierzy, batalion „Zośka" został scalony z nie mniej słynnym harcerskim batalionem „Parasol". Wśród poległych był Krzysztof Kamil Baczyński, który w 1943 wstąpił do harcerskich Grup Szturmowych, a później został żołnierzem batalionu „Zośka".

Batalion „Parasol" został sformowany w tym samym czasie, co „Zośka". Jego podstawę stanowił przeorganizowany, a utworzony w 1942 batalion „Pegaz", który na swym koncie miał m.in. udany zamach na gen. Franza Kutscherę (1 lutego 1944). Żołnierze „Parasola" prowadzili akcje odwetowe, m.in. 11 lipca 1944 dokonali w Krakowie zamachu na dowódcę policji i SS gen. Wilhelma Koppego. W zamachu zginęło 2 Niemców, Koppe jednak ocalał. W czasie odwrotu do Warszawy zamachowcy stoczyli walkę z oddziałem SS pod wsią Udórz (w powiecie olkuskim). Zginęło 2 uczestników zamachu, 3 dostało się do niewoli, a 5 zostało rannych. Zła passa zaczęła się 6 maja 1944, gdy w samym centrum dzielnicy policyjnej w Warszawie (przy alei Szucha) grupa żołnierzy dawnego „Pegaza" dokonała nieudanego zamachu na dowódcę warszawskiego gestapo Waltera Stamma. W konsekwencji zginął dowódca akcji i 7 jej uczestników. W Powstaniu Warszawskim batalion walczył – ponosząc ciężkie straty – na Woli, Starym Mieście i Czerniakowie.

LENINO

Kiedy Armia Polska na Wschodzie ewakuowała się do Iranu, w łagrach i na zsyłce, w najdalszych zakątkach Związku Sowieckiego ogromne rzesze Polaków nadal oczekiwały wybawienia, szczęśliwego trafu, który uwolni ich ze skutych mrozem bezkresów Syberii i suchych pustyń Azji Środkowej. Nie zastanawiali się długo, kiedy pojawiła się kolejna możliwość opuszczenia „nieludzkiej ziemi". Tym razem dał im ją Stalin i działający z jego rozkazu polscy komuniści. Jeden ze współczesnych historyków napisał: „W planach Stalina Wojsko Polskie, kierowane przez lewicę polską, w pełni uległą sowieckiemu dyktatorowi, miało być dogodnym instrumentem do ingerowania w sprawy Polski i Polaków. Miało ono stanowić zbrojne ramię przyszłego powojennego prosowieckiego rządu". Formowanie takich jednostek nie mogło się rozpocząć, dopóki władze ZSRR utrzymywały formalnie stosunki dyplomatyczne z rządem w Londynie. Sytuacja uległa zmianie wraz z ich cynicznym zerwaniem przez Stalina 25 kwietnia 1943 w związku z domaganiem się przez Polaków wyjaśnienia zbrodni katyńskiej. Trzy dni później Wanda Wasilewska, komunistka będąca u Stalina w wyjątkowych łaskach, wygłosiła przemówienie radiowe do Polaków w Związku Sowieckim, stwierdzając, że rząd polski w Londynie nie reprezentuje już narodu polskiego. 9 maja rząd sowiecki ogłosił komunikat o zgodzie na sformowanie na terenie Związku Sowieckiego polskiej dywizji im. Tadeusza

Kościuszki i o tym, że formowanie jednostki już się rozpoczęło. Politycznym zapleczem armii kontrolowanej przez Stalina był powstały z jego namaszczenia Związek Patriotów Polskich.

Dowódcą tworzonej formacji został płk Zygmunt Berling (od sierpnia 1943 generał major), który służbę wojskową rozpoczynał jeszcze w Legionach Józefa Piłsudskiego. Miał on w oczach przyszłych żołnierzy uosabiać polskie tradycje wojskowe. Był jednak, o czym należy pamiętać, dezerterem z armii dowodzonej przez gen. Andersa, skazanym przez sąd polowy na karę śmierci. Podczas ewakuacji armii Andersa na Środkowy Wschód Berling „zaginął w tajemniczych okolicznościach". Oficjalnie władze sowieckie nic o jego zniknięciu nie wiedziały, faktycznie jednak znajdował się on już pod opieką sowieckich „organów". Formowaną dywizją kierowali oficerowie oddelegowani z Armii

Siedziba sztabu 1. Dywizji Piechoty w Sielcach nad Oką

Czerwonej, gdyż polscy oficerowie albo zostali wymordowani, albo opuścili Związek Sowiecki w szeregach armii Andersa. Wobec tego obsadzano etaty oficerskie żołnierzami Armii Czerwonej, którzy mogli się powołać w najlepszym razie na polskich przodków. Pojawili się też oficerowie polityczni (odpowiednik sowieckich „politruków"), prowadzący indoktrynację żołnierzy w duchu prosowieckim.

Na miejsce formowania l. Dywizji Piechoty im. Tadeusza Kościuszki zostały wyznaczone Sielce nad rzeką Oką (koło Riazania). Po trzech tygodniach służyło w niej już 6,2 tys. ochotników. Żołnierze nosili polskie mundury, komendy wydawano w języku polskim, władze sowieckie zezwoliły na odprawianie mszy polowych. W celu pozyskania nowych żołnierzy chętnie sięgano do tradycji polskich bohaterów i wybranych wydarzeń historycznych, szczególnie do bitwy pod Grunwaldem. Nad stroną ideową wojska czuwała Wanda Wasilewska, której udało się wyszukać nowy wzór orła polskiego na rogatywkę (oczywiście bez korony i bez tarczy amazonek). Umundurowanie, oporządzenie i uzbrojenie dywizji kościuszkowskiej pochodziło z zasobów sowieckich. 1. Dywizja została zorganizowana według nieznacznie zmienionego etatu sowieckiej dywizji piechoty gwardii. W jej skład wchodziły: 1., 2. i 3. pułk piechoty, 1. pułk artylerii, batalion szkolny i pododdziały zabezpieczenia i obsługi. W Sielcach formowano również: 1. pułk czołgów, 3 dywizjony artylerii, kompanię rusznic przeciwpancernych, batalion kobiecy im. Emilii Plater oraz zapasowy pułk piechoty. Na lotnisku Grigoriewskoje utworzono polską eskadrę lotnictwa myśliwskiego. Oddziały te liczyły etatowo 16 571 ludzi, uzbrojonych m.in. w 9147 karabinów, 2548 pistoletów maszynowych, 792 karabiny maszynowe, 218 moździerzy, 102 działa oraz 39 czołgów.

15 lipca 1943, w rocznicę bitwy pod Grunwaldem, żołnierze 1. DP złożyli przysięgę. Wszystko miało kojarzyć się z patriotycznymi tradycjami i nowymi realiami. Była polowa msza św. i *Bogurodzica*, a po nich ideologiczne przemówienie Wandy Wasilewskiej i przysięga, w której rocie umieszczono m.in. słowa: „Dochować wierności sojuszniczej Związkowi Radzieckiemu, który mi dał do ręki broń do walki". W uroczystości wzięli udział także attaché wojskowi krajów sojuszniczych oraz korespondenci wojenni. Odnotowali oni wysokie morale polskich żołnierzy, ale nie mogli przyjąć do wiadomości, że dowództwo uznało

Czołg T-34 w bitwie pod Lenino

miesięczny cykl szkolenia za wystarczający przed długą drogą do Berlina. Jednak Berling i jego mocodawcy nie mieli czasu. Wiedzieli doskonale, że w Afryce i na Bliskim Wschodzie formowany jest II Korpus Polski. Nie mogli dopuścić, aby ten jako pierwszy wszedł do walki, niwelując propagandową rolę puszczonej w świat informacji: po naszej stronie Polacy walczą, a nie politykują i spiskują przeciwko sojuszniczemu ZSRR. A że mieli za to zapłacić krwią żołnierze – cóż robić, wojna! 1 września 1943 Kościuszkowcy wyruszyli na front. 1. DP oraz 1. pułk czołgów zostały podporządkowane dowództwu sowieckiej 33. Armii wchodzącej w skład Frontu Zachodniego.

Chrztem bojowym była bitwa stoczona 12–13 października 1943 pod Lenino. Polskie oddziały otrzymały zadanie przełamania niemieckiej obrony na zachodnim brzegu rzeki Miereja, w rejonie wsi Połzuchy i Trygubowa (we wschodniej Białorusi), a następnie rozwinięcia natarcia w kierunku Dniepru. W rozkazie przed bitwą dowódca dywizji gen. Zygmunt Berling stwierdził, że ostatecznym celem walki jest zdobycie władzy w Polsce i zapewnienie trwałego sojuszu ze Związkiem Sowieckim. Działania bojowe poprzedziło zluzowanie jednostek sowieckich przed frontem niemieckiego 39. Korpusu Pancernego. Niemcy szybko zorientowali się, kto trafił do okopów. Przez megafony nadawali *Mazurka Dąbrowskiego*, wezwania do przechodzenia na ich stronę, mazurki Chopina i informacje o losach Polaków w ZSRR. Starali się poruszyć czułą strunę w polskich żołnierzach, wśród których wielu dane było dotąd doświadczyć tylko sowieckiego okrucieństwa. Uczestnik bitwy wspominał: „Był to wieczór, gdy wielu z nas robiło rachunek z dotychczasowym życiem, żegnało w myśli swoich bliskich. Większość nadrabiała minami".

12 października o godzinie 6.00 1. batalion 1. pułku piechoty przeprowadził rozpoznanie, poprzedzone krótkim atakiem artyleryjskim na niemieckie pozycje. Na otrzymany rozkaz „razwiedki bojem" dowódca batalionu mjr Bronisław Lachowicz miał odpowiedzieć: „no to 50 procent mojego batalionu już nie ma". Zwłaszcza że na przygotowanie ataku dostał 2 godziny. To i tak za dużo w sytuacji, kiedy jego ludzie mieli tylko sprowokować wroga do otwarcia ognia. Polscy żołnierze sforsowali błotnistą Miereję i równymi szeregami ruszyli w kierunku niemieckich pozycji. Kiedy doszli na odległość 200–300 metrów, zostali zasypani gradem pocisków z broni maszynowej i 6-lufowych moździerzy. Polskie natarcie załamało się na skraju pól minowych i gęstych zwojów drutu kolczastego, z którymi próbowali sobie poradzić w ciemnościach saperzy. Żołnierze ryli saperkami płytkie okopy, szukając schronienia przed odłamkami. Część wdarła się do niemieckich transzei, gdzie rozpoczęła się okrutna walka wręcz. „Odgłosy komend polskich i niemieckich mieszały się z wołaniem rannych o pomoc". Major Lachowicz nieco się pomylił – w ataku zginęło przeszło 60% piechurów, którzy rankiem wyszli z okopów. On sam poległ w trakcie popołudniowych walk na przedpolach Trygubowej.

O godzinie 11.30, po solidnym przygotowaniu artyleryjskim, rozpoczęto właściwe natarcie. Pod osłoną ognia dział i salw rakietowych z „katiusz", pierwszy rzut 1. DP – 1. i 2. pułk piechoty – zdołał sforsować Miereję i po dwóch godzinach opanował pierwszą linię niemieckiej obrony. Natarcie przeprowadzono z męstwem i determinacją (wbrew regulaminowi „żołnierze szli wyprostowani do ataku jak na defiladę"), ale czołgi mające wspierać piechotę w walkach o wsie Trygubowo i Połzuchy utknęły w bagnie. Dowódca sowieckiej 33. Armii, gen. Wasilij Gordow w rozmowie telefonicznej z Berlingiem stwierdził: „Generale! Gratuluję wam natarcia waszej dywizji. Ja długo wojuję, ale takiego uderzenia dawno nie widziałem. Pozdrówcie waszych żołnierzy". Także Niemcy byli zaskoczeni determinacją Polaków, sądzili bowiem, że wielu z nich wyjdzie z okopów tylko po to, by porzucić sowieckie szeregi.

Niemcy dysponowali jednak odwodami i wkrótce rozpoczęły się kontrataki wspierane przez lotnictwo. Polska dywizja odparła je mimo strat. Ciężkie walki toczono w rejonie wzgórza 215,5; tam wielu fizylierów, którym zabrakło amunicji (o jej regularnym dostarczaniu na pierwszą linię zapomniano), poszło do niemieckiej niewoli. Wsparcie artyleryjskie osłabło, a czołgów wspomagających piechotę było niewiele. Wzgórze udało się utrzymać. Po nocy, podczas której próbowano ewakuować rannych, dostarczyć amunicję i żywność, następnego dnia wznowiono natarcie. Kierował nim płk Bolesław Kieniewicz. Nie przyniosło już ono sukcesu. Ale o żadnym sukcesie – w skali choćby operacyjnej – mowy być nie mogło. W dwudniowej walce dywizja nie otrzymała żadnego wsparcia ze strony sąsiednich oddziałów sowieckich. 18 października walki wygasły. Do przełamania linii niemieckiej obrony na tym odcinku doszło dopiero w czerwcu 1944, kiedy ruszyła wielka operacja „Bagration".

Komunistycznej propagandzie potrzebny był sukces i przelana żołnierska krew. Tej pod Lenino nie zabrakło. Rzucenie niewyszkolonych żołnierzy do boju zakończyło się jatką. Nieumiejętnie dowodzona dywizja, walcząca w trudnym, otwartym, bagnistym terenie, została zmuszona przez broniące się oddziały niemieckie do odwrotu okupionego ogromnymi stratami: 510 zabitych, 1776 rannych i 652 zaginionych (w większości tych, którzy przeszli na stronę niemiecką). Pod Lenino polscy żołnierze zabili 1,5 tys. żołnierzy Wehrmachtu, a 330 wzięli do niewoli. Przedwcześnie rzuceni do walki Kościuszkowcy zostali na wiele miesięcy wycofani z frontu, by dokonać uzupełnień i rozpocząć nowy okres szkolenia. Pierwsza ich bitwa została jednak szeroko nagłośniona przez komunistyczną propagandę jako jedno z najwybitniejszych dokonań oręża polskiego w wojnie. Po bitwie 239 żołnierzy i oficerów otrzymało polskie i sowieckie odznaczenia, trzem nadano tytuły Bohatera Związku Sowieckiego.

POLSKIE BOMBY NA NIEMCY

Zgodnie z umowami zawartymi pomiędzy polskim rządem emigracyjnym i rządem brytyjskim pierwsze dywizjony bombowe Polskich Sił Powietrznych: 300. „Ziemi Mazowieckiej" i 301. „Ziemi Pomorskiej", powstały w Wielkiej Brytanii już na początku 1940. Dwa kolejne: 304. „Ziemi Śląskiej" i 305. „Ziemi Wielkopolskiej" utworzono w okresie Bitwy o Anglię. Personel pierwszych dwóch, zarówno latający, jak i naziemny, stanowili polscy lotnicy, którzy przybyli do Wielkiej Brytanii po klęsce wrześniowej, w końcu 1939, natomiast pozostałych – lotnicy polscy ewakuowani z Francji w końcu czerwca i na początku lipca 1940. Ich wyposażenie stanowiły początkowo przestarzałe jednosilnikowe bombowce Fairey Battle Mk I. Polacy szkolili się w Redhill (piloci) i Eastchurch (pozostały personel), a zgranie załóg prowadzono w Hucknall. Jako pierwsze gotowość bojową 14 września 1940 osiągnęły dywizjony 300. i 301. Pierwsze zadanie stanowiło bombardowanie niemieckich barek nad kanałem La Manche w celu powstrzymania inwazji na Wielką Brytanię. Wówczas poniesiono pierwszą stratę. 25 września załoga ppor. Józefa Warońskiego z 301. Dywizjonu wracała na uszkodzonym Fairey Battle znad Francji. Około 80 km od lotniska silnik zatrzymał się i pilot zmuszony był przymusowo lądować w ciemności, co zakończyło się rozbiciem samolotu i śmiercią załogi.

W końcu października zdecydowano, że oba dywizjony otrzymają nowe samoloty Vickers Wellington Mk I, co pozwalało atakować cele w Niemczech. Te dwusilnikowe bombowce mogły zabrać 2100 kg bomb, miały zasięg 3540 km i uzbrojone były w 4 do 8 karabinów maszynowych. Pierwszy lot bojowy na nowych maszynach oba dywizjony wykonały już 22 grudnia 1940.

Długo wyczekiwany nalot na Niemcy nastąpił w nocy z 1 na 2 stycznia 1941. Celem była Brema, a zbombardować ją miało 6 maszyn z 301. Dywizjonu. Zadanie wykonało 5 załóg, ale na lotnisku w Swinderby, gdzie stacjonowali Polacy, panowała silna zamieć śnieżna. Trzy załogi poleciały więc na pobliskie lotnisko Wadington, ale i tam warunki były fatalne. Lądowanie zakończyło się tragicznie, gdyż zginęły dwie załogi, z wyjątkiem jednego strzelca. Przeżyła zaś załoga trzeciego Wellingtona, choć samolot został doszczętnie rozbity. Śmierć poniosło wówczas 11 Polaków.

Do pierwszego nalotu na Berlin Polacy wystartowali w nocy 23 marca 1941. Nad cel polecieć miały po 4 załogi z 300. i 301. Dywizjonu. Gdy samoloty pierwszego z nich były już w powietrzu, start kolejnych wstrzymano, gdyż meteorolodzy orzekli, że warunki nad celem uniemożliwią bombardowanie. Pomimo to załogi 300. Dywizjonu dotarły nad Berlin i celnie ulokowały swoje bomby, po czym wróciły w komplecie do bazy, wzbudzając podziw i zazdrość pozostałych na ziemi kolegów. Do kolejnej wyprawy nad Berlin, w nocy z 17 na 18 kwietnia, poleciały już załogi

Polscy lotnicy w Wielkiej Brytanii mogli wreszcie wziąć odwet za Wrzesień i klęskę powstania

obu dywizjonów. Ponownie wszystkie Wellingtony powróciły bez strat. W okresie tym brytyjskie lotnictwo bombowe rozwijało ofensywę nocnych bombardowań Niemiec. W nalotach swój udział miały także polskie dywizjony, które latały nad Brest, Bremę, Düsseldorf, Essen, Frankfurt, Hamburg, Kolonię, Mannheim, Norymbergę i inne cele. Loty te były bardzo wyczerpujące. Ich trasa niemal cały czas wiodła w zasięgu groźnych myśliwców nocnych wroga. Wokół niemieckich miast i nad brzegami morza, w miejscach, gdzie bombowce przekraczały granice okupowanej Europy, rozlokowane były liczne stanowiska artylerii przeciwlotniczej. Polskie dywizjony ponosiły więc dotkliwe straty, ale miejsce zabitych i zaginionych zajmowały szkolone cały czas nowe załogi.

Wkrótce do akcji weszły dywizjony 304. i 305. Swój pierwszy lot bojowy przeprowadziły 24 kwietnia 1941, bombardując zbiorniki paliwa w Rotterdamie. Nad cel w Niemczech załogi tych dywizjonów poleciały kilka dni później. Stały wzrost wysiłku bojowego zaowocował też, niestety, wzrostem strat. W nocy z 7 na 8 listopada powracająca z bombardowania Mannheim załoga por. Tadeusza Blicharza z 304. Dywizjonu z powodu awarii busoli i wyczerpania paliwa lądowała pomyłkowo na niemieckim lotnisku koło Brukseli. Gdy Polacy zorientowali się w sytuacji, byli już otoczeni przez nieprzyjaciela. Nie mając szans na ratunek pilot podpalił samolot, a cała załoga została wzięta do niewoli.

Rok 1942 okazał się najbardziej krwawym w historii polskiego lotnictwa bombowego. W lutym dowódcą brytyjskiego lotnictwa bombowego został marszałek sir Arthur Harris, który rozpoczął dynamiczną rozbudowę tego rodzaju broni i kampanię „wybombardowania" Niemiec z wojny.

W maju dywizjony otrzymały nowe niebezpieczne zadanie – minowanie niemieckich portów. Polegało ono na lataniu w określonym rejonie, w pobliżu portu, po precyzyjnie wyznaczonej trasie na bardzo małej wysokości. W tym czasie dokonywano zrzutu min. Nawet mały błąd lub uszkodzenie samolotu mogło doprowadzić do katastrofy, do tego Niemcy silnie bronili tych rejonów.

Aby uczcić rocznicę gotowości bojowej, 24 kwietnia dywizjony 304. i 305. wysłały 14 załóg na bombardowanie Rostocku. Nalot udał się, ale do bazy nie powrócił jeden Wellington. W kwietniu polskie lotnictwo poniosło jednak dotkliwe straty 13 załóg, w tym 6 z 304. Dywizjonu. Wobec braku możliwości uzupełnienia polskich załóg zdecydowano, że

304. Dywizjon zostanie przesunięty do Lotnictwa Obrony Wybrzeża, do walki z U-bootami. Nowe zadania polscy piloci podjęli już 18 maja, a 8 dni później załoga mjr. Tadeusza Buczmy uratowała aliancki konwój, uszkadzając U-boota i zmuszając go do zaniechania ataku. 13 sierpnia załoga por. Adolfa Nowickiego, jako pierwsza z polskich, zatopiła U-321. Na polskie bombowce polowały niemieckie myśliwce dalekiego zasięgu. 16 września nad Zatoką Biskajską załoga por. Stanisława Targowskiego stoczyła samotną walkę z 6 Junkersami Ju-88, zestrzeliwując jednego na pewno i innego prawdopodobnie; po powrocie do bazy, w Wellingtonie naliczono 39 przestrzelin. 9 lutego 1943 samolot kpt. Edmunda Ladry zaatakowały 4 Ju-88. Po trwającej 58 minut walce Niemcom brakło amunicji, a polski samolot powrócił do bazy (była to jedna z najdłuższych walk pojedynczego samolotu w tej wojnie). 5 września na samolot sierż. Franciszka Rybarczyka zapolowały 4 Ju-88. Po kilku minutach Polacy zestrzelili jednego z Junkersów i na uszkodzonym Wellingtonie wrócili do bazy. Po lądowaniu okazało się, że było w nim 116 przestrzelin! Nocą 18 czerwca 1944 załoga kpt. Leopolda Antoniewicza zatopiła w Zatoce Biskajskiej U-441.

Nocą z 30 na 31 maja 1942 RAF przeprowadził operację „Milenium" – pierwszy nalot 1000 bombowców na jeden cel. Nad Kolonię doleciało ponad 900 maszyn, w tym polskie załogi z 300., 301. i 305. Dywizjonu oraz 18. OTU (Jednostki Treningu Operacyjnego). Dwa dni potem podobną akcję przeprowadzono nad Essen. Kolejny nalot 1000 bombowców, tym razem na Bremę, odbył się nocą 26 czerwca. I tym razem wzięli w nim udział Polacy z 300., 301. i 305. Dywizjonu oraz 18. OTU, niestety, w akcji tej zestrzelony został między innymi Wellington z 305. Dywizjonu, który wodował na Morzu Północnym. Uratowała się cała jego załoga, z wyjątkiem ppłk. Stanisława Skarżyńskiego (zastąpił trafionego pierwszego pilota), który w 1933 zapisał się w historii światowego lotnictwa samotnym przelotem nad południowym Atlantykiem z Afryki do Brazylii na małym samolocie turystycznym RWD-5.

W nocy 2 lipca 12 załóg z 301. Dywizjonu wzięło udział w nalocie na Bremę. Z powodu strat w personelu zdecydowano się na zmniejszenie załogi Wellingtona do 5 osób – o drugiego pilota, którego w razie konieczności zastąpić miał bombardier. Polacy brali w tym czasie udział w bombardowaniach Zagłębia Ruhry i latali na minowanie portów. Straty były bardzo wysokie. Podczas nalotu na Bremę nocą z 4 na 5 września

Wellington ppor. Stanisława Macheja z 300. Dywizjonu został trafiony w kadłub i zapalił się. Spłonęło całe płócienne poszycie kadłuba od skrzydeł do ogona, jednak dzięki mocnej konstrukcji i umiejętnościom załogi, udało się jej powrócić do bazy.

W 1943 straty polskich dywizjonów bombowych były tak wielkie, że z powodu braku uzupełnień rozwiązano 301. Dywizjon. Kilka jego załóg odesłano do polskiej eskadry C 138. Dywizjonu RAF, przekształconej potem w 1586. polską eskadrę specjalną, która zasłynęła zrzutami dla powstańców warszawskich. Na bombardowania Niemiec latały już tylko dywizjony 300. i 305. Wzięły one udział w rozpoczętych 24 lipca niszczycielskich nalotach na Hamburg. W sierpniu załogi 305. Dywizjonu zostały odesłane na przeszkolenie na nowych typach lżejszych bombowców. Polską ofensywę na Niemcy kontynuował już tylko 300. Dywizjon, w ostatnim kwartale wykonując głównie loty na minowanie. W grudniu dywizjon otrzymał nowe doskonałe czterosilnikowe bombowce Avro Lancaster, a pierwszą akcją nad Niemcami na tych maszynach

Lotnicy 300. Dywizjonu Bombowego w bazie w Ingham w 1942

było bombardowanie Kolonii 20 kwietnia 1944. Po chwilowym skierowaniu wysiłku na wsparcie inwazji w Normandii, dywizjon w lipcu i sierpniu podjął naloty na Niemcy, które od czasu uzupełnienia załóg we wrześniu, prowadzono z pełną siłą.

Tymczasem na wieść o wybuchu powstania w Warszawie w 305. Dywizjonie niemal doszło do buntu. Tajna grupa polskich oficerów widząc, że Brytyjczycy niezbyt wiele są w stanie zrobić dla walczących, postanowiła bez ich zgody zaatakować swymi samolotami Mosquito Niemców w rejonie Warszawy. Ponieważ zasięg maszyn nie pozwalał na powrót, załogi musiałyby skakać nad okupowaną Polską i próbować przedostać się do oddziałów AK. Dowódcy dywizjonu mjr. Bolesławowi Orlińskiemu udało się zażegnać kryzys.

Ostatni rok wojny, 1945, był dla 300. Dywizjonu czasem największego wysiłku. 13 lutego personel jednostki dowiedział się o niekorzystnych dla Polski postanowieniach konferencji w Jałcie. Lotnicy, zwłaszcza z Kresów, poczuli się zdradzeni. W dywizjonie wybuchł bunt – większość załóg odmówiła wykonania nalotu na Drezno, mającego na celu wspieranie ataku Armii Czerwonej. Ostatecznie, po uzupełnieniu załogami zapasowymi, w tym najbardziej niszczycielskim nalocie podczas wojny w Europie wzięło udział 11 załóg 300. Dywizjonu. W kwietniu jego maszyny bombardowały Berlin. Ostatnią stratą bojową była załoga kpt. Henryka Rudakowskiego, zestrzelona nocą z 9 na 10 kwietnia, natomiast ostatnią misją był nalot na siedzibę Hitlera w Berchtesgaden w dniu 25 kwietnia. W nocy 25 kwietnia, atakując resztki armii niemieckiej, ostatnie zadania bombowe wykonał też 305. Dywizjon.

Ogółem 300. Dywizjon wykonał 3891 lotów bojowych, zrzucając na cele, nie tylko w Niemczech, ponad 12 tys. ton bomb i 1,5 tys. ton min. 301. Dywizjon, działając do 1943 jako bombowy, wykonał 1204 loty, zrzucając 1,7 tys. ton bomb i min. 304. Dywizjon, do chwili przesunięcia do Lotnictwa Obrony Wybrzeża w maju 1942, wykonał 488 lotów, zrzucając 800 ton bomb. 305. Dywizjon, latając w ramach Bomber Command, wykonał 1117 lotów, zrzucając 1,9 tys. ton oraz dalsze 2468 lotów w ramach lotnictwa taktycznego, zrzucając kolejne 1213 ton bomb. Cena sukcesów była jednak niesłychanie wysoka. Polskie lotnictwo bombowe straciło 1172 lotników poległych, 52 zaginionych i 254 zatrzymanych w niewoli.

„CYRK SKALSKIEGO"

Pod koniec 1942 w Wielkiej Brytanii działało 7 polskich dywizjonów myśliwskich w ramach RAF, sześć z nich zorganizowanych było w Skrzydła Myśliwskie. Dywizjony 303., 315. i 316. tworzyły 1. Skrzydło Myśliwskie, a 302., 306. i 308. wchodziły w skład 2. Skrzydła Myśliwskiego. Niestety, z powodu kiepskiej pogody i zaangażowania Niemców na innych frontach, do spotkań z wrogiem dochodziło coraz rzadziej. W celu uzyskania doświadczenia we współdziałaniu lotnictwa z wojskami naziemnymi, co przydać się miało w inwazji na Europę, dowództwo Polskich Sił Powietrznych uzyskało zgodę Brytyjczyków na utworzenie polskiej eskadry myśliwskiej w Afryce. Ochotniczy zaciąg do jednostki rozpoczął się 2 lutego 1943. Spośród 68 zgłoszeń z 7 dywizjonów wybrano tylko 15 pilotów. Byli to: kpt. Wacław Król, porucznicy Karol Pniak, Eugeniusz Horbaczewski, Bohdan Arct, Władysław Drecki, Ludwik Martel, Kazimierz Sporny, Mieczysław Wyszkowski, ppor. Jan Kowalski, starsi sierżanci Bronisław Malinowski, Władysław Majchrzyk, Kazimierz Sztramko, Mieczysław Popek i Marcin Machowiak. Dowódcą eskadry mianowano kpt. Stanisława Skalskiego, weterana kampanii wrześniowej i Bitwy o Anglię, z 17 zestrzeleniami na koncie. Oficerem łącznikowym w dowództwie RAF Western Desert został ppłk Tadeusz Rolski.

Polish Fighting Team, jak nazywano tę jednostkę, weszła w skład 145. Dywizjonu RAF, dowodzonego przez Amerykanina Lance'a Wade'a.

13 marca Polacy dotarli na lotnisko Bu Gara w Tunezji. Warunki, w jakich mieli stacjonować i walczyć, były bardzo trudne. Musieli przystosować się do upalnego klimatu oraz życia na pustyni pod namiotami. Wyżywienie opierało się głównie na konserwach i sucharach, natomiast wodę pitną sprowadzano na lotnisko samolotem. Eskadra otrzymała samoloty Supermarine Spitfire Mk V z brytyjskim personelem technicznym. Pierwsze loty przyniosły rozczarowanie, bo nie napotkano wroga. Dopiero 21 marca piloci starli się po raz pierwszy z Niemcami. Walka zakończyła się bezkrwawo, ale samolot st. sierż. Majchrzyka został mocno uszkodzony – jeden z pocisków zerwał wiatrochron i przedziurawił tablicę przyrządów. Pilotowi udało się wrócić na lotnisko w Bu Gara, samolot jednak poszedł do kasacji. Na szczęście 24 i 26 marca Polacy otrzymali

Dowódca Polish Fighting Team Stanisław Skalski po powrocie do Wielkiej Brytanii

nowe samoloty Spitfire Mk IX, które dysponowały doskonałymi osiągami i należały do najlepszych myśliwców używanych w Afryce. 28 marca piątka Polaków w okolicy Sfaksu napotkała formację 8 bombowców Junkers Ju-88 w eskorcie 10 Messerschmittów Me-109. Kpt. Skalski i por. Horbaczewski zestrzelili po jednym bombowcu.

2 kwietnia dnia do akcji wystartowało 4 polskich pilotów, którzy starli się z około 15 Messerschmittami Me-109 w rejonie Gabes. Po krótkiej walce, po jednym samolocie zestrzelili kpt. Skalski, por. Horbaczewski i st. sierż. Machowiak. Wynik walki byłby pewnie jeszcze korzystniejszy, gdyby nie to, że już po pierwszej serii w samolocie por. Arcta zacięły się karabiny i działka. Nie był to jednak koniec kłopotów tego pilota, gdyż wracając samotnie do bazy, został zaatakowany przez parę niemieckich myśliwców. Wykorzystując doświadczenie i zwrotność swego samolotu, Polakowi udało się uniknąć zestrzelenia, choć do bazy powrócił z poważnie uszkodzonym skrzydłem.

4 kwietnia sześciu Polaków wystartowało na przechwycenie 8 Junkersów Ju-88 w eskorcie około 10 Messerschmittów Me-109. Po jednym Me-109 zestrzelili kpt. Skalski i kpt. Król, a por. Martelowi zaliczono uszkodzenie niemieckiego myśliwca.

Dzień później podczas patrolu nad Gabes szóstka Polaków przechwyciła ponad 10 Messerschmittów Me-109. W czasie zaciętego starcia st. sierż. Majchrzyk uszkodził niemiecki samolot, a por. Wyszkowskiemu przyznano zestrzelenie prawdopodobne. Por. Horbaczewski już w pierwszym ataku zestrzelił jednego Me-109, lecz gdy usiłował upolować kolejnego, sam stał się celem. Jego Spitfire zapalił się, ale gdy Polak przewrócił samolot na plecy przygotowując się do skoku, płomień zgasł. Choć silnik nie działał, por. Horbaczewski lotem ślizgowym doleciał do Gabes, gdzie wylądował na alianckim lotnisku. Samolot nadawał się tylko do kasacji, ale Horbaczewski powrócił do kolegów na drugi dzień.

6 kwietnia rozpoczęła się bitwa o Wadi Akarid, podczas której Polacy eskortowali bombowce atakujące linie niemiecko-włoskie. Tego dnia po jednym Me-109 zestrzelili por. Sporny i st. sierż. Malinowski. Po tej walce konto zestrzeleń Polaków wzrosło do 10, co wzbudziło podziw wśród alianckich pilotów i zainteresowanie mediów. Polską eskadrę zaczęto nazywać „Cyrkiem Skalskiego", co było dowodem uznania dla kunsztu pilotów. 11 kwietnia całe 244. Skrzydło Myśliwskie przeniosło się

w pogoni za uciekającymi wojskami Osi na lotnisko Goubrine, koło Sousse. 18 kwietnia kpt. Skalski poprowadził eskadrę na osłonę myśliwców bombardujących. Gdy Polacy powracali z zadania, zostali niespodziewanie zaatakowani przez Niemców, którzy zestrzelili ostatni samolot szyku. Ich ofiarą padł por. Wyszkowski, który świadomie pozostawał z tyłu, chcąc zapolować w pojedynkę. Polski pilot wyskoczył na spadochronie i dostał się do niewoli, gdzie doczekał końca wojny. Była to jedyna strata polskiej eskadry. Po południu doszło do pierwszego spotkania z lotnictwem włoskim. W wyniku walki prawdopodobne zestrzelenie myśliwca Macchi Mc-202 przyznano por. Arctowi.

Jeden z największych sukcesów Polacy odnieśli 20 kwietnia. Do spotkania sześciu polskich pilotów z myśliwcami niemieckimi i włoskimi doszło w okolicy wysepki Pantelleria między Tunezją i Sycylią. Pomimo trzykrotnej przewagi liczebnej wroga, Polacy odnieśli błyskotliwy sukces. Kpt. Król, zaatakowany przez 3 Me-109 i jednego Mc-202 szybko wymanewrował przeciwników i zestrzelił włoski myśliwiec. Również por. Arct zestrzelił Me-109, a por. Martelowi zaliczono zestrzelenie jednego Me-109

Piloci Polish Fighting Team

i prawdopodobne włoskiego Mc-202. Po jednym włoskim myśliwcu zestrzelili też st. sierż. Popek i st. sierż. Majchrzyk, a por. Drecki zestrzelił jednego Me-109 i uszkodził drugiego. 21 kwietnia w rejonie Tunisu kpt. Król zestrzelił jednego Me-109, a por. Arct uszkodził innego.

Dzień później Polacy powtórzyli swój największy sukces, zestrzeliwując nad Kanałem Sycylijskim 5 Messerschmittów Me-109 i jednego Macchi Mc-202. Tego dnia po dwa samoloty zniszczyli por. Horbaczewski, por. Sporny i st. sierż. Sztramko. Później o spotkania z wycofującym się wrogiem było trudniej. 27 kwietnia włoskiego Mc-202 zestrzelił st. sierż. Popek. Ostatnie zwycięstwo dla Polskiego Zespołu Myśliwskiego odniósł 6 maja st. sierż. Sztramko. 13 maja wojska Osi w Afryce Północnej skapitulowały.

Walczący w Tunezji od 17 marca do 12 maja piloci Polskiego Zespołu Myśliwskiego zestrzelili 25 wrogich samolotów na pewno, 3 prawdopodobnie, a 9 dalszych uszkodzili. Jedyną stratą jednostki był por. Wyszkowski, który dostał się do niewoli. Doceniając doświadczenie i sukcesy Polaków, dowództwo RAF Middle East (Bliski Wschód) zaproponowało rozwiązanie Polish Fighting Team i rozesłanie pilotów na stanowiska dowódcze w dywizjonach brytyjskich. Z tej oferty skorzystali kpt. Skalski, który dowodził 601. Dywizjonem Myśliwskim w inwazji na Włochy, por. Horbaczewski dowodzący 43. Dywizjonem i por. Drecki – dowódca eskadry w 152. Dywizjonie. Reszta pilotów powróciła do polskich dywizjonów w Anglii.

„SOKÓŁ" I „DZIK" NA MORZU ŚRÓDZIEMNYM

W latach II wojny światowej polskie okręty podwodne nie odnosiły początkowo zbyt wielu sukcesów bojowych. W czasie walk w obronie polskiego Wybrzeża w 1939 nie udało się im, niestety, dokonać skutecznego ataku torpedowego na okręty Kriegsmarine. Jedynym sukcesem okazało się zatonięcie 1 października 1939, na jednej z postawionych przez ORP „Żbik" min, niemieckiego trałowca M 85. Trzy jednostki: „Ryś", „Żbik" i „Sęp" zostały internowane w drugiej połowie września w Szwecji. „Wilk" i „Orzeł" zdołały po dramatycznych rejsach dotrzeć do Wielkiej Brytanii. Jednak pierwszy z nich trapiony był ciągłymi awariami technicznymi, a drugi już w maju–czerwcu 1940 zaginął z całą załogą na patrolu. Inny okręt, były amerykański podwodny „S 25", wcielony do Polskiej Marynarki Wojennej w listopadzie 1941 pod nazwą ORP „Jastrząb", służył tylko do maja 1942, kiedy został omyłkowo zatopiony przez eskortowce alianckie.

Jednak fortuna kołem się toczy. 19 stycznia 1941 podniesiono polską banderę wojenną na ORP „Sokół", który wreszcie okazał się dla naszych marynarzy okrętem szczęśliwym. Był to wydzierżawiony od Royal Navy okręt podwodny typu „Undine", o wyporności nawodnej 540 t, a w zanurzeniu 735 t. Uzbrojenie tych jednostek składało się z czterech dziobowych wyrzutni torped, 1 działa 76 mm i 2 karabinów maszynowych. Na powierzchni okręt mógł pływać z prędkością 12 węzłów, a w zanurzeniu 9 węzłów. Załogę „Sokoła", liczącą 37 ludzi pod dowództwem kpt. Borysa Karnickiego, dobrano głównie spośród załogi nienadającego się już do służby operacyjnej „Wilka".

„Sokół" pierwsze swoje patrole odbył u wybrzeży Bretanii i na Zatoce Biskajskiej. We wrześniu 1941 skierowano go na Morze Śródziemne. Polską jednostkę przydzielono do 10. flotylli okrętów podwodnych, która stacjonowała w bazie w La Valletta na Malcie. Wkrótce „Sokół" rozpoczął patrole, w czasie których jego załoga wykazała się wielokrotnie zarówno odwagą, jak i przezornością, zdobywając w pełni zasłużone uznanie u brytyjskich kolegów.

28 października na Morzu Tyrreńskim „Sokół" zdołał prawdopodobnie uszkodzić torpedą włoski krążownik pomocniczy „Citta di Palermo". W nocy z 1 na 2 listopada w tym samym rejonie zatopiono ogniem z działa kal. 76 mm samotnie płynący włoski parowiec „Dalila".

W listopadzie „Sokół" przeprowadził bardzo ryzykowną akcję u brzegów Półwyspu Peloponeskiego. O świcie 19 listopada okręt, zgodnie z wcześniej otrzymanymi rozkazami, znajdował się przed wejściem do niewielkiej zatoki w Navarino (gr. Pylos), gdzie mieściła się baza włoskiej marynarki wojennej. Kpt. Karnicki otrzymał polecenie przeprowadzenia rozpoznania, jakie okręty i statki są zakotwiczone na wodach zatoki. „Sokół" płynął bardzo ostrożnie, powoli, na głębokości peryskopowej. Mimo to zaplątał się w zaporę sieciową zagradzającą wejście do zatoki. Polski okręt wbił się dziobem w sieć i spowodował eksplozję kilku małych ładunków wybuchowych. W każdej chwili mogły nadpłynąć zaalarmowane włoskie patrolowce i zniszczyć praktycznie bezbronny okręt. Na szczęście udało się go wyprowadzić z matni przed nadejściem wroga.

W następnych dniach „Sokół" pozostawał dalej w pobliżu Navarino. 21 listopada kpt. Karnicki zdecydował się na przeprowadzenie zuchwałej próby zaatakowania zakotwiczonych w porcie włoskich okrętów wojennych. Zbliżył się do wejścia do zatoki, do miejsca poprzez które wpływały i wypływały z niej włoskie kutry i motorówki, a następnie odpalił trzy torpedy w kierunku widocznego w głębi zatoki niszczyciela „Ascari". Niestety, wbrew początkowym przypuszczeniom, nie został on zatopiony. Natychmiast po ataku z portu wyszły włoskie ścigacze i rozpoczęły, bezowocne jak się okazało, poszukiwania okrętu podwodnego. Włosi zrzucili ponad 70 bomb głębinowych, wszystkie z dala od „Sokoła".

Nie był to jednak koniec akcji pod Navarino. Jeszcze tego samego dnia, przed północą, kpt. Karnicki zaatakował wypływający z portu konwój i zameldował o zatopieniu jednego z włoskich transportowców. 27 listopada „Sokół" zawinął do swojej bazy na Malcie.

Cenny sukces załoga kpt. Karnickiego odniosła w lutym 1942 u wybrzeży Tunisu w zatoce Gabes, kiedy zatrzymano i przeszukano przed zatopieniem włoski szkuner „Giuseppina". Na żaglowcu znaleziono cenne dla aliantów mapy z naniesionymi pozycjami nieprzyjacielskich pól minowych.

Pełne sukcesów działania 10. flotylli okrętów podwodnych, paraliżujące włoski transport morski, stały się przyczyną rozpoczęcia przez lotnictwo niemieckie i włoskie skoncentrowanych ataków na port w La Valletta. Z każdym dniem ataki przybierały na sile. Postój w bazie stawał się bardziej ryzykowny od patroli bojowych. Początkowo „Sokół" wychodził z nalotów obronną ręką. Jednak wieczorem 25 marca, gdy

ORP „Sokół"

na okręcie kończono już przygotowania do kolejnego rejsu bojowego, rozpoczął się nalot, który mógł przynieść zagładę „Sokoła". Pięć kilkusetkilogramowych bomb eksplodowało w pobliżu jednostki, dziurawiąc odłamkami poszycie i zabijając jednego z marynarzy. Wstrząsy towarzyszące wybuchom bomb spowodowały spięcia instalacji elektrycznej i pożary wewnątrz „Sokoła", a ponadto doszło do rozbicia baterii akumulatorów. Woda, która przeciekała do pomieszczeń przez przebicia, stykając się z elektrolitem tworzyła trującą, wybuchową mieszankę. Dosłownie w każdej chwili mogło dojść do eksplozji gazów, a wraz z nimi głowic torped. Mimo ogromnego ryzyka polscy marynarze nie poddali się, niemal nadludzkim wysiłkiem siódemka ochotników w maskach przeciwgazowych zdołała uruchomić wentylację i uratować swój okręt. Inni Polacy w tym samym czasie ratowali swoich kolegów z 10. flotylli – załogę tonącego brytyjskiego okrętu podwodnego „P-39".

„Sokół" przepłynął do basenu stoczniowego, gdzie natychmiast rozpoczęto naprawę uszkodzeń. 31 marca okręt przygotowywał się już do wypłynięcia z portu, gdy kolejny silny nalot spowodował nowe ciężkie uszkodzenia. Większość dotychczasowej pracy poszła na marne. Ale polscy podwodniacy nie poddali się i wykazując godne podziwu poświęcenie, kontynuowali remont. Trwające nadal naloty zmusiły „Sokoła" do opuszczenia Malty, tylko w ten sposób można było uratować jednostkę. 17 kwietnia okręt mimo wielu uszkodzeń wypłynął w kierunku Gibraltaru. Sprawna była tylko jedna śruba i jedna bateria akumulatorów, a jednostka mogła zanurzyć się jedynie na głębokość 20 m! W takiej sytuacji rejs przez obszary kontrolowane przez flotę wojenną przeciwnika wydawał się Brytyjczykom szaleństwem, a jednak 28 kwietnia „Sokół" dotarł szczęśliwie do Gibraltaru. Po pobieżnym remoncie w tej bazie skierowano go na Wyspy Brytyjskie w celu przeprowadzenia remontu generalnego.

Drugą kampanię śródziemnomorską ORP „Sokół", dowodzony przez kpt. Jerzego Kociołkowskiego, rozpoczął wiosną 1943. Tym razem towarzyszył mu inny polski okręt podwodny, ORP „Dzik", dowodzony przez kpt. Bolesława Romanowskiego. Była to przejęta w grudniu 1942 jednostka typu „Uproar", zbliżona konstrukcyjnie do „Sokoła", którą obsadzili w większości marynarze z zatopionego „Jastrzębia".

Na swój pierwszy patrol ORP „Dzik" wypłynął z Malty 16 maja 1943. Osiem dni później w pobliżu Sycylii, na wysokości przylądka Spartivento,

ORP „Dzik" przy burcie ORP „Burza"

przeprowadzono atak na włoski zbiornikowiec „Carnaro", płynący w eskorcie dwóch niszczycieli. Będący na celowniku Polaków okręt niespodziewanie wykonał zwrot. Dowódca polskiej jednostki, po odpaleniu torped, przewidując kontratak okrętów eskorty, zmienił kurs i jednocześnie zwiększył znacznie głębokość zanurzenia. Wkrótce potężne wybuchy dały znać o tym, że dwie torpedy trafiły w nieprzyjacielski statek. Włoskie niszczyciele przystąpiły do poszukiwań okrętu podwodnego. W sumie zrzuciły 62 bomby głębinowe, jednak szczęśliwie tylko 12 z nich wybuchło niedaleko od „Dzika". Uszkodzenia okazały się minimalne. Kpt. Romanowski był przekonany, że nieprzyjaciel nie zdoła uratować trawionego potężnym pożarem zbiornikowca, dlatego nie podjął kolejnego ataku. Gdy 28 maja „Dzik" wrócił do bazy na Malcie, dowódca okrętu otrzymał na powitanie fotografię lotniczą wykonaną z brytyjskiego samolotu rozpoznawczego, na której widać było palącą się ofiarę jego torped. Wkrótce napłynęły gratulacje, w tym od Naczelnego Wodza, gen. Władysława Sikorskiego. Po wojnie okazało się jednak, że pożar na „Carnaro", dzięki poświęceniu włoskiej załogi, został w końcu ugaszony i zbiornikowiec mimo ciężkich uszkodzeń doprowadzono do portu w Messynie. Nie zmienia to jednak faktu, że „Dzik" odniósł sukces już w pierwszym patrolu, na jaki wyszedł z Malty, a kpt. Romanowski, mimo niespodziewanej zmiany kursu przez nieprzyjacielski statek, zdołał go trafić pierwszą salwą torped.

Oba polskie okręty działały na Morzu Śródziemnym aż do wiosny 1944. Choć niektóre meldunki dowódców „Sokoła" i „Dzika" o zatopieniu lub uszkodzeniu włoskich i niemieckich jednostek pływających nie zostały potwierdzone przez powojenne materiały źródłowe, to jednak załogi „strasznych bliźniaków" zasłużyły na to, by pozostać w pamięci naszych rodaków.

ZAMACH NA KUTSCHERĘ

Zamachy na funkcjonariuszy niemieckich służb bezpieczeństwa, agentów gestapo i szczególnie gorliwych kolaborantów stanowiły jedną z form walki dywersyjnej prowadzonej przez podziemie. Nie były to samosądy, lecz wykonywanie wyroków trybunałów powołanych przez Kierownictwo Walki Cywilnej. Sądy podziemne KWC – opierając się na polskim kodeksie karnym z 1932 – rozpatrywały m.in. sprawy o zdradę, szpiegostwo, denuncjację. Orzeczenia obejmowały karę śmierci, a w sprawach mniejszej wagi – karę infamii, nagany, upomnienia lub chłosty. Szczególną rolę miały jednak ataki wymierzone w funkcjonariuszy III Rzeszy, odpowiedzialnych za machinę terroru puszczoną w ruch na terenie Generalnej Guberni.

20 kwietnia 1943 oddział dyspozycyjny Kedywu (Kierownictwa Dywersji) „Kosa" dokonał w Krakowie zamachu na wyższego dowódcę SS i policji w GG Wilhelma Krügera. Zamach nie powiódł się – Krüger został tylko kontuzjowany, zginął jego adiutant. Kilka miesięcy później oddział Kedywu Komendy Głównej AK „Agat" dokonał, udanego tym razem, zamachu na zastępcę komendanta więzienia na Pawiaku, osławionego mordercę Franza Bürckla. W październiku 1943 nominację na dowódcę SS i policji w dystrykcie warszawskim otrzymał Franz Kutschera. Himmler mianując go miał nadzieję, że zgniecie on polskie podziemie, wcześniej bowiem wykazał się „wielką skutecznością" na okupowanych terenach

wschodnich, w Danii, Holandii, Norwegii i Jugosławii. Pomysł Kutschery na zaprowadzenie porządku w Generalnej Guberni był prosty – masowe publiczne egzekucje. Przed nastaniem Kutschery okupanci mieli zwyczaj odpowiadać na akcje podziemia egzekucjami zakładników, teraz zarządzono egzekucje publiczne na ulicach Warszawy. Kutschera szybko mógł się wykazać efektami swej pracy. W okresie jego urzędowania ginęło średnio 300 osób tygodniowo, aktywność podziemia zmalała, zwiększyło się bezpieczeństwo Niemców w Generalnej Guberni.

AK początkowo nie udawało się znaleźć właściwej drogi działania w nowej sytuacji. W końcu zadecydowano, że należy uderzyć w osoby kierujące zbrodniczą akcją masowych egzekucji. Podziemne sądownictwo wydało wyrok śmierci na szefa policji w dystrykcie warszawskim. Realizacja wyroku była zdaniem niezwykle trudnym, już choćby z tego powodu, że nie wiedziano, kim jest osoba podpisująca obwieszczenia o egzekucjach jako „Dowódca SS i Policji na Dystrykt Warszawski". W rozpoznaniu oprawcy pomógł przypadek. Jednego z oficerów Kedywu AK, kpt. Aleksandra Kunickiego „Rayskiego", zajmującego się obserwacją budynków mieszczących siedziby ważniejszych władz okupacyjnych, zaintrygował pewien oficer w skórzanym płaszczu, który wysiadł z samochodu przed siedzibą SS w Alejach Ujazdowskich. Oficer ten przyjeżdżał zwykle do pracy o dziewiątej rano, towarzyszył mu adiutant. Intuicja podpowiedziała „Rayskiemu", że to może być ktoś ważny. Dalsza obserwacja pozwoliła ustalić adres zamieszkania tego oficera (Aleja Róż) i jego nazwisko – był to generał Franz Kutschera. Z innych źródeł przyszło potwierdzenie, że to właśnie Kutschera jest dowódcą policji niemieckiej w Warszawie. Zamach na Kutscherę przeprowadzić można było jedynie na trasie przejazdu, absolutnie nie nadawało się do tego dobrze strzeżone mieszkanie w Alei Róż, ani tym bardziej ufortyfikowana siedziba SS, gdzie urzędował. Szybko rozpracowano plan dnia Kutschery. Szef Kedywu płk Emil Fieldorf „Nil" wyznaczył do wykonania wyroku batalion „Parasol", złożony głównie z harcerzy Szarych Szeregów, teraz przeszkolonych żołnierzy AK. Na dowódcę akcji szef „Parasola" płk Adam Borys „Pług" wyznaczył ppor. Bronisława Pietraszewicza „Lota". Wraz z dowódcą batalionu opracował szczegółowy plan akcji. 28 stycznia 1944 harcerze z „Parasola" stanęli na wyznaczonych pozycjach. Akcja była przygotowana w najdrobniejszych szczegółach, ale właśnie wówczas Kutschera przebywał poza Warszawą. Następny termin zamachu wyznaczono na 1 lutego.

Tego dnia kwadrans przed dziewiątą gen. Kutschera jak zwykle wsiadł do samochodu Opel Admirał oczekującego przed domem w Alei Róż. Obserwująca go łączniczka „Kama" (Maria Stypułkowska) przewiesiła płaszcz na prawe ramię. Sygnał przejęła łączniczka „Dewajtis" (14-letnia Elżbieta Dzięboswka) stojąca w Alejach Ujazdowskich, przechodząc na drugą stronę ulicy. Stojąca dalej „Hanka" (Anna Szarzyńska) złożyła meldunek dowódcy akcji „Lotowi" – ten zdjął kapelusz, dając sygnał do rozpoczęcia akcji. „Miś" (Michał Isajewicz), kierowca zaparkowanego nieopodal adlera, uruchomił swój wóz i popędził prosto ku nadjeżdżającemu oplowi Kutschery. Jednocześnie ludzie dotychczas spokojnie stojący na przystanku tramwajowym wyciągnęli spod płaszczy pistolety maszynowe – byli to żołnierze „Parasola": „Juno" (Zbigniew Gęsicki), „Olbrzym" (Henryk Humięcki), „Cichy" (Marian Senger), „Kruszynka" (Zdzisław Poradzki) i „Ali" (Stanisław Husakowski); dla tego ostatniego zabrakło pistoletu, dostał jedynie teczkę z granatami. Samochody zderzyły się, „Lot" przypadł do wozu generała i oddał serię ze swego pistoletu maszynowego, „Kruszynka" zmiótł

Kondukt pogrzebowy gen. Franza Kutschery

serią kierowcę, „Miś" dobił Kutscherę. Nie wszystko szło jednak zgodnie z planem. Wykonawcy zamachu powinni odebrać zabitemu dokumenty, aby upewnić się, że zlikwidowano właściwą osobę. „Lot" nie mógł ich znaleźć, zabrał więc teczkę i pistolet. Tymczasem trwał już ostrzał z budynku komendantury SS, znajdującego się naprzeciw miejsca zamachu. „Ali" nie dawał sobie rady z otworzeniem teczki z granatami i oddalił się z pola ostrzału. Ranny w brzuch dowódca nie był w stanie wydać rozkazu odwrotu, walka bezsensownie się przeciągała. W końcu uczestnicy akcji, w większości ciężko ranni, wsiedli do czekających na nich samochodów, kierowanych przez dwu dalszych uczestników zamachu – „Bruna" (Kazimierz Sott) i „Sokoła" (Bronisław Hellwig). Ranni zostali odwiezieni do publicznych szpitali, gdyż nie przygotowano ambulatorium konspiracyjnego. Wielokrotnie przewożeni po Warszawie „Lot" i „Cichy" byli w złym stanie, zmarli kilka dni po zamachu. „Sokół" i „Juno", odwiózłszy rannych, postanowili zabezpieczyć samochód. Niestety, na moście Kierbedzia zostali zatrzymani przez niemieckie patrole. Ostrzeliwali się, nie mieli jednak szans na ucieczkę. Obaj ranni, skoczyli do Wisły i utonęli. Pozostali uczestnicy akcji, którzy tego dnia odnieśli lżejsze rany, przeżyli.

Zamach podniósł na duchu okupowaną Warszawę; już w godzinę po fakcie wiedzieli o nim wszyscy przechodnie. Zwierzchnik Kutschery we władzach Generalnej Guberni Wilhelm Koppe powiedział na zebraniu rządu GG: „Członkowie nacjonalistycznego ruchu oporu przygotowali ten zamach tak precyzyjnie, że można by go nazwać koronkową robotą". Niemcy byli przekonani, że likwidacji Kutschery musieli dokonać profesjonalni komandosi. Stale mieli w pamięci najgłośniejszą akcję agentów SOE – zamach na Reinharda Heydricha, Protektora Czech i Moraw, jedną z najważniejszych postaci nazistowskiego aparatu represji. 27 maja 1942 przysłani z Londynu czescy komandosi wrzucili bombę do samochodu Heydricha, który tydzień później zmarł wskutek odniesionych ran. Zamachowców wydał zdrajca skuszony nagrodą pieniężną; zginęli po beznadziejnej, pięciogodzinnej walce w podziemiach praskiej cerkwi. W odwecie hitlerowcy zrównali z ziemią wieś Lidice. Śmierć Kutschery pomścili – jeszcze tego samego dnia – egzekucją 57 więźniów Pawiaka. Nazajutrz rozstrzelano 100 mężczyzn ujętych w czasie porannej obławy na przedmieściach Warszawy oraz kolejnych 200 więźniów Pawiaka. W połowie lutego Niemcy zaniechali jednak dalszych publicznych egzekucji ulicznych.

POLACY W EUROPEJSKIM RUCHU OPORU

Rychło po niemieckim Blitzkriegu na Zachodzie, część społeczeństw krajów, które znalazły się pod okupacją, przystąpiła do tworzenia ruchu oporu. Wspierali ich w tym Brytyjczycy, którzy uznali siły działające na zapleczu wroga za „czwartą broń" i postanowili je rozwijać. Już w czerwcu Norwegowie dokonali pierwszego ataku na siły niemieckie w rejonie Bergen. Wielkie znaczenie dla morale miały także działania manifestujące wolę oporu obywatelskiego: strajk 300 tys. mieszkańców Amsterdamu (25 lutego 1941) czy strajk generalny w Luksemburgu (31 sierpnia 1942). Symbolem „pasywnego" oporu stał się król Danii Chrystian X. Kiedy Niemcy nakazali duńskim Żydom noszenie gwiazd Dawida, król sam założył opaskę i zaczął demonstracyjnie przychodzić do synagogi.

Na tym nieco zapomnianym froncie II wojny światowej, jakim jest europejski ruch oporu, walczyła także liczna grupa Polaków. W szeregi organizacji podziemnych trafiali ludzie pochodzący z lokalnych Polonii, żołnierze Września, którym nie udało się dotrzeć do formowanych na uchodźstwie polskich oddziałów wojskowych, wreszcie komandosi przerzucani przez aliantów na tyły armii niemieckiej. Koordynatorem tej pomocy było brytyjskie Kierownictwo Operacji Specjalnych (Special Operations Executive – SOE). W Europie Zachodniej uwaga SOE koncentrowała się na Francji, a jej agenci wnieśli wielki wkład w „bitwę o szyny" – sparaliżowanie niemieckiej łączności kolejowej podczas operacji „Overlord" (lądowania aliantów w Normandii w czerwcu 1944). Współpracowali ściśle z francuskim ruchem partyzanckim (*maquis*), najlepiej zorganizowanym i najliczniejszym spośród wszystkich krajów Europy Zachodniej. Zorganizowanie go trwało przeszło rok, ale od 1943 organizacja miała liczne oddziały zbrojne walczące z Niemcami, obficie zaopatrywane w sprzęt i instruktorów SOE. Do 1944 dla SOE pracowało 100 tys. ludzi, rozbudowała siatkę wywiadowczą składającą się z 60 komórek. Współpracowała ona ściśle m.in. z amerykańskim OSS (Office of Strategic Services) – Biurem Studiów Strategicznych, zbierającym informacje bezpośrednio dla Kolegium Szefów Sztabu. W szeregach partyzantki francuskiej walczyło ok. 35 tys. Polaków, wywodzących się przeważnie z międzywojennej emigracji zarobkowej. Stanowili oni najliczniejszą grupę spośród obcokrajowców uczestniczących w zbrojnym oporze przeciwko okupantowi. W organizacjach związanych z Polskimi Siłami Zbrojnymi na Zachodzie lub bezpośrednio z alianckim dowództwem walczyło ok. 15 tys. ludzi. 20 tys. znalazło się w szeregach zgrupowań partyzanckich podporządkowanych Francuskiej Partii Komunistycznej. Taka podległość nie oznaczała narzuconej ideologii, zwłaszcza że w 1944 obydwa

Żołnierze polskiego batalionu partyzanckiego we Francji

nurty francuskiego Résistance zeszły się w strukturach Francuskiej Armii Wyzwoleńczej (FFI), której zadaniem było współdziałanie z aliantami przy wyzwalaniu Francji. Polacy walczący w szeregach francuskich brali udział w akcjach dywersyjnych, działaniach wywiadowczych (m.in. najskuteczniejszy tropiciel wyrzutni V-2 kpt. Władysław Ważny) i regularnych walkach zbrojnych z siłami okupacyjnymi (m.in. w najsłynniejszej bitwie partyzantów francuskich w czerwcu 1944 na podalpejskim płaskowyżu Vercors). Niektórzy stali się aktywistami akcji obywatelskiego nieposłuszeństwa, brali udział w pracach struktur działających np. na rzecz pomocy więźniom i ukrywającym się francuskim Żydom.

Przeszło 1000 Polaków walczyło w szeregach jugosłowiańskiego ruchu oporu, zarówno w oddziałach partyzanckich podporządkowanych władzom przebywającym na uchodźstwie, jak i w jednostkach Jugosłowiańskiej Armii Narodowowyzwoleńczej (NOVJ), dowodzonej przez marszałka Tito. Byli to przede wszystkim żołnierze Września, którym nie udało przedostać się do Francji lub Syrii i w swym marszu „za bronią" utknęli na Bałkanach. Z czasem dołączyli do nich Ślązacy i Pomorzanie, którzy zdezerterowali z Wehrmachtu oraz zbiegli z Niemiec i Austrii robotnicy przymusowi. Większość z nich została wcielona do oddziałów jugosłowiańskich, ale powstały także odrębne formacje polskie. W górach Serbii walczył liczący ok. 300 ludzi oddział kpt. Józefa Maciąga, w Bośni operował batalion (ok. 400 żołnierzy) kpt. Jana Kumosza oraz kompania „Starego", złożona ze 120 zbiegów m.in. z obozu koncentracyjnego Mauthausen. Ta ostatnia jednostka wchodziła w skład Międzynarodowej Brygady Partyzanckiej „Liberté". Oddział kpt. Maciąga powstał z inicjatywy ppłk. Waleriana Mercika, szefa Bazy Oddziału Specjalnego Sztabu Naczelnego Wodza. Już jesienią 1942 Baza otrzymała wiadomość, że wśród czetników (niedobitków armii jugosłowiańskiej gen. Mihajlovica), znajdują się Polacy. Mercik zaproponował wysłanie doświadczonego oficera, który mógłby zorganizować polski oddział partyzancki, prowadzić wywiad i pomagać w dezercji Polakom służącym w Wehrmachcie. Nocą z 15 na 16 czerwca 1943 na Homolijskiej Planinie wylądował kpt. Maciąg. Wkrótce zameldował, że natychmiast może sformować z przebywających w Serbii Polaków kompanię, o ile otrzyma dla niej wyposażenie. Jednak dowództwo PSZ nakazało mu skupić się na organizowaniu kanału łączności z krajem, zakazując jednocześnie akcji sabotażowych,

Polski oddział partyzancki w Jugosławii

by nie zrażać ludności cywilnej, która może być represjonowana przez okupanta. Dopiero jesienią 1943 Naczelny Wódz wydał formalną zgodę na tworzenie oddziałów polskich w Jugosławii i zaaprobował ich udział w walkach. Do Jugosławii trafili kolejni polscy oficerowie przeszkoleni do kierowania oddziałami dywersyjnymi. Ich funkcjonowanie utrudniał jednak narastający konflikt między zwolennikami monarchii a komunistyczną partyzantką Josifa Broz Tito. Polscy partyzanci stali się – niechcący – uczestnikami toczonej bez miłosierdzia wojny domowej.

W Grecji największa grupa Polaków weszła w szeregi lokalnej samoobrony i Greckiej Armii Ludowowyzwoleńczej ELAS. Szczególne znaczenie miały tam jednak działania rozpoznawcze i wywiadowcze. We włoskich oddziałach partyzanckich walczyło ok. 500 Polaków, głównie w Piemoncie, Lombardii i Toskanii. Podobnie jak w Jugosławii byli to przede wszystkim żołnierze, którym po wojnie obronnej 1939 nie udało się dotrzeć do Francji. Kilku polskich oficerów dowodziło włoskimi oddziałami i zgrupowaniami partyzanckimi. Liczna grupa Polaków – szacowana na ok. 10 tys. – znalazła się w oddziałach partyzantki sowieckiej działającej na tyłach frontu wschodniego oraz na terenie państw bałtyckich. Często tworzyli oni odrębne pododdziały, a obok walki zbrojnej prowadzili działania wywiadowcze. Polacy znaleźli się także w strukturach podziemnych działających w Belgii, Holandii, Danii, Norwegii, a nawet Luksemburgu. Byli to z reguły zbiegli jeńcy wojenni i robotnicy przymusowi. Wybitną postacią duńskiego ruchu oporu był por. Lucjan Masłocha, kierujący zorganizowaną przez siebie polsko-duńską siatką dywersyjno-wywiadowczą. Dokonał kilku udanych akcji sabotażowych, na podstawie jego meldunków alianckie lotnictwo dokonało wielu skutecznych nalotów na niemieckie cele wojskowe (zdemaskowany w styczniu 1945, zginął w walce z gestapowcami). Przez pewien czas na wyspie Bornholm działała grupa złożona ze zbiegłych z Wehrmachtu Ślązaków. W belgijskiej Limburgii polscy górnicy prowadzili akcje sabotażowe, a oddziały partyzanckie działały w 1944 w ramach Belgijskiej Armii Partyzantów. Mało znane są dzieje polskiego ruchu oporu w Niemczech. Jego działacze rekrutowali się spośród przedwojennej emigracji zarobkowej oraz spośród milionowej armii robotników przymusowych deportowanych przez III Rzeszę do pracy w przemyśle i rolnictwie. Z oczywistych przyczyn struktury te nie mogły prowadzić walki partyzanckiej, koncentrując się na działaniach wywiadowczych i dywersyjnych. Prowadzono także szeroką akcję cywilnej samopomocy (obejmującą m.in. informowanie o faktycznym przebiegu walk na europejskich frontach), bez której ciężko było przetrwać we wrogim otoczeniu.

Ani Polakom mieszkającym od lat na obczyźnie, ani tym, którzy uciekali z okupowanego kraju, nie brakło ducha, by wszędzie tam, gdzie znalazła się dla nich broń, gdzie działał mniej lub bardziej skuteczny ruch oporu, włączyć się w walkę ze wspólnym wrogiem. Walkę tym godniejszą odnotowania, że toczącą się na najtrudniejszym chyba froncie II wojny światowej.

„MOST" – Z ZIEMI WŁOSKIEJ DO POLSKIEJ

Pierwszy pomysł utworzenia mostu powietrznego łączącego okupowaną Polskę z rządem RP na wychodźstwie pojawił się już kilka miesięcy po kampanii wrześniowej. Za jego autora uważa się kpt. Macieja Kalenkiewicza, który wraz z kpt. Janem Górskim zaproponował podjęcie lotów z Francji do Polski wodnosamolotami. Jednak do realizacji tego śmiałego projektu nie doszło. Ograniczono się do lotów, w których zrzucano zaopatrzenie dla AK.

Udane loty z zaopatrzeniem i agentami wykonywane nocą przez powolne i przestarzałe brytyjskie samoloty Westland Lysander do Francji spowodowały, że Komenda Główna AK na przełomie 1942 i 1943 zaczęła szukać możliwości nawiązania dwustronnej łączności z Londynem. W tym celu przy Wydziale Lotniczym Komendy Głównej AK powołano komórkę „Most", której szefem został kpt. Stanisław Wołkowiński „Lubicz", a po jego aresztowaniu i zamordowaniu przez Niemców, ppłk Bolesław Dorembowicz „Szczepan".

21 maja 1943 szef Oddziału VI (Sztabu Naczelnego Wodza), odpowiadającego za łączność z Polską, płk Michał Protasewicz zawiadomił Komendanta Głównego AK gen. Stefana Roweckiego „Grota" o zgodzie Brytyjczyków na eksperymentalny lot do kraju. Zadanie wyboru konkretnego miejsca otrzymał mjr. Janusz Mościcki „Jacek", referent lotniczy i zastępca dowódcy Okręgu Lubelskiego AK. Po pewnym czasie udało się

znaleźć łąkę o długości 900 i szerokości 200 m, położoną koło wsi Matczyn przy drodze z Lublina do Bełżec.

Dzięki posiadaniu przez aliantów lotniska w Brindisi we Włoszech możliwe stało się wykonanie lotu do Polski i z powrotem całkowicie nocą. Za dnia byłby to samobójstwem, gdyż nieuzbrojony samolot transportowy nie miałby najmniejszych szans przetrwania nad okupowaną Europą. Zadanie wykonać miała brytyjska załoga: Ted Harrod – pilot, Bill Wells – nawigator (Australijczyk), Jack Willcock – radiotelegrafista, z przydzielonym specjalnie do tego zadania polskim drugim pilotem kpt. Bolesławem Korpowskim. W akcji wykorzystano podstawowy aliancki samolot transportowy II wojny światowej – Douglas C-47 Dakota, który pomimo sporego udźwigu i zasięgu nie potrzebował zbyt wielkich przestrzeni do startu i lądowania.

W lutym 1944 placówce AK w Babinie koło Bełżec zlecono przygotowanie wybranego lądowiska, które otrzymało nazwę Bąk. Do okupowanej Polski, poza pilną pocztą, przybyć mieli dwaj cichociemni, wyszkoleni w Anglii żołnierze AK, Tomasz Kostuch „Bryła" i rotmistrz kawalerii Narcyz Łopianowski „Sarna".

Tuż przed lotem oddziały osłonowe partyzantów zajęły pozycje, by w razie konieczności odciągnąć i związać walką Niemców. Oznakowaniem

Żołnierze oddziału AK zabezpieczającego operację „Most 3"

lądowiska zajął się pilot por. Wiktor Wojcieszek „Sum". Łączność z Brindisi utrzymywał radiotelegrafista Piotr Nowak „Oko".

Wieczorem 15 kwietnia 1944 z lotniska Campo Cassale wystartowała do Polski samotna Dakota. Trasa wiodła nad Adriatykiem, Jugosławią, Węgrami i Tatrami. Dzięki zachmurzeniu chroniącemu bezbronny transportowiec przed nocnymi myśliwcami, lot przebiegał spokojnie, tylko nad Budapesztem samolot ostrzelała niecelnie artyleria przeciwlotnicza. Za Karpatami załoga zeszła na wysokość 150 m, by skrycie dolecieć do celu. Od tego miejsca kpt. Korpowski przejął nawigację. Lądowanie z powodu błędnego wyznaczenia kierunku udało się dopiero za trzecim razem. Z samolotu wysiedli cichociemni „Sarna" i „Bryła". Po niecierpliwym oczekiwaniu pojawili się lecący do Brindisi: gen. bryg. Stanisław Tatar, ppłk Marian Dorotycz-Malewicz, por. Andrzej Pomian, Zygmunt Berezowski i Stanisław Ołtarzewski. Gdy po prawie półgodzinie wszystko było gotowe do lotu, okazało się, że samolot ugrzązł w błocie. Dopiero po kilku próbach poczciwa Dakota wyswobodziła się z błotnej pułapki i gładko oderwała od ziemi. Po kilku godzinach lotu załoga szczęśliwie wylądowała w bazie Campo Cassale. Operacja „Most 1" zakończyła się sukcesem.

Zachęcone powodzeniem dowództwo AK postanowiło, że powinny się odbyć kolejne loty do Polski. W nocy z 29 na 30 maja 1944 została przeprowadzona operacja „Most 2". Dowódcą Dakoty był O'Denovan, a drugim pilotem por. Jacek Błocki. Tym razem wybrano lądowisko Motyl w okolicy Zaborowa pod Tarnowem, a oficerem startowym był kpt. Włodzimierz Giedymin „Włodek". Jako pilot myśliwski we wrześniu 1939 zestrzelił trzy niemieckie samoloty; niestety, odniósł rany i pozostał w okupowanym kraju. W drodze do Polski transportowiec osłaniały dwa Liberatory z polskiej 1586. Eskadry, pilotowane przez por. Michała Goszczyńskiego i kpt. Zbigniewa Szostaka, które nad Węgrami odłączyły się i dokonały zrzutów na placówki w Polsce. Tym razem na pokładzie Dakoty do Polski przylecieli ppłk. Romuald Bielski „Bej" i gen. dyw. Tadeusz Kossakowski, a odlecieli mjr Zbigniew Sujkowski, emisariusz SL Jan Domański i płk Roman Rudkowski wraz z częściami V-1. Wszystkie samoloty powróciły do Brindisi.

Ostatnim, ale najważniejszym lotem do Polski była operacja „Most 3". Jej powodzenie pozwoliło Brytyjczykom na poznanie jednej z największych tajemnic Niemiec – sekretów broni V-2, w której istnienie Anglicy

W operacji „Most" wykorzystywano wywodzący się od komunikacyjnego DC-3 samolot transportowy Douglas C-47 Dakota

nie chcieli uwierzyć. Gdy do Londynu nadeszła wiadomość, że oddział AK zdobył części rakiety V-2 oraz sporządził dokładną dokumentację tej broni, zapadła natychmiastowa decyzja o przewiezieniu najważniejszych elementów rakiety i jej planów do Anglii. Rozmiary przesyłki oraz jej wartość wykluczały ryzykowny transport przez kurierów, dlatego zdecydowano o wysłaniu po nią samolotu. 25 lipca 1944 z Brindisi wystartowała Dakota z 267. Dywizjonu RAF, której pilotami byli kpt. Culliford i kpt. Kazimierz Szrajer, mający również prowadzić nawigację nad Polską. Trasa, podobnie jak poprzednio, wiodła nad Adriatykiem, Jugosławią i Węgrami. Lot ten był tak ważny, że transportowcowi towarzyszyć miały dwa Liberatory z polskiej 1586. Eskadry. Niestety, jeden z nich nie wystartował z powodu awarii, więc eskorta ograniczyła się do maszyny kpt. Korpowskiego. Na szczęście obyło się bez spotkania z nocnymi myśliwcami i Dakota wylądowała szczęśliwie na lądowisku Motyl, tym samym, co w operacji „Most 2", dokładnie 23 minuty po północy. Do Polski w locie tym przylecieli kpt. Kazimierz Bilski „Rum", por. Zdzisław

Jeziorański „Zych" (Jan Nowak-Jeziorański), ppor. Leszek Starzyński „Malewa", mjr Bogusław Wolniak „Mięta". I tym razem oficerem startowym był kpt. Włodzimierz Giedymin. Po lądowaniu, kpt. Jerzy Chmielewski „Rafał" wraz z częściami rakiety i dokumentacją natychmiast załadował się do samolotu. Poza nim na pokładzie znaleźli się też przewodniczący Centralnego Komitetu Wykonawczego PPS Tomasz Arciszewski (późniejszy premier rządu RP na wychodźstwie), „szara eminencja" nieżyjącego już Sikorskiego dr Józef Retinger, ppor. Tadeusz Chciuk i Czesław Miciński. I tym razem koła samolotu utknęły w rozmiękłym gruncie, ale dzięki sprawnej akcji załogi i żołnierzy z oddziału osłonowego udało się wystartować. Wszystko odbyło się bez żadnej reakcji niemieckich żołnierzy stacjonujących w pobliżu. Cała akcja, zakończona sukcesem, była traktowana niezwykle priorytetowo i tak ważna dla Brytyjczyków, że interesował się nią sam Winston Churchill, który z resztą wspomniał o niej w swych słynnych pamiętnikach.

Operacji „Most" nie kontynuowano – nie było takiej potrzeby, ani możliwości. Większość terytorium Polski do końca 1944 została zajęta przez Armię Czerwoną. Przewiezione podczas operacji „Most 2" i „Most 3" elementy „cudownej broni" Hitlera pozwoliły aliantom poznać niemiecki sekret i przygotować skuteczną obronę, co miało znaczący wpływ na końcowy wynik wojny.

NA TROPIE „CUDOWNEJ BRONI"

Informacje o niemieckich próbach z bronią rakietową napływały do Londynu niemal od początku wojny. Tzw. raport z Oslo, wysłany *via* Szwecja przez do dziś niezidentyfikowanego niemieckiego antyfaszystę został jednak zbagatelizowany, a informacje o bazie rakietowej na wyspie Uznam – po pobieżnej weryfikacji wywiadu – zlekceważone. Strzępy informacji o trwających pracach przychodziły i później, ale nie miały szans na przebicie się w kręgi decyzyjne Gabinetu Wojennego, gdzie oficerowie wychowani w Armii Imperialnej uważali je za mrzonki inżynierów-marzycieli.

Podobny los spotkał raporty przygotowane w 1942 i 1943 przez Jerzego Chmielewskiego „Rafała", szefa Biura Studiów Gospodarczych Oddziału II Komendy Głównej AK. Zestawił on w nich wszelkie informacje o latających bombach, zebrane przede wszystkim od Polaków wywiezionych na roboty do Rzeszy. Pracownicy polskiej sieci wywiadowczej skrzętnie zbierali dane dotyczące tego, co się dzieje w niemieckim przemyśle. Ponieważ prawie wszędzie pracowali przymusowi robotnicy z Polski, wywiad AK posiadał mnóstwo informacji. Zweryfikowane świadectwa prostych ludzi, niemających żadnej technicznej fantazji, potwierdziły bezspornie, że Niemcy nie tylko pracują nad nową bronią, ale nawet ją testują. Świadectwa pochodziły od ludzi prostych, nierozumiejących dostatecznie znaczenia tego, co widzą. Do analizowania danych zaangażowano więc najwybitniejszych polskich uczonych. Niezliczona masa drobnych wysiłków pozwoliła ustalić, że w Peenemünde odbywają się próby z jakąś bronią rakietową – pociski kształtem przypominające samolot są odpalane w kierunku morza. Z opisu wynikało, że te nieznane dotąd obiekty posiadają karłowate skrzydła, ale brak im ogona i kabiny pilota, masa takiego pocisku wynosi kilka ton. Informacje o nowej broni dotarły, poprzez Komendę Główną AK, do brytyjskiego Sztabu Głównego i premiera Churchilla. Długo były bagatelizowane.

Przyszły jednak liczne potwierdzenia od innych sieci wywiadowczych, fotografie z lotów zwiadowczych potwierdzały zaś, że w Peenemünde na wyspie Uznam dokonuje się doświadczeń z rakietami. Kiedy wreszcie w Londynie zorientowano się, że nowa broń może stanowić poważne zagrożenie, problem pocisków V-1 nabrał z miejsca charakteru priorytetowego. Klęski, jakie Niemcy ponieśli w 1943, sprawiły, że nie mieli oni już szans na wygranie wojny. Mimo to Hitler nakazał przyspieszyć prace nad nowymi rodzajami uzbrojenia. Nadzieja na odwrócenie biegu wypadków za pomocą „cudownej broni" (*Wunderwaffe*) nie opuszczała wodza III Rzeszy do końca. Istniało kilka programów badawczych, które mogły przynieść nowe groźne bronie i technologie. Najprostszy silnik odrzutowy został użyty w pocisku Fi-103, znanym później jako V-1. W chwili wybuchu wojny prace te były w fazie wstępnej, należało rozwiązać ogromną ilość problemów, dobrać odpowiedni rodzaj paliwa, poradzić sobie ze sterowaniem. Ośrodek doświadczalny wraz z warsztatami zlokalizowano właśnie w Peenemünde. Pracowali tam najlepsi niemieccy inżynierowie. Anglicy nie byli do końca przekonani o postępach prac konstrukcyjnych, ale na wszelki wypadek postanowiono podejrzany obiekt zniszczyć. 18 sierpnia 1943 potężny nalot brytyjski zamienił ośrodek w Peenemünde w kupę gruzów. Podczas nalotu zginęło 178 osób z personelu technicznego, w tym dwaj najbliżsi współpracownicy głównego projektanta Wernera von Brauna. Informację o udanym nalocie podało BBC, a ulica w okupowanej Warszawie zareagowała na nią fraszką: „O du dumme, braune Affe; Wo ist deine neue Waffe" („O ty głupia, brunatna małpo; gdzie jest twoja nowa broń").

W Londynie uznano sprawę za załatwioną. Hitler jednak nie dał za wygraną. Sądził, że jeśli uda mu się uzyskać broń, która pozwoli w ciągu kilku dni zburzyć Londyn, to Churchill będzie zmuszony do zawarcia pokoju. Po nalocie ośrodki produkcji nowej broni przeniesiono w góry Harzu, gdzie zostały umieszczone w podziemnych tunelach wykutych w skale przez więźniów obozów koncentracyjnych. Wiosną 1944 konstruktorom udało się usunąć usterki i przygotować masową produkcję „latającej bomby". Hitler nazwał ją „bronią odwetową" – *Vergeltungwaffe*, w skrócie V-1.

Niezależny zespół wynalazców prowadził też w Peenemünde badania nad silnikami rakietowymi. Efekt ich prac stanowiła rakieta A-4, znana szerzej pod nazwą V-2. Zastosowano w niej silnik rakietowy napędzany etanolem, jako utleniacza używano ciekłego tlenu. Prace nad skonstruowaniem silnika były kosztowne, setki rakiet wybuchły tuż po starcie, nim udało się znaleźć odpowiednie rozwiązania. Problem, przed jakim stali uczeni, polegał na tym, by stworzyć rakietę, która osiągałaby szybkość uniemożliwiającą strącenie jej przez samolot myśliwski, a jednocześnie zdolną do precyzyjnego trafiania w cel. Dopiero latem 1944 skonstruowano wersję nadającą się do użytku bojowego. Rakieta V-2 była pierwszą

Pocisk V-1 przetaczany na pole startowe

maszyną latającą z prędkością ponaddźwiękową, do sterowania nią służył stabilizator żyroskopowy, który sprawiał, że rakieta po wystrzeleniu osiągała poziomy tor lotu; dodatkowo parametry lotu można było korygować drogą radiową. V-2 mogła przenieść tonę materiału wybuchowego. Głowicę miała napełnioną amatolem, to jest mieszaniną trotylu i saletry amonowej; był to stosunkowo słaby materiał wybuchowy, ale próby zastosowania silniejszych substancji nie powiodły się ze względu na aerodynamiczne nagrzewanie się głowicy. Zaletę A-4 stanowiło to, że pocisk ten mógł być wystrzelony z każdego miejsca o powierzchni zaledwie kilku metrów kwadratowych. Na miejsce startu rakieta była podwożona i ustawiana do pionu na platformie startowej za pomocą specjalnego ciągnika nazywanego Meilerwagen. Potem rakietę podłączano do urządzeń startowych i napełniano paliwem oraz utleniaczem. Platforma była obracana, co umożliwiało ustawienie żyroskopu. Następnie Meilerwagen usuwano, platformę podłączano do prądu i wystrzeliwano rakietę. Stanowisko demontowano w kilka minut i miejsce startu rakiety było niemal nie do ustalenia (w tropienie takich wyrzutni – już we Francji – z dużymi sukcesami zaangażował się polski wywiad).

Po ataku na Peenemünde doświadczenia z rakietami V-2 przeniesiono do okupowanej Polski. Poligon, z którego je wystrzeliwano, umieszczono we wsi Blizna, na wschód od Tarnowa. Brytyjskie naloty tam nie sięgały, wywiad AK jednak nie próżnował... „Polacy mieli oczy otwarte" – napisał Winston Churchill. Oczywiście w AK nie czytano protokołu z konferencji w Wilczym Szańcu z udziałem Hitlera, na której podjęto powyższe decyzje, wszelako obóz w Bliźnie (formalnie poligon SS Heidelager) był od dawna przedmiotem obserwacji siatki wywiadowczej polskiego podziemia. Jej ośrodek mieścił się w leśniczówce w Woli Ocieckiej, która na polecenie Niemców administrowała lasami na terenie poligonu SS. Placówką dowodził inż. Stanisław Stachowski „Maciej". Wywiad AK słał raport za raportem, komentując kolejne fazy prac budowlanych, ale istniały obszary, do których nie było dostępu. Na terenie spalonej wsi ustawiono makiety domów, między którymi ukrywano jakieś urządzenia. Wkrótce też nad okolicznymi wsiami dało się słyszeć dziwne wybuchy. Nie od razu skojarzono te wydarzenia z programem V-2. Poligon był pilnie strzeżony, każde wejście nieupoważnionej osoby, choćby to był esesman, karano śmiercią. Po pewnym czasie w różnych innych częściach Polski zaobserwowano

Pocisk V-1 sfotografowany w Polsce po odbyciu próbnego lotu

tajemnicze wybuchy. Były to pociski V-2, testowane pod względem zasięgu. Próby te odbywały się z największą pogardą dla bezpieczeństwa ludności. Polskich chłopów bynajmniej nie wysiedlano z terenów przeznaczonych na cele V-2. Próby z V-2 dawały zachęcające rezultaty, rakiety osiągały odległość ponad 250 km; z precyzją było dużo gorzej.

Rozpoczął się wyścig służb niemieckich i polskiego wywiadu. Każdy upadek bomby był obserwowany przez obie strony. Kiedy Niemcy zlokalizowali miejsce upadku pocisku, natychmiast tam przyjeżdżali, zabierali najdrobniejsze odłamki, zaś okolicznej ludności zakazywali o tym rozpowiadać, starając się przekupić ją wódką. Polacy zbierali najmniejsze nawet nieznalezione przez Niemców fragmenty bomby, ukrywali je, następnie polscy uczeni (np. Marceli Struszyński) związani przed wojną z Politechniką Warszawską, a później z wywiadem AK, starali się zrekonstruować budowę pocisku i rodzaj paliwa, którego używano. Tak m.in. zidentyfikowano nadtlenek wodoru jako paliwo silnika rakiety. Z pomocą polskiemu wywiadowi przyszedł szczęśliwy traf. W maju 1944 w okolicy wsi Sarnaki nad Bugiem przejęto rakietę V-2, która nie uległa uszkodzeniu przy upadku. Obserwatorzy AK z pomocą tamtejszych chłopów zatopili bombę w rzece i zamaskowali sitowiem. Niemcy przez kilka dni krążyli po okolicy, w końcu odjechali z niczym. Wówczas pocisk wydobyto i rozłożono na części. Ważniejsze elementy, wraz z pełnym opisem technicznym, trafiły do Londynu drogą lotniczą. W lipcu 1944 zorganizowano most powietrzny (operacja „Most 3") do Anglii. Samolot RAF lądował w lasach pod Tarnowem, zabierając cenną dokumentację. Dzięki akcji polskiego wywiadu Anglicy mieli pełne dane o V-2 i mogli opracować skuteczne metody ich zwalczania.

Hitler wyobrażał sobie, że za pomocą V-1 i V-2 bombardujących Londyn złamie morale Brytyjczyków. Faktycznie „bronie odwetowe" okazały się zupełnym fiaskiem. Pierwsze pociski V-1 spadły na Londyn już po lądowaniu aliantów w Normandii, a ofensywa sprzymierzonych sprawiła, że Anglia szybko znalazła się poza zasięgiem *Wunderwaffe*. W sierpniu weszły do boju V-2; większość z nich wystrzelono w kierunku Antwerpii, która była głównym portem alianckim jesienią 1944. W sumie Niemcy odpalili ponad 20 tys. pocisków V-1 i ponad 3 tys. V-2. Efekty psychologiczne były duże, lecz straty znacznie mniejsze niż powstałe na skutek działań konwencjonalnego lotnictwa. Siła niszcząca wszystkich pocisków V-1 i V-2 wystrzelonych podczas wojny nie była większa niż łączna masa bomb zrzucanych na Niemcy przez alianckie lotnictwo tylko podczas jednej nocy.

Niemcy posunęli naprzód technikę wojenną, lecz zmarnowali potężne zasoby materialne i ludzkie, które użyte do produkcji zwykłych myśliwców byłyby znacznie groźniejsze dla aliantów. Na początku 1945 Luftwaffe miała na wyposażeniu odrzutowe myśliwce, znacznie przewyższające maszyny aliantów. Przemysł niemiecki nie był jednak w stanie produkować ich w odpowiedniej liczbie. Najważniejszy wyścig – kto pierwszy skonstruuje bombę atomową – wygrały Stany Zjednoczone, III Rzesza miała natomiast niewątpliwą przewagę w technologiach rakietowych. Trudno sobie nawet wyobrazić, co by było, gdyby latające bomby V-1, które spadały na Londyn w czerwcu 1944, miały ładunek jądrowy... Wynalazki niemieckie wywarły ogromny wpływ na następne wojny, dostając się w ręce zwycięzców, którzy rozwinęli niemieckie pomysły. Przykładem może być pozostająca do dziś na uzbrojeniu wielu armii sowiecka rakieta „SCUD", będąca tylko nieco unowocześnioną wersją V-2.

MONTE CASSINO

Monte Cassino, wyniosła góra w środkowych Włoszech zwieńczona opactwem Benedyktynów, dominuje nad drogą Neapol–Rzym. Zimą 1944 była kluczową pozycją w systemie niemieckiej obrony, tzw. linii Gustawa (bronionej przez 10. i 14. armie niemieckie) na trasie do Wiecznego Miasta. W rejonie klasztoru, w masywie górskim wznoszącym się nad doliną rzeki Liri i drogą nr 6 (via Casilina), doborowa niemiecka 1. Dywizja Strzelców Spadochronowych zablokowała najdogodniejsze połączenie komunikacyjne południowych Włoch z Rzymem. Doskonale wyszkoleni, pochodzący z ochotniczego zaciągu niemieccy żołnierze nie tylko dysponowali potężnym wsparciem ciężkiej artylerii, ale mogli także liczyć na współdziałanie niemieckich strzelców górskich, na czas walk o Górę Klasztorną odkomenderowanych pod ich rozkazy. Alianckie bombardowanie 15 lutego obróciło klasztor w gruzy, ale obrońcom to nie przeszkadzało. Głębokie lochy klasztoru, rozrzucone po zboczach bunkry i pola minowe stanowiły wystarczająco groźną zaporę. Rejon Monte Cassino atakowany był bez powodzenia od stycznia do marca 1944. Od grudnia 1943 w Italii walczył Francuski Korpus Ekspedycyjny, którego dowódcą był gen. Alphonse Juin. Strefa działań korpusu na stokach Abruzzów obejmowała pustynny, pokryty śniegiem obszar górski o kamiennych szczytach. Najcięższe boje toczyła 2. Marokańska Dywizja Piechoty. Zdziesiątkowanej dywizji przysłano posiłki: 3. Dywizję

Północnoafrykańską i 4. Dywizję Marokańską. Natarcie rozpoczęło się 12 stycznia. Korpus Ekspedycyjny przełamał kolejne linie niemieckiej obrony, co zostało uwieńczone zdobyciem masywu Belveder. Pozycja przechodziła wiele razy z rąk do rąk. 4. Pułk Strzelców Tunezyjskich zdobył ją ostatecznie, tracąc 80% stanu. Atak został jednak zatrzymany. Alianci nie byli w stanie przełamać umocnień w rejonie Cassino, dopóki w rękach niemieckich pozostawała Góra Klasztorna. Bezskutecznie próbowały ją zdobyć jednostki amerykańskiej 5. Armii, Korpusu Nowozelandzkiego i 4. Hinduskiej Dywizji Piechoty. Ponawiane ataki kończyły się rzezią walecznych żołnierzy. Melchior Wańkowicz pisał: „Gurkowie! Świetny żołnierz, sławiony przez wszystkich angielskich pisarzy. Nieulękli i zacięci. Weterani bojów w terenach górskich Afganistanu, Syrii, Abisynii i Tunisu. Pułki, w których oficerowie angielscy ubiegali się o zaszczyt służenia. Poszły ich dwie kompanie na klasztor, trafiły na zbity gąszcz ciernistych krzaków, w których uplątali się i zostali wybici – do nogi". Z sikhijskiego batalionu strzelców Rajputana Rifles ocalało 40 szeregowych i ani

Czołgi 2. Brygady Pancernej w czasie walk we Włoszech

jeden oficer. W czasie walk na podejściach do Monte Cassino 4. Hinduska Dywizja Piechoty straciła 3 tys. ludzi. Mimo to, po raz pierwszy w ciągu swej długiej historii, nie osiągnęła wyznaczonego celu.

Przygotowując się do kolejnej ofensywy, dowództwo alianckiej 15. Grupy Armii powierzyło najtrudniejsze zadanie Polakom. Winston Churchill pisał: „Wejście Polaków do boju staje się obecnie kwestią pilną. Polacy w ostatnich latach nic nie robili, choć włożono w nich znaczną ilość starań i sprzętu". I choć słowa brytyjskiego premiera były oczywistym fałszem, to oddawały nastroje w alianckim dowództwie. Gen. Władysław Anders przyjął więc od dowództwa alianckiego zadanie bezpośredniego ataku na wzgórze klasztorne, choć zdawał sobie sprawę z ryzyka, jakim jest rzucenie na tak trudny odcinek żołnierzy, dla większości których miał to być *de facto* chrzest bojowy. O zgodzie generała przesądziły względy natury politycznej – sukces Polaków we Włoszech mógł wpłynąć na pozycję kraju w alianckich negocjacjach z Sowietami w sprawie powojennego kształtu Europy Środkowej.

Decyzja o przetransportowaniu II Korpusu na front włoski zapadła w grudniu 1943. Jego jednostki formowały się w ramach najpierw Armii Polskiej w ZSRR, a po jej wyjściu z terytorium Związku Sowieckiego – w ramach utworzonej we wrześniu 1942 w Iraku Armii Polskiej na Wschodzie (APW). Dowódcą obu tych formacji był gen. Władysław Anders. W skład II Korpusu weszły: 3. Dywizja Strzelców Karpackich (3. DSK), 5. Kresowa Dywizja Piechoty (5. KDP), 2. Brygada Pancerna oraz grupa artylerii. Kierowane przez gen. Zygmunta Szyszko-Bohusza przygotowania jednostek do działań bojowych odbywały się na terenie baz w Iraku, Palestynie i Egipcie. Styl mundurów angielskich przypadł do gustu polskim żołnierzom, ale zachowali wszystkie narodowe znaki, na hełmach malując białe orły, w oznakach – szyszaki i skrzydła husarskie, w naszywkach – imię Polska (Poland). Przewóz morzem organizowały władze brytyjskie. Transport w pięciu rzutach, przeprowadzonych do kwietnia 1944, objął 44,3 tys. żołnierzy, 11,8 tys. pojazdów mechanicznych i 580 dział. Dywizje piechoty wyładowały się w Tarencie, a brygada czołgów w Neapolu. Na terenie Włoch II Korpus wszedł w skład 8. Armii brytyjskiej. Pierwsze jego oddziały (3. DSK) weszły na front na przełomie stycznia i lutego, zajmując stanowiska obronne nad rzeką Sangro. Walki prowadzone na tym odcinku przez jednostki polskie trwały do końca kwietnia

Żołnierz II Korpusu w ruinach niemieckich umocnień na Monte Cassino

i miały charakter pozycyjny, ograniczając się do rozpoznania bojowego i wymiany ognia artyleryjskiego z niemiecką 114. Dywizją Piechoty.

W maju 1944 żołnierze II Korpusu stoczyli bitwę o Monte Cassino, jedną z najbardziej zaciekłych batalii w historii polskiego oręża. Samo przegrupowanie wojsk do natarcia był przedsięwzięciem trudnym. Tylko dwie wąskie drogi przecinające rzekę Rapido łączyły wysunięte pozycje z zapleczem korpusu. Zaopatrzenie i broń przerzucano łazikami, by u stóp gór przeładować je na grzbiety mułów, prowadzonych dalej wąskimi ścieżkami. Dowódcy dywizji już wcześniej wylosowali kierunki natarcia: Kresowej przypadło Widmo–San Angelo, a Karpackiej – wzgórza 593 i 569. Oddziały przesłonowe chroniące przygotowania do natarcia miały swe pozycje miejscami ledwie o kilkadziesiąt metrów oddalone od nieprzyjaciela. Niemcy okopani w górskich kryjówkach mieli wgląd w polskie przygotowania, ale ukształtowanie terenu wykluczało inne rozwiązanie. Spadochroniarze przygotowywali się na śmiertelny bój. Ich dowódca pisał w rozkazie: „Cały świat patrzy na was. Cassino jest dla Niemców symbolem niegasnącego heroizmu". Podobne nastroje panowały wśród aliantów. Gen. Harold Alexander swój rozkaz do mających pójść w bój żołnierzy II Korpusu zakończył słowami rzuconymi przez adm. Nelsona w bitwie pod Trafalgarem: „Niech każdy wykona swój obowiązek".

Pierwszy atak oddziały II Korpusu rozpoczęły w nocy z 11 na 12 maja. Natarcie na sąsiadujące z klasztorem wzgórza prowadziła 5. Kresowa Dywizja Piechoty pod dowództwem gen. Nikodema Sulika oraz 3. Dywizja Strzelców Karpackich gen. Bronisława Ducha. Natarcie wspierało przygotowanie ogniowe 224 dział artylerii Korpusu (wsparcie ogniowe było o wiele słabsze niż to, którym dysponowali poprzednicy szturmujący strome wzgórze) oraz artylerii sąsiednich jednostek brytyjskich. Jednak ani nawała ogniowa, ani bombardowanie lotnicze nie zniszczyło schronów, w których kryli się niemieccy spadochroniarze. Doskonale zamaskowane, wymagały od atakujących Polaków szczególnej determinacji – każdy trzeba było zdobywać oddzielnie, pełznąc pod ogniem karabinów maszynowych, wrzucając przez strzelnice granaty. Walka momentami przygasała, gdyż atakującym szybko kończyła się amunicja, a jej dostarczanie na pierwszą linię było trudne. Na wzgórzu San Angelo żołnierze w bezsilnej wściekłości obrzucali niemieckie pozycje kamieniami. Niedoświadczony żołnierz II Korpusu walczył jak równy z równy z elitą niemieckiej armii, braki wyszkolenia nadrabiając zaciekłością i heroicznym poświęceniem. Pamiętnikarze przekazali potomnym liczne przykłady patriotyzmu i bohaterstwa atakujących. Wzięci do niewoli spadochroniarze mówili: „że w takim straszliwym ogniu jeszcze nie byli, że tak zaciekłego przeciwnika jeszcze nie spotkali. A są między nimi starzy weterani, żołnierze mający po dwadzieścia kilka miesięcy frontu, odznaczeni krzyżami za waleczność". Ostatecznie jednak wszystkie ataki polskich oddziałów zostały odparte. W nocy z 12 na 13 maja zdziesiątkowane jednostki 1. Brygady 3. DSK i 5. Brygady Wileńskiej 5. KDP wycofały się – zgodnie z rozkazem gen. Andersa – na pozycje wyjściowe. Ale ofiara – zwłaszcza Karpatczyków – nie była daremna. Natarcie II Korpusu związało główne siły niemieckiej 1. Dywizji Spadochronowej, ściągnęło na siebie większość ognia artylerii nieprzyjaciela, ułatwiając w ten sposób XIII Korpusowi brytyjskiemu sforsowanie rzeki Rapido i uchwycenie przyczółków. Brytyjski historyk napisał: „Nie zdobyto terenu, ale Niemcy zostali ciężko poturbowani. Swym poświęceniem na wierzchołkach gór Polacy ułatwili zadanie dywizjom brytyjskim, działającym w dolinie...". Gen. Anders planował ponowne natarcie, zdecydowano jednak odłożyć je do czasu, gdy brytyjski XIII Korpus posunie się dalej, zagrażając niemieckim liniom i wiążąc część nieprzyjacielskich odwodów i ognia artylerii. Przerwę w walkach Polacy wykorzystali na rozpoznanie terenu, lokalizację stanowisk ogniowych nieprzyjaciela, ostrzał i bombardowanie pozycji wroga.

Natarcie wznowiono 17 maja, choć pierwsze oddziały znalazły się w ogniu już wieczorem 16 maja. Przez dwa dni żołnierze 5. Dywizji Kresowej toczyli bardzo ciężkie boje o wzgórze San Angelo, wprowadzając do akcji wszystkie swoje odwody, z kierowcami i obsługą warsztatów włącznie. Ogień snajperów, wybuchy min, kłopoty z ewakuacją rannych nie wpłynęły na morale Polaków. Miejscami walczono wręcz – kolbami karabinów, nożami i na pięści. Opór niemiecki zaczął słabnąć, ale nawet

Gen. Władysław Anders po zdobyciu Monte Cassino salutujący przed sztandarami 3. Dywizji Strzelców Karpackich i 5. Kresowej Dywizji Piechoty

Cmentarz polowy żołnierzy II Korpusu poległych pod Monte Cassino

w tej fazie walki poddawanie się nadal było rzadkością. Jedni i drudzy walczyli do końca. Sąsiednie wzgórza atakowali żołnierze 3. Dywizji Strzelców Karpackich. Po wyparciu ze wzgórz okalających od północy masyw klasztorny Monte Cassino, oddziały niemieckiej 1. Dywizji Spadochronowej wycofały się z klasztoru w nocy z 17 na 18 maja. Właściwie były to już tylko niedobitki. Po starciu z Polakami 1. kompania 3. batalionu spadochronowego składała się z 1 oficera, 1 podoficera i 1 szeregowca. Rankiem 18 maja patrol 12. Pułku Ułanów Podolskich wkroczył do ruin klasztoru i zatknął polską flagę oraz proporczyk w barwach pułku naprędce sporządzony z czerwonej i granatowej chusty oraz bandaża. Około południa nad Monte Cassino powiewała flaga biało-czerwona dostarczona z dowództwa korpusu. Po południu amerykański samolot zrzucił obok polskiej flagi bukiet róż. Anglojęzyczne rozgłośnie radiowe bez końca powtarzały komunikat o zwycięstwie, raz po raz życząc „Long live Poland". Gen. Alexander był pod wielkim wrażeniem tego zwycięstwa. Do polskich sztabowców powiedział: „Jeżeli mi dano do wyboru pomiędzy jakimikolwiek żołnierzami, których chciałbym mieć pod swoim dowództwem, wybrałbym was, Polaków".

Tego samego dnia patrol Dywizji Strzelców Karpackich nawiązał styczność z nacierającymi od południa oddziałami XIII Korpusu brytyjskiego. Niemiecka linia Gustawa została w ten sposób ostatecznie przerwana. Oddziały polskie kontynuowały natarcie, przełamując w następnym tygodniu kolejną niemiecką pozycję obronną – linię Hitlera – w jej północnym odcinku w rejonie Piedimonte i wzgórza Monte Cairo (zdobytego 25 maja).

W walkach w rejonie Monte Cassino II Korpus stracił 924 poległych, 2930 rannych i 345 zaginionych. Korespondent wojenny „Daily Herald" pisał: „Zwłoki bohaterów, dzielnych żołnierzy polskich znaczą krętą ścieżkę, którą wspinałem się ku resztkom klasztoru benedyktynów. Sanitariusze zakrywają twarze zabitych i zwłoki owijają w koce". Okupiony ciężkimi ofiarami triumf wojskowy stał się także wielkim sukcesem propagandowym Polskich Sił Zbrojnych, spotykając się z bardzo żywym odzewem w kraju, w podziemnej prasie, w nastrojach społeczeństwa. W polskiej tradycji i legendzie walk niepodległościowych zwycięską bitwę upamiętnia pieśń *Czerwone maki na Monte Cassino*, napisana jeszcze w czasie walk we Włoszech przez jednego z poetów-żołnierzy II Korpusu Feliksa Konarskiego „Ref-Rena". Pięć dni po zdobyciu przez Polaków Monte Cassino alianci wznowili natarcie. Mieli przewagę liczebną, a bitne, marokańskie dywizje górskie były bliskie okrążenia Niemców. Jednak dowodzący amerykańską 5. Armią gen. Clark, zanim jego wojska spotkały się z Korpusem marszałka Juina, ruszył na Rzym. Posunięcie to otwarło Niemcom drogę ucieczki. Dzięki bufonadzie oficera, który chciał ujrzeć się w roli kolejnego zdobywcy Wiecznego Miasta, Wehrmachtowi udało się wycofać siły główne. 5. Armia zdobyła Rzym 4 czerwca, ale niemiecka 10. Armia zdążyła ujść na północ i znów przygotować się do obrony.

Bitwa o Monte Cassino to także najlepszy dowód, że II wojna w pełni zasługuje na określenie „światowa". Na stokach i u podnóża Góry Klasztornej zginęli żołnierze z wszystkich niemal zakątków globu.

SAMODZIELNA KOMPANIA KOMANDOSÓW

Już nazwa tych gruntownie wyszkolonych żołnierzy ma w sobie coś ekscytującego. Kojarzy się z najtrudniejszymi działaniami, bezprzykładną odwagą i poświęceniem, wreszcie... dotkliwymi stratami. Sceptycy mawiają o komandosach: „wojska jednorazowego użytku". Ale historia ostatnich 50 lat uczy, że tam, gdzie nie pomaga pięść pancernego uderzenia i falowe ataki piechurów, skuteczna bywa „chirurgiczna" operacja wyspecjalizowanego zespołu. W okresie międzywojennym specjalne grupy rozpoznawczo-dywersyjne miała większość armii europejskich. Przeważnie wywodziły się one z jednostek strzelców górskich, doborowych regimentów piechoty lub oddziałów spadochronowych. Niemcy mieli do dyspozycji m.in. jednostkę Abwehry „Brandenburg" oraz 500. Batalion Spadochroniarzy SS. W Wielkiej Brytanii konserwatywna hierarchia wojskowa, niechętna nowinkom, kurczowo trzymała się klasycznych sposobów prowadzenia wojny. Inicjatywa utworzenia niewielkich sił specjalnych wyszła dopiero latem 1940 od płk. Dudleya Clarka ze Sztabu Imperialnego. W War Office powołano sekcję MO9, której zadaniem było przygotowanie ludzi do akcji dywersyjnych na południowym brzegu kanału La Manche i w Skandynawii. Pod koniec lata 1940 utworzono 12 jednostek Commando. Każda z nich miała w przybliżeniu stan batalionu piechoty. W szeregach znaleźli się ochotnicy z całej brytyjskiej armii (oprócz żołnierzy Królewskiej Piechoty Morskiej – marines tworzyli strategiczną rezerwę, gdyby zaistniała potrzeba desperackiej obrony Londynu). W październiku 1941 na ich czele stanął lord Louis Mountbatten. Prócz jednostek czysto brytyjskich utworzono mieszane 10. Międzyalianckie Commando.

28 sierpnia 1942 w skład 10. Commanda weszła także 6. Polska Kompania Komandosów, powołana do życia rozkazem gen. Władysława Sikorskiego. Ochotników kierowano do szkockiego zamku Achnacary, leżącego w samotnej dolinie wśród bagien i jezior. Przez ten ośrodek szkoleniowy przeszło łącznie ok. 25 tys. komandosów z USA, Belgii, Polski, Francji, Węgier, Holandii i innych krajów antyhitlerowskiej koalicji. Wśród eksplozji granatów i grzechotu ostrej amunicji przyszli komandosi pokonywali tory przeszkód, forsowali rwące potoki i wspinali się na urwiste skały. Nieustannie doskonalili sprawność fizyczną. Uczyli się walki wręcz i umiejętności radzenia sobie w każdych warunkach klimatycznych. Wśród polskich komandosów przeważali ochotnicy z 2. Batalionu Grenadierów Wielkopolskich (tzw. kratkowanych lwiątek). Na ich czele stał kpt. Władysław Smrokowski, oficer strzelców podhalańskich. Po zakończeniu szkolenia kompania liczyła 88 żołnierzy. We wrześniu 1943 przerzucono ich

Komandosi w rejonie wzgórza San Angelo w bitwie pod Monte Cassino

drogą morską do Algieru, a stamtąd do włoskiego Tarentu, gdzie weszli w skład międzynarodowej 2. Brygady Służby Specjalnej.

Pierwsze zadania bojowe – głównie rozpoznawcze – polscy komandosi wykonali nad rzeką Sangro, oddzielającą wojska alianckie od niemieckich. Patrole prowadzili wspólnie z komandosami belgijskimi. 15 grudnia zginął pierwszy żołnierz jednostki – Franciszek Rogucki, słabo mówiący po polsku ochotnik z amerykańskiego Pittsburga. Na wojskowym grobie w Capracotta w Abruzzach koledzy umieścili krzyż, polski proporczyk i znak komandosów. Boże Narodzenie Samodzielna Kompania spędziła w Pescopenntaro. Tam zatrzymali gwałtowny wypad niemieckich strzelców alpejskich, którzy próbowali przedrzeć się na alianckie tyły. Po opuszczeniu Abruzzów komandosów skierowano w rejon Neapolu, gdzie przygotowywano wypad jednostek specjalnych przez rzekę Garigliano. Polacy, podporządkowani taktycznie 56. Londyńskiej Dywizji Piechoty, forsowali przeszkodę wodną wraz z komandosami Królewskiej Piechoty Morskiej. W czasie zaciekłych walk o wyniosłe wzgórza za rzeką poległo 4 komandosów, a 22 zostało rannych. Przerzedzony oddział wycofał z akcji brygadier Tom Churchill. Polacy obawiali się, że może to oznaczać wyłączenie ich ze zwartych struktur alianckich jednostek specjalnych. Mimo całego patriotyzmu niewielu miało ochotę przejść w szeregi II Korpusu gen. Andersa. Bali się roztopienia w jego szeregach. Byli dumni ze swej wyjątkowości i chcieli jej zachowania. Powszechnie mówiono: „Nawet do Birmy, ale razem...".

Ich solidarność umacniało poczucie zagrożenia. Po nieudanym desancie na Dieppe w sierpniu 1942, dowództwo Operacji Połączonych forowało akcje o charakterze małych, ale skutecznych rajdów. Jednym z nich była operacja „Bazalt", przeprowadzona w nocy 3 października 1942. Podczas lądowania na Sark, jednej z wysp kanału La Manche, komandosi pojmali czterech żołnierzy niemieckich. W trakcie wycofywania się komandosów doszło do walki, zginęło wówczas także czterech jeńców. Niemcy uznali ten fakt za zbrodnię wojenną i szeroko nagłośnili w swojej propagandzie. Reakcją Hitlera na to wydarzenie było wydanie 18 października 1942 rozkazu dotyczącego sił specjalnych: „Nasi przeciwnicy już od dłuższego czasu sposobem prowadzenia wojny naruszają Międzynarodową Konwencję Genewską. Żołnierze tak zwanych jednostek specjalnych postępują szczególnie brutalnie i podstępnie. W związku z tym wydaję rozkaz, aby od chwili obecnej dążyć do unicestwienia

Ćwiczenia komandosów

wszystkich jednostek specjalnych biorących udział w tak zwanych rajdach komandosów w Europie i Afryce". Niemcy wyłączyli komandosów z normalnych procedur wojennych. Odtąd jeńcy mieli być przekazywani gestapo i po przesłuchaniach rozstrzeliwani.

Mimo najrozmaitszych obiekcji i zakulisowych prób zmiany decyzji dowództwa, polscy komandosi trafili do II Korpusu. W kwietniu 1944 brygadier Churchill zapewniał ich, że to tylko czasowy przydział, ale nie miał racji. Komandosi wzięli udział w drugim polskim ataku na Monte Cassino. Wzgórza San Angelo i Widmo miały być zdobywane m.in. przez Zgrupowanie Commando złożone z Samodzielnej Kompanii i szturmowego szwadronu 15. Pułku Ułanów Poznańskich. W heroicznych bojach komandosi wykonali postawione przed nimi zadania, ale 17 maja kompania stopniała do 11 oficerów i 55 żołnierzy – w większości lżej lub ciężej rannych. Zdziesiątkowany oddział nie przedstawiał chwilowo większej wartości bojowej. Tak przynajmniej uznało dowództwo II Korpusu, a gen. Anders wcielił do kompanii podległą sobie ochotniczą włoską 111. Kompanię Ochrony Mostów, którą przemianowano na 2. Kompanię Zgrupowania Komando. Mjr Smrokowski był wściekły – jego doskonale wyszkolonych komandosów zmieszano z pełnymi werwy żółtodziobami. Wykonywanie zadań, do jakich przygotowywano ich w brygadzie specjalnej, stało się teraz niemożliwe. 21 czerwca Zgrupowanie przerzucono na odcinek adriatycki i podporządkowano 3. Dywizji Strzelców Karpackich. „Starym" komandosom wyznaczono zadania rozpoznawcze, Włochów włączono do oddziałów uderzeniowych atakujących w kierunku Ankony. W lipcu Zgrupowanie podzielono i 1. Samodzielną Kompanię dołączono do 2. Brygady Pancernej. Wspierali i osłaniali idące do ataku czołgi 1. Pułku Ułanów Krechowieckich, m.in. w walkach o Case Nuove i Castelferreti. Polegli w nich kolejni z garstki komandosów. W tym czasie włoska 2. Kompania ścigała Niemców wraz z Pułkiem Ułanów Karpackich. Była pierwszym oddziałem II Korpusu, który wkroczył do Ankony.

Po walkach w rejonie Ankony Zgrupowanie przerzucono do Numana. Tam zostało rozwiązane. Włosi trafili do Pułku Ułanów Karpackich, a „starych" komandosów rozformowano. 25 lipca kompanię wizytował gen. Kazimierz Sosnkowski. Powiedział wówczas do nich: „Straty wasze w zabitych i rannych wyniosły ponad trzy czwarte stanu oddziału. Nie załamać się, nie stracić ducha, zachować ciągłą chęć do walki przy tak dużych stratach może tylko żołnierz najwyższej klasy". Precyzyjnie rzecz biorąc 20% komandosów zginęło, a 70% zostało rannych. Wśród odznaczeń, które otrzymali, było 20 krzyży Virtuti Militari (w tym złoty dla mjr. Smrokowskiego) i 47 Krzyży Walecznych (niektórzy dostali po 2, a nawet 3 odznaczenia). Nadających się jeszcze do walki komandosów wcielono – jako kadrę – do Polskiego Batalionu Komandosów, przekształconego wkrótce w 2. Baon Komandosów Zmotoryzowanych. Jego żołnierze chętnie powoływali się na tradycje kolegów. Umiejętnościami im nie dorównywali – w warunkach frontowych szybkie i wszechstronne wyszkolenie komandosów było niemożliwe.

Po wojnie większość „starych" została na Zachodzie. Ich dowódca mjr Smrokowski zmarł w Chicago w 1965; nie doczekał wielkiego święta alianckich komandosów, które odbyło się w Londynie w 1971. W trakcie uroczystości weterani zaproszeni przez lorda Mountbattena (także reprezentacja Samodzielnej Kompanii) złożyli w kaplicy św. Jerzego w Opactwie Westminsterskim swą flagę bitewną „Battle Honours Flag" oraz pergaminową „Roll of Honour", na której spisano nazwiska 1706 komandosów różnej narodowości poległych w walce ze wspólnym wrogiem.

FALAISE

Powodzenie operacji „Overlord", zapoczątkowanej lądowaniem aliantów w Normandii 6 czerwca 1944, było dobrym prognostykiem dla okupowanej Europy. Teraz miała nastąpić zasadnicza faza otwierania „drugiego frontu". Plan przewidywał ściągnięcie Niemców w rejon Caen i zastawienie na nich pułapki. Jednocześnie Amerykanie mieli zdobyć port Cherbourg, by mogły doń wpływać statki z zaopatrzeniem. Jako kolejne etapy wyznaczono zdobycie Bretanii, a następnie marsz w kierunku Sekwany i Renu. Zgodnie z założeniami Ren powinien być sforsowany w ciągu 11 miesięcy od dnia „D". Działania rozpoczęły się planowo. Cherbourg otoczono 20 czerwca i zdobyto tydzień później. Do 8 lipca zdobyto połowę Caen, a miasto zostało zniszczone przez alianckie bombowce. 18 i 19 lipca Brytyjczycy przeprowadzili ofensywę „Goodwood", polegającą na oskrzydleniu miasta. Niemcy stracili tysiące żołnierzy i wiele sprzętu; feldmarszałek Erwin Rommel cudem uszedł z życiem, ostrzelany w swym samochodzie sztabowym przez brytyjski myśliwiec. Zniszczone tory kolejowe uniemożliwiły im przewiezienie posiłków z południa Francji. Zresztą sam Hitler niweczył próby zorganizowania skutecznej obrony, panicznie bojąc się przegrupowania oddziałów z rejonu Pas de Calais, uważał bowiem działania w Normandii za wojenny podstęp i nieustannie spodziewał się rozpoczęcia drugiej fazy inwazji, która – jego zdaniem – mogła mieć miejsce tylko w wąskiej (i znakomicie przez Niemców ufortyfikowanej) Cieśninie Kaletańskiej. Groźne dywizje pancerne stały więc bezczynnie w chwili, kiedy alianci rozbudowywali swe siły na kontynencie.

Amerykanie, których piechota od 3 lipca toczyła żmudną i krwawą bitwę wśród żywopłotów Normandii, zgromadzili potężne siły pod dowództwem gen. George'a Pattona, przełamali front i wkroczyli do Bretanii; 31 lipca dotarli do Avranches. Dopiero wtedy niemieckie dywizje pancerne dostały rozkaz ataku. Za późno – dwa tygodnie wcześniej zepchnęłyby Amerykanów do morza, teraz z łatwością zostały zatrzymane pod Mortain. Brytyjski głównodowodzący gen. Bernard Montgomery bez wahania ruszył na południe, a Patton rozpoczął manewr oskrzydlający. 14 sierpnia skrzydła sprzymierzonych armii oddzielało tylko 20 km po każdej stronie Falaise. Armia niemiecka znajdowała się prawie w okrążeniu. Gen. Hans von Kluge, który zajął stanowisko Rommla, bez ogródek oświadczył Hitlerowi, że jedyną nadzieją uratowania pozostałych dywizji jest natychmiastowy odwrót. Uzyskał zgodę.

Żołnierze 1. Dywizji Pancernej na tle niemieckiej „Pantery"

W walkach w Normandii aktywny udział brali polscy lotnicy i marynarze. Jednak szczególną sławę zyskała 1. Dywizja Pancerna. Sformowana w Szkocji na podstawie rozkazu gen. Władysława Sikorskiego z 25 lutego 1942, kontynuowała tradycje przedwojennej 10. Brygady Kawalerii Zmotoryzowanej oraz walczącej w 1940 we Francji 10. Brygady Kawalerii Pancernej. Dowódcą dywizji (tak jak obu wcześniejszych brygad) był gen. Stanisław Maczek. Stan wyjściowy dywizji, po dwuletnim okresie formowania i szkolenia w bazach w Szkocji i Anglii, wynosił 15 tys. żołnierzy, 380 czołgów i 4 tys. pojazdów mechanicznych. Jednostka wylądowała na plażach Normandii – w Bernieres sur Mer – na przełomie lipca i sierpnia 1944 i później walczyła w składzie II Korpusu kanadyjskiej 1. Armii (były w niej także jednostki belgijskie, holenderskie, czeskie i amerykańskie) z 21. Grupy Armii dowodzonej przez Montgomery'ego.

Pierwsze zadanie bojowe dywizji polegało na opanowaniu węzła komunikacyjnego Falaise i zamknięciu (wspólnie z jednostkami kanadyjskimi) okrążenia niemieckiej 7. Armii. 7 sierpnia dywizja zajęła pozycje bojowe na południu Caen. Mimo dwukrotnego omyłkowego zbombardowania przez lotnictwo alianckie i twardego oporu dobrze ufortyfikowanych Niemców, polscy żołnierze przełamali główną pozycję obrony nieprzyjaciela i do 15 sierpnia osiągnęli rzekę Laison, znad której rozpoczęli manewr oskrzydlający z zadaniem połączenia się z nacierającymi od południa jednostkami amerykańskimi. Dywizja, uderzając z rejonu Caen w kierunku Falaise, włamała się w niemiecką obronę na głębokość 20–25 km. Niestety, jej skrzydła zostały zagrożone niemieckimi kontratakami. Rozpaczliwie próbujące znaleźć drogę wyjścia z pułapki i przedrzeć się na wschód silne, doświadczone oddziały wroga, naciskane przez aliantów kierowały się ku polskim pozycjom.

W tak trudnej sytuacji dywizja, działając samodzielnie, 19 sierpnia wieczorem opanowała część wzgórz Mont Ormel i miejscowość Chambois, blokując drogę siłom niemieckim; zamknęła jedyny węzeł komunikacyjny, którym okrążone oddziały niemieckie mogły wydostać się z kotła. Jak stwierdził brytyjski marszałek Bernard Montgomery: „Niemcy byli jakby w butelce, a polska dywizja była korkiem, którym ich w niej zamknęliśmy". Malownicze to porównanie, ale naprawdę „butelka" była nieszczelna, a masy wojsk niemieckich stanowiły niesłychanie potężną siłę. Bliższe realiom wydaje się porównanie uczynione przez jednego z oficerów dywizji, który tak określił zaistniałą sytuację: „Trzymamy byka za rogi, ale sojusznicy biją go po bokach i ogonie". Zadanie wyznaczone dywizji teoretycznie znacznie przekraczało jej możliwości. Pierwotnie przewidywano do wykonania jej zadania dwa alianckie korpusy, składające się aż z 8 dywizji.

Polacy, którzy zmuszeni zostali do przejścia do obrony, znajdowali się w trudnym położeniu. Atakowali ich od zachodu Niemcy pragnący wydostać się z okrążenia, a od wschodu usiłujące przyjść im z pomocą jednostki II Korpusu Pancernego SS. Dywizja stworzyła trzy strefy obrony okrężnej: wzgórze 113 (na północ od Chambois), samo miasteczko Chambois i wzgórze 262, które do polskiej tradycji przeszło pod nazwą Maczuga. Walczących Polaków wspierał jedynie amerykański 359. Pułk Piechoty, wiążąc część sił niemieckich rozproszonych w lasach koło Goufferne. Obrońcy Maczugi odpierali kolejne fale niemieckich ataków prowadzonych z użyciem czołgów. Przedpole wzgórza pokrywały wraki pojazdów pancernych i ciała poległych. Walki były niezwykle zacięte. Świadczą o tym m.in. powojenne wspomnienia dowodzącego w bitwie jedną z brygad gen. Franciszka Skibińskiego: „Niemcy walczyli po desperacku. Zbliżali się na odległości szturmowe i poddawali się dopiero po położeniu stosów trupów i po straceniu wszystkich czołgów". Walczącym żołnierzom brakowało amunicji, żywności i środków medycznych. Organizowane przez sztab dywizji konwoje z zaopatrzeniem były niszczone lub zatrzymywane przez nieprzyjaciela; jeden został całkowicie rozbity przez alianckie lotnictwo. W dzienniku kanadyjskiego 22. pułku pancernego, który przyszedł z odsieczą 21 sierpnia zapisano: „Obraz wzgórza 262 był najdzikszy ze wszystkich napotkanych dotychczas przez pułk. Polacy nie dostawali zaopatrzenia od trzech dni. Mieli wiele setek rannych, którzy nie mogli być ewakuowani. Droga była zatłoczona spalonymi pojazdami naszymi, jak i nieprzyjacielskimi". Dopiero 22 sierpnia Niemcy zaprzestali ataków.

Alianckie dowództwo wysoko oceniło rolę, jaką w bitwie odegrali polscy żołnierze. We wrześniu 1944 w brytyjskim magazynie „Tank" w słowach pełnych uznania i szacunku odnotowano: „Dopiero teraz ogłoszono, że Polska Dywizja Pancerna pod dowództwem gen. Maczka odegrała czołową rolę w uzyskaniu zwycięstwa sprzymierzonych w Normandii, zamykając 21 sierpnia 1944 lukę, która była jedyną pozostałą drogą wyjścia dla przetrzebionej armii niemieckiej na wschód od Argentan. W ciągu 6 dni bardzo ciężkich walk Polska Dywizja wytrzymała całą furię ataku dwóch niemieckich korpusów SS, biorąc do niewoli 5 tysięcy jeńców, w tym generała O. Elfeldta, dowódcę 84. Korpusu, i 140 oficerów. Już w niewoli Elfeldt skonstatował, że miał pecha: gdyby bowiem poszedł trochę bardziej w prawo lub w lewo, nie natknąłby się na Polaków i byłby już nad Sekwaną. Spośród pól bitewnych Normandii żadne inne nie przedstawia takiego obrazu piekła, zniszczenia i śmierci jak to, które rozciąga się na północny wschód od Chambois". Od 8 do 21 sierpnia 1944 Polacy zniszczyli lub zdobyli m.in. 55 czołgów nieprzyjaciela, 49 dział, 38 transporterów opancerzonych oraz 207 pojazdów mechanicznych. Straty własne były, niestety, wysokie i wyniosły 325 poległych, przeszło 1000 rannych i 114 zaginionych. Groby poległych (także w innych walkach 1. Dywizji na terenie Francji) znajdują się na cmentarzu wojennym w Urville Langannerie, przy drodze z Caen do Falaise. W 1954 odsłonięto tam także okazały pomnik ku czci polskich żołnierzy; monument wzniesiono ze składek społeczeństwa francuskiego.

Gen. Stanisław Maczek gratulujący swoim oficerom zwycięstwa pod Falaise

Dywizja gen. Maczka utrzymała zagrożoną kontratakami pozycję, co pozwoliło aliantom na ostateczną likwidację „worka" pod Falaise i wzięcie do niewoli 60 tys. Niemców, choć większości sił wroga udało się uciec. Stało się tak dzięki poświęceniu 12. Dywizji Pancernej SS „Hitlerjugend" (ledwie 600 jej żołnierzom udało się umknąć, pozostali – ok. 9 tys. – zginęli). Mosty na Sekwanie były wprawdzie zniszczone, ale Niemcy zdołali uruchomić promy i 19 sierpnia, w chwili dotarcia aliantów do rzeki, zdążyli się ewakuować na wschodni brzeg. Następnie pospiesznie opuścili Francję, udając się do ufortyfikowanej Holandii oraz Alzacji i Lotaryngii.

Dla polskiej 1. Dywizji Pancernej bój pod Falaise był początkiem trudnego, ale chwalebnego marszu przez zachodnią Europę. 6 września dywizja przekroczyła granicę francusko-belgijską. Wkrótce wyzwoliła kilka miast belgijskich, m.in. Ypres, Boulers i Thielt. 19 września oswobodziła

Dywizja Pancerna gen. Stanisława Maczka w jednym z wyzwolonych miast Holandii

pierwsze miasto w Holandii, Axel. 28 września wzięła udział w działaniach mających na celu opanowanie południowego brzegu i ujścia Mozy, a po jej przekroczeniu wyzwoliła kolejne miasta holenderskie, m.in. stolicę Brabantu, Bredę. Ludność miast wyzwalanych spod niemieckiej okupacji przez 1. Dywizję Pancerną zachowywała Polaków we wdzięcznej pamięci. Ze szczególną serdecznością żołnierze spotkali się w Bredzie, wyzwolonej 30 października, której rada miejska podjęła następującą uchwałę: „Uwzględniając, że ta polska dywizja przez swój wojskowy talent i brawurę zasłużyła na niespłacalną wdzięczność ludności miasta Bredy, decyduje: nadać polskiej 1. Dywizji Pancernej z wojsk sprzymierzonych medal honorowy miasta Breda w srebrze, umieścić jej nazwę w księdze honorowej miasta i nadać jej obywatelstwo honorowe miasta". W listopadzie polscy pancerniacy zlikwidowali niemiecki przyczółek nad Mozą pod Moerdijk. Później nastąpiła zimowa przerwa w działaniach zaczepnych. 8 kwietnia 1945 1. Dywizja Pancerna wkroczyła na terytorium niemieckie i rozpoczęła działania we Fryzji, zbliżając się stopniowo do Wilhelmshaven, jednej z głównych baz Kriegsmarine. Walkę o przełamanie pierścienia umocnień wokół bazy 5 maja przerwało zawieszenie broni. 6 maja polskie oddziały wkroczyły do miasta i przyjęły kapitulację garnizonu, kończąc tym samym szlak bojowy. Przed zastępcą dowódcy 10. Pancernej Brygady Kawalerii płk. Antonim Grudzińskim kapitulowało 10 dowództw dywizji piechoty, 8 pułków piechoty i artylerii, 2 admirałów, 1 generał, 1,9 tys. oficerów i 32 tys. szeregowych, 3 krążowniki, 18 okrętów podwodnych i 205 mniejszych okrętów. W całym okresie swych działań dywizja wzięła do niewoli 2,2 tys. oficerów, przeszło 50 tys. szeregowych, zniszczyła 260 czołgów i dział samobieżnych oraz 310 dział przeciwpancernych. Jednocześnie straty dywizji wyniosły 304 oficerów i około 5 tys. szeregowych oraz 240 czołgów. Dywizja (od 20 maja już pod dowództwem gen. Klemensa Rudnickiego) wzięła udział w okupacji Niemiec, tworząc do 1947 polską enklawę (tzw. Maczków) w mieście Haren nad rzeką Ems.

POLACY W WALCE Z V-2 WE FRANCJI

13 czerwca 1944, dokładnie po tygodniu od lądowania aliantów w Normandii, Londyn został zaatakowany przez niemieckie bomby latające V-1. Dla mieszkańców brytyjskiej stolicy, którzy od paru lat nie byli nękani przez niemieckie lotnictwo za dnia, stanowiło to szok. Najgorsze miało jednak dopiero nadejść. Dwa dni później, 15 czerwca, w ciągu 24 godzin Niemcy wysłali nad Londyn już 200 pocisków tego typu, a w ciągu dalszych pięciu tygodni wystrzelili ich ponad 3 tys.

Bomba latająca V-1 była w istocie niewielkim samolotem bezpilotowym napędzanym umieszczonym nad kadłubem odrzutowym silnikiem pulsacyjnym. W cygarowatym kadłubie mieściło się około 850 kg materiału wybuchowego w przedniej części, w środkowej znajdował się zbiornik paliwa, a za nią system żyroskopów z automatycznym pilotem, który prowadził bombę po prostym torze do celu. Tam odcinany był dopływ paliwa, stery wychylały się automatycznie w dół i bomba spadała. Duża prędkość, blisko 650 km/h, i małe rozmiary powodowały, że początkowo była dość trudna do przechwycenia. Zasięg pocisku wynosił około 370 km, co dawało Niemcom dość spore możliwości w zakresie rozmieszczenia wyrzutni. Przypominały one rampy, których jeden koniec uniesiony był do góry.

Brytyjskie dowództwo, które o zagrożeniu wiedziało w wielkiej mierze dzięki wywiadowi Armii Krajowej, przystąpiło do działań obronnych. Wokół Londynu rozmieszczono pasy obrony artylerii i myśliwców. Dużo wcześniej do zwalczania tej broni włączyło się alianckie lotnictwo. Od jesieni 1943 załogi średnich bombowców i myśliwców bombardujących otrzymały zadanie niszczenia znajdujących się we Francji, Belgii i Holandii wyrzutni bomb latających V-1. Broń ta nie tylko mogła zniszczyć stolicę Wielkiej Brytanii, ale przede wszystkim mogłaby udaremnić inwazję na kontynent, gdyby Niemcy użyli jej do ataków na porty, gdzie gromadziła się flota desantowa. Z tych powodów już od końca 1943 samoloty rozpoznawcze tropiły charakterystyczne wyrzutnie. Do akcji wyśledzenia wyrzutni i magazynów bomb V-1 i V-2 włączony został też francuski ruch oporu. W realizacji tego zadania niezwykle bohaterską i ważną rolę odegrała też grupa Polaków.

Wielu z nich przybyło do Francji tuż po klęsce kampanii wrześniowej. Niestety, opór Francji zakończył się już po sześciu tygodniach. Większość polskich żołnierzy raz jeszcze musiała ewakuować się, tym razem do Wielkiej Brytanii. Jednak nie wszystkim się to udało. Ci, którzy pozostali we Francji, wcale nie mieli zamiaru się poddać. Już w 1940 płk Antoni

Śmiertelnie postrzelony kpt. Władysław Ważny podtrzymywany przez francuskich żandarmów

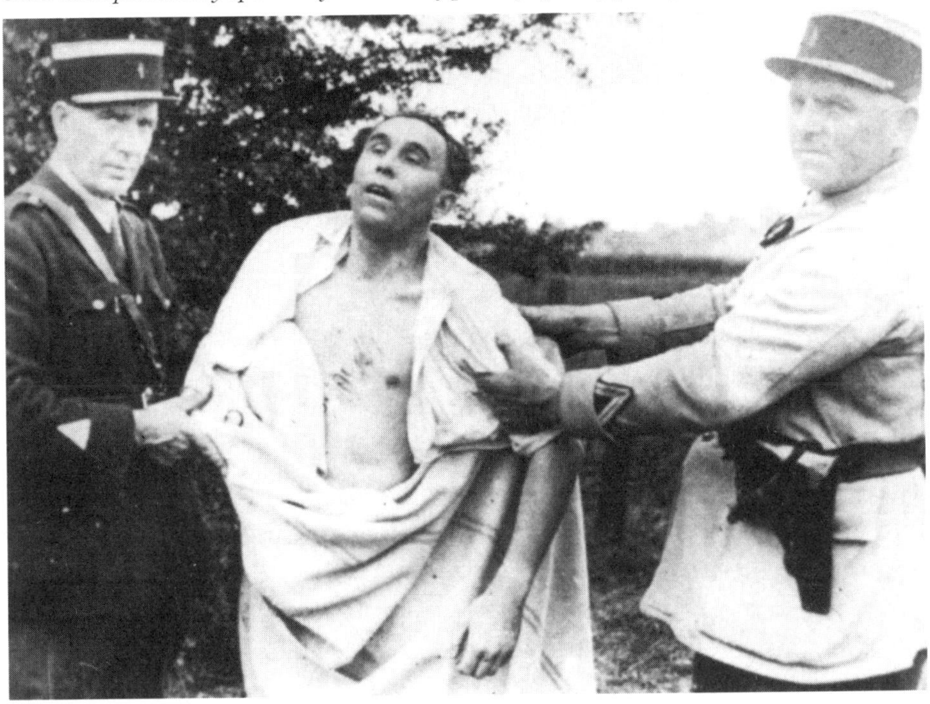

Zdrojewski („Daniel") rozpoczął tworzenie Polskiej Organizacji Wojskowej (Organisation Polonaise Militaire). W jej skład weszli głównie wojskowi, którzy przebywali we Francji. Wkrótce Polacy zaczęli współpracować z francuskim ruchem oporu, słynnym Résistance.

Tymczasem w Wielkiej Brytanii w 1940 r. powołano Special Operations Executive, organizację, której zadaniem było szkolenie i przerzut agentów do krajów okupowanych. W ramach tej ściśle tajnej, elitarnej formacji powstała również sekcja polska. Szkoleni tam żołnierze przygotowywani byli do pracy wywiadowczej i konspiracyjnej. Niektórzy cichociemni, bo tak ich nazywano, nie byli zrzucani w Polsce, lecz kierowano ich do Francji, gdzie działając w ramach Polskiej Organizacji Wojskowej, wspierali francuski ruch oporu. Jednym z nich był kpt. Władysław Ważny, który czynną walkę z wrogiem rozpoczął już w czasie wojny obronnej w 1939. Po klęsce polskiej armii, jak wielu innych, przedostał się do Francji, gdzie znów stawił czoło Niemcom. Po kapitulacji wojsk sojuszniczych, ewakuował się do Wielkiej Brytanii. Tam odbył przeszkolenie w ośrodku SOE i w nocy z 3 na 4 marca 1944 został przerzucony do Francji.

W północnej Francji działała już wówczas dobrze rozwinięta i zakonspirowana polska siatka wywiadowcza nosząca kryptonim „Monika-W". Zadaniem grupy było rozpoznanie wojsk niemieckich stacjonujących na tym terenie oraz prowadzenie sabotażu. W połowie 1944, po pierwszych atakach V-1 na Londyn, grupa „Monika-W" otrzymała też nowe zadanie. Było nim odnajdowanie magazynów i wyrzutni V-1 oraz – trudniejszych do wykrycia – V-2. Wprawdzie lotnictwo sprzymierzonych tropiło wyrzutnie z powietrza, ale Niemcy maskowali te właściwe, budując atrapy przeznaczone do zniszczenia. W ramach polskiej siatki działała Grupa Północ, tzw. Batalion Lille, która liczyła 350–400 ludzi; na czele okręgu tej grupy stał mjr Maciej Grabowski („Eugenie"). W skład grupy wchodziło kilka oddziałów zwiadowczo-dywersyjnych, których zadaniem było działanie w terenie i poszukiwanie niemieckich wyrzutni. Dowódcą jednego z oddziałów zwiadowczo-dywersyjnych, a jednocześnie zastępcą dowódcy okręgu i szefem służby informacyjno-wywiadowczej został kpt. Władysław Ważny „Tygrys".

Namierzanie wyrzutni było niezwykle niebezpieczne, gdyż Niemcy pilnie strzegli stanowisk startowych V-1 i V-2, a każdego intruza czekało w najlepszym wypadku aresztowanie, a w najgorszym natychmiastowe rozstrzelanie. Gdy już udawało się zlokalizować wyrzutnię, jej dokładne położenie musiało zostać przekazane do Wielkiej Brytanii. Zadanie to okazywało się czasem jeszcze trudniejsze od śledzenia, gdyż nadawanie meldunków radiowych przez ruch oporu było śmiertelnie niebezpieczną grą z niemieckimi oddziałami zajmującymi się namierzaniem radiostacji partyzanckich. Okupanci prowadzili stały nasłuch radiowy, a z ziemi i powietrza namierzaniem zajmowały się samoloty i ciężarówki wyposażone w radiopelengatory. Na wykryte miejsce natychmiast wysyłano oddziały mające za zadanie pojmanie partyzantów. W ten sposób 3 sierpnia wpadł i został aresztowany przydzielony „Tygrysowi" radiotelegrafista, sierż. Leon Zapała „Owidiusz".

Działająca na obszarze Armentiéres, Bruay-en-Artois, Arras, Cambrai jednostka, którą kierował kpt. Ważny, wykazała się wspaniałą skutecznością

Rakiety V-2 na wyrzutniach polowych

w wykrywaniu wyrzutni V-1 i V-2. W ciągu zaledwie 11 tygodni od czasu, kiedy kpt. Ważny został przerzucony do Francji, kierowany przez niego oddział odnalazł 84 wyrzutnie (wg innych źródeł 162), przekazując ich lokalizację, co pozwoliło lotnictwu alianckiemu na zniszczenie większości z nich. Te i inne ważne dla aliantów informacje zawarł w 173 meldunkach wysłanych do Wielkiej Brytanii. Poza tą działalnością oddział specjalizował się także w innych akcjach, takich jak przecinanie niemieckich kabli komunikacyjnych, atakowanie kolumn samochodowych oraz wysadzanie w powietrze transportów kolejowych. Niestety, w połowie sierpnia 1944 gestapo wpadło na trop „Tygrysa". 19 sierpnia kpt. Władysław Ważny zginął zastrzelony przez francuską żandarmerię w Montigny-en-Ostervent koło Douai.

Przekazane przez oddział „Tygrysa" meldunki pozwoliły zniszczyć wiele wyrzutni w krytycznym okresie walki z bombami latającymi V-1, kiedy brytyjski system obrony przed tą bronią dopiero powstawał. Dzięki jego pełnej poświęcenia, prowadzonej z wielkim narażeniem akcji dużo pocisków nigdy nie zostało wystrzelonych nad cele, oszczędzając życie niezliczonych Anglików.

O działalności kpt. Ważnego nie zapomnieli także sami Francuzi – jego imieniem nazwano po wojnie ulice w kilku miejscowościach północnej Francji. Jest też patronem szkoły w Rudzie Różanieckiej, gdzie się urodził w 1908.

ARNHEM

Późnym latem 1944 drogi Belgii, Luksemburga i Holandii zatłoczone były uciekającymi przed alianckim natarciem lokalnymi kolaborantami, żołnierzami z rozbitych jednostek Wehrmachtu, niemieckimi urzędnikami władz okupacyjnych, którzy teraz w pośpiechu i bezładnie – często rabując, zwłaszcza jakiekolwiek środki transportu – podążali w kierunku Rzeszy. Na zdjęciach zwiadu lotniczego, w raportach ruchu oporu widać było coraz większy chaos. Sytuacja wydawała się podobna do tej, która miała miejsce po przełamaniu linii Hindenburga w sierpniu 1918. Wiele wskazywało na to, że kapitulacja Niemiec była kwestią zaledwie tygodni, jeżeli niezwykłe tempo natarcia zostanie utrzymane. Alianccy dowódcy postanowili więc zrealizować nader ryzykowny plan, który – w razie powodzenia – mógł rzeczywiście skrócić wojnę o kilka miesięcy.

Zaproponowana (a zaplanowana zaledwie w 7 dni) operacja powietrzno-desantowa „Market Garden" rozpoczęła się 17 września 1944. Jej celem było zdobycie mostów na wielkich rzekach i utworzenie „korytarza" dla pancerno-motorowego uderzenia na północne Niemcy. Orędownikiem takiego rozstrzygnięcia był brytyjski marszałek polny Bernard Montgomery, dowodzący 21. Grupą Armii. Na początku września przekonał do niego głównodowodzącego, gen. Dwighta Eisenhowera. Montgomery uzyskał też niechętną zgodę gen. Lewisa Breretona, od sierpnia

Przygotowania żołnierzy Brygady Spadochronowej do akcji pod Arnhem

1944 dowódcy 1. Alianckiej Armii Powietrznodesantowej. Amerykański generał doskonale rozumiał zagrożenia czające się w szczegółach planu, miał bowiem osobiste doświadczenia w dowodzeniu jednostkami specjalnymi, a jako lotnik obawiał się uzależnienia przebiegu operacji od warunków pogodowych. Atakowi spadochroniarzy i szybowców (operacja „Market") miało towarzyszyć lądowe natarcie (operacja „Garden") przeprowadzone w tym samym czasie przez brytyjski XXX Korpus na odcinku blisko 100 km. Sukces operacji zależał od zdobycia mostów na Mozie (pod Grave), na rzece Waal (w Nijmegen) i na Dolnym Renie (w Arnhem). Przeprawy miały być bronione przez spadochroniarzy do momentu przebicia się ku nim brytyjskiej 2. Armii.

Most w Arnhem był celem najtrudniejszym, najdalej położonym. Miała go zdobyć brytyjska 1. Dywizja Powietrzna, wspierana przez polską 1. Samodzielną Brygadę Spadochronową. Była to dobrze wyszkolona jednostka o znacznym potencjale bojowym. Formowano ją z myślą o działaniach w Polsce, lecz historia zdecydowała inaczej. Powstała w latach 1940–1944 w Szkocji jako specjalna jednostka Polskich Sił Zbrojnych na Zachodzie. Utworzono ją z przekształcenia 4. Brygady Kadrowej Strzelców, a miano 1. SBSP przyznano jej 20 października 1942. Składała się głównie z ochotników trenowanych w skokach spadochronowych (ogółem przeszkolono ponad 2200 żołnierzy). Zgodnie z wytycznymi sztabu Naczelnego Wodza brygada od 2 września 1940 przygotowywała kandydatów do pracy konspiracyjnej w kraju (tzw. cichociemnych). Z chwilą porzucenia koncepcji użycia całej jednostki w kraju (w 1944 decyzję taką wymógł na władzach polskich brytyjski Sztab Imperialny), 6 czerwca 1944 została ona włączona do 1. Alianckiej Armii Powietrznodesantowej. Brygadą dowodził gen. Stanisław Franciszek Sosabowski, który w kampanii wrześniowej na czele 21. pułku piechoty „Dzieci Warszawy" walczył w obronie stolicy; uniknąwszy niewoli, przez Węgry przedostał się do Polskich Sił Zbrojnych na Zachodzie. Nominację na generała brygady otrzymał 15 czerwca 1944. Po wybuchu Powstania Warszawskiego Sosabowski usilnie starał się o desantowanie jego brygady w Polsce (żołnierze podjęli nawet protest głodowy), ale nie otrzymał na to zgody. Z tym większą zawziętością spadochroniarze z 52-letnim dowódcą na czele czekali na możliwość walki z Niemcami.

W połowie września 1944 spadochroniarze zostali poinformowani o zbliżającej się akcji i postawieni w stan pogotowia. Alarm był jednak odwoływany aż 16 razy – z powodu złej pogody lub dlatego, że lądowe siły alianckie dotarły już do rejonów, które miały być miejscem desantu. Akcja rozpoczęła się wreszcie 17 września. Dla mieszkańców holenderskich miast Eindhoven, Grave i Nijmegen wojna skończyła się nadspodziewanie szybko. Amerykanie zrzucili w ten rejon całe swe siły spadochronowe. Od lata 1942 dysponowali bowiem dwiema dywizjami powietrznodesantowymi: 82. Dywizją zwaną „All American" oraz 101. Dywizją „Screaming Eagles". „Krzyczące Orły" i „Wszyscy Amerykanie" wyrąbali w niemieckiej obronie drogę dla czołgów i wozów pancernych irlandzkiej gwardii.

Drogę donikąd, bo, niestety, pod Arnhem poszło źle. Spadochroniarze brytyjscy, zrzucani w ciągu trzech dni (z braku samolotów i szybowców mogących przetransportować ich jednocześnie), od pierwszych godzin toczyli dramatyczne boje z niemieckimi jednostkami, których według alianckiego wywiadu miało tu w ogóle nie być! „Czerwone Diabły" uchwyciły most, ale nie zdołały go utrzymać. Wbrew doniesieniom wywiadu nie stacjonowały tu zdemoralizowane, jednostki tyłowe „trzeciego rzutu", cofające się pospiesznie po klęsce we Francji, lecz oddziały korpusu pancernego, złożonego z 9. i 10. Dywizji SS. Rychło okazało się też, że Niemcy walczący we wrześniu 1944 znacznie różnili się od swoich poprzedników z września 1918 i dalecy byli od myśli o kapitulacji. Wojska alianckie walczące zaciekle przez 4 dni w Arnhem i jego okolicach ustępowały nieprzyjacielowi zarówno liczbą żołnierzy, jak i wyposażeniem. Lekko uzbrojeni spadochroniarze bohatersko stawiali czoło wrogowi, ale nie byli w stanie zmienić ostatecznego wyniku pojedynku z czołgami. Dali jednak liczne dowody odwagi, poświęcenia i iście brytyjskiej wytrwałości.

Zrzucenie polskiej brygady spadochronowej nie odwróciło sytuacji w Arnhem, umożliwiło jednak zorganizowanie odwrotu dla części „Czerwonych Diabłów". Polacy, z podobnych przyczyn jak Brytyjczycy, nie desantowali się całością sił brygady. Zrzut szybowcowy (m.in. dyon lekkiej artylerii) wylądował 18 i 19 września, a zrzut spadochronowy z powodu złych warunków atmosferycznych odbył się dopiero 21 i 23 września w rejonie miejscowości Driel. Desant skoczków, podobnie jak wcześniejszy

Żołnierze Samodzielnej Brygady Spadochronowej rozładowujący zasobnik na polu walki pod Arnhem

zrzut szybowcowy, trafił na silny ogień. Lądowanie zamieniło się w masakrę. Do wiszących pod jedwabnymi parasolami sylwetek Niemcy prażyli z dział przeciwlotniczych i ckm-ów. Płonęły, spadając, transportowe Dakoty, niebo przecinały pociski smugowe, a polscy żołnierze często lądowali ze spadochronami podziurawionymi jak sito. Bardzo wielu zginęło, nim dotknęło holenderskiej ziemi. Ledwie 9 km od miejsca hekatomby polskich skoczków, w Elst, stały brytyjskie czołgi zatrzymane na wąskiej grobli przez niemiecką artylerię. Jedni i drudzy byli jednak pozbawieni osłony z powietrza. A zapewne gdyby nad Arnhem było gęsto od alianckich myśliwców, nie okazałoby się, że wybrano „o jeden most za daleko".

Zdziesiątkowani spadochroniarze wbrew nadziejom Niemców nie poszli w rozsypkę. Karnie zbierali się wokół dowódców grup i próbowali realizować postawione na odprawach zadania. Sprawnie zajęli pozycje i zaczęli odstrzeliwać się Niemcom. Brygadzie nie udało się jednak przedostać – z powodu braku mającego na nią czekać promu i innych środków transportu – na północny brzeg, gdzie miała stawić się do dyspozycji gen. Urquharta. W Driel na południowym brzegu Renu Polacy zorganizowali obronę okrężną. Sosabowski rozesłał patrole, aby zorientować się, co jeszcze „poszło nie tak". Wiedział, że nie desantowano ostatniego rzutu skoczków – samoloty musiały zawrócić ze względu na zmianę pogody. Informacji o dyslokacji jednostek niemieckich nie dostarczył generałowi sztab operacji, lecz holenderscy cywile, którzy – mimo gęstego ognia – spieszyli powitać aliantów. Ich zaskoczenie było ogromne – spodziewali się Anglików, a w płytkich okopach, w sadach i nad brzegami kanałów spotkali żołnierzy w brytyjskich mundurach, ale mówiących całkowicie niezrozumiałym językiem. Około godziny 21.00 do stanowiska Sosabowskiego dotarł kpt. Ludwik Zwolański, polski oficer łącznikowy przy sztabie gen. Urquharta. Przepłynął wpław Ren, by zdać raport z tragicznego położenia niedobitków „Czerwonych Diabłów".

Należało ruszać na pomoc, choć wiadomo już było, że operacja w Arnhem zakończyła się krwawym fiaskiem. „Poświęcono nas na ołtarzu kompletnej klęski Brytyjczyków" – pisał Sosabowski. Jednak sceptycyzm nie wpływał w żadnej mierze na działania jego i jego podkomendnych. Urquhart depeszował do sztabu: „Brak nam żywności, amunicji i środków opatrunkowych. Wszystko, co możemy zrobić, to czekać i modlić

Żołnierze Samodzielnej Brygady Spadochronowej

się". Liczyła się każda pomoc. W nocy z 23 na 24 września na gumowych pontonach podjęto kolejną próbę przeprawy. Na północny brzeg przedostało się 256 żołnierzy 3. batalionu, ale do stanowiska Brytyjczyków dotarło niewiele ponad 50; przeprawę reszty brygady wstrzymano wskutek silnego ognia artyleryjskiego, który zniszczył większość łodzi. 25 września dowództwo brytyjskie nakazało gen. Sosabowskiemu wycofanie 3. batalionu do Driel i osłonę ewakuacji dywizji gen. Urquharta na południowy brzeg. W czasie odwrotu resztki brytyjskiej 1. DPD wraz ze wspierającymi ich polskimi spadochroniarzami zostały przyparte do Renu przez czołgi niemieckie i zdziesiątkowane. Straty dywizji brytyjskiej wyniosły 76% stanu, a polskiej brygady, osłaniającej do końca odwrót – 23% (96 zabitych, reszta to ranni i zaginieni).

Operację „Market-Garden" uznano za chybioną. Wiele elementów w niezbyt misternie przygotowanej układance nie zadziałało. Linia frontu była położona 110 km od Arnhem. Zakładano, że taką odległość oddziały lądowe pokonają w 42, a najdłużej w 72 godziny, co się dramatycznie

nie sprawdziło – pierwsze siły alianckie dotarły do położonego o parę kilometrów od Arnhem Driel dopiero po 8 dniach. Jako jedną z głównych przyczyn klęski tej operacji podaje się zlekceważenie przeciwnika (na odprawie przed akcją gen. Sosabowski usiłował bezskutecznie podjąć ten temat), brak odpowiedniej liczby środków transportu i – niezależne od człowieka – warunki pogodowe.

Po bitwie polska brygada została przerzucona nad Mozę, w rejon Ravenstein-Herpen, gdzie otrzymała zadanie ochrony polowego lotniska. 10 października wycofała się do Anglii, by wrócić na kontynent w maju 1945 już w roli jednej z jednostek okupacyjnych w Niemczech. Do kwietnia 1947 SBS stacjonowała w rejonie Cleve i Bersenbrueck, w sąsiedztwie 1. Dywizji Pancernej. W końcu lipca 1947 została rozwiązana.

Walki pod Arnhem, podobnie jak boje w Tobruku, pod Monte Cassino i pod Falaise, weszły na trwałe do panteonu chwały polskiego oręża. Doświadczenia spadochroniarzy polskich spod Arnhem wykorzystano nawet w Ludowym Wojsku Polskim. Kiedy w 1957 została sformowana 6. Pomorska Dywizja Powietrznodesantowa (6. PDPD) w Krakowie, w jej organizacji uczestniczył oficer 1. Samodzielnej Brygady Spadochronowej płk dypl. Władysław Klemens Stasiak. Był to ewenement w realiach skomunizowanej armii. W 1986 jednostkę przekształcono w 6. Pomorską Brygadę Powietrznodesantową, a następnie przemianowano na 6. Brygadę Desantowo-Szturmową im. gen. bryg. S. F. Sosabowskiego.

„BURZA"

Nadciągająca ku ziemiom polskim ofensywa Armii Czerwonej dała kierownictwu podziemia asumpt do przygotowania planu „wzmożonej akcji dywersyjnej", której nadano kryptonim „Burza". Wobec zasadniczych zmian w ogólnej sytuacji militarnej i politycznej (sukcesy wojsk sowieckich, konferencja Wielkiej Trójki w Teheranie), dowództwo AK zrewidowało pierwotny zamysł powstania powszechnego, opracowując nowy plan na wypadek dalszego odwrotu Niemców na froncie wschodnim. 20 listopada 1943, opierając się na instrukcji rządu z 26 października, Komendant Główny AK gen. Tadeusz Komorowski „Bór" wydał rozkaz podjęcia niezbędnych przygotowań. Nie rezygnując do końca z wcześniejszej koncepcji powszechnego powstania, gen. Komorowski polecał lokalną mobilizację większych jednostek AK (w ramach planu odtwarzania sił zbrojnych) i atakowanie cofających się Niemców, przy jednoczesnym prowadzeniu zmasowanych działań dywersyjnych na niemieckich liniach komunikacyjnych. Rozkaz zakładał możliwość taktycznej współpracy z Armią Czerwoną. Terenowi przedstawiciele Delegatury Rządu oraz dowódcy AK mieli ujawniać się wobec wkraczających oddziałów sowieckich, występując na ziemiach polskich w roli gospodarza. Punkt dotyczący ujawniania różnił się od zaleceń rządowej instrukcji; zmiana ta została jednak zaakceptowana w styczniu 1944 przez władze w Londynie. Zatwierdzenie wytycznych akcji „Burza" przez rząd polski miało miejsce 2 lutego 1944. Ostateczne rozkazy zakładały traktowanie Armii Czerwonej jako sprzymierzeńca i niedopuszczenie do walki z nią (wyjąwszy konieczną samoobronę), podjęcie wzmożonej akcji dywersyjnej na tyłach wycofujących się wojsk niemieckich (z akcji tej wyłączono na razie Warszawę), wreszcie kontynuowanie przygotowań do powstania powszechnego, które zamierzano rozpocząć w niesprecyzowanym „dogodnym momencie". Armia Krajowa miała zachować odrębność od zorganizowanych przy wojsku sowieckim oddziałów gen. Zygmunta Berlinga; władze cywilne Polski Podziemnej miały wobec czynników sowieckich wystąpić w roli organów rządu RP; ludność polska miała pozostać na terenach zajmowanych przez Armię Czerwoną. Jednocześnie planowano podjęcie dalszych przygotowań do stworzenia nowej konspiracji na wypadek represji ze strony Związku Sowieckiego. Kto pamiętał wywózki po wrześniu 1939 na Kresach, mógł się spodziewać, że teraz tak samo NKWD rozprawi się z polskim podziemiem. Nikt zaś nie wystąpi w obronie ludzi, którzy nie chcieli walczyć z Niemcami.

Władze polskie zdawały sobie sprawę, że oszczerstwa stalinowskiej propagandy mają usprawiedliwić represje skierowane przeciwko polskiej konspiracji. Obawiali się też, że jeśli nie wykażą determinacji w czasie wkraczania Sowietów, powstanie polityczna pustka, która ułatwi zainstalowanie w Polsce sowieckich marionetek. Dowództwo AK było przekonane, że wystąpienie przeciw wspólnemu wrogowi uruchomi mechanizm

I pluton 1. kompanii szturmowej Wileńskiego Zgrupowania Partyzanckiego AK w kwietniu 1944

sojuszniczych porozumień, a Rosjanie będą musieli zacząć negocjować, przynajmniej ze względu na zachodnich aliantów. Takie rozumowanie doprowadziło do przekonania, że bezczynność będzie rozwiązaniem najgorszym. W memoriale do rządu emigracyjnego dowódca AK pisał: „Dając Sowietom pomoc wojskową stwarzamy im jednak trudność polityczną. AK podkreśla wolę narodu w dążeniach do niepodległości. Zmusza to Sowiety do łamania naszej woli siłą i stwarza im trudności w rozsadzeniu naszych dążeń od wewnątrz. Będzie musiał nastąpić jawny gwałt, co może wywołać protesty przyjaznych nam sojuszników".

W ramach przygotowań do akcji oddziały AK zaczęto formować w większe jednostki (do pułków i dywizji włącznie, choć o niepełnych stanach). 4 stycznia 1944 armia sowiecka przekroczyła przedwojenną granicę Polski (na Wołyniu, w rejonie Sarn). Premier Stanisław Mikołajczyk, deklarując wolę porozumienia z ZSRR, uznał, że nadszedł teraz czas na realizację akcji „Burza". Jako pierwszy do realizacji planu „Burza" przystąpił w połowie stycznia 1944 Okręg AK Wołyń. Po nawiązaniu kontaktu i zawarciu umowy o współdziałaniu z oddziałami sowieckimi, licząca ok. 7 tys. żołnierzy 27. Wołyńska Dywizja AK uderzyła z początkiem kwietnia na Niemców w rejonie Włodzimierza Wołyńskiego. Rejonem formowania dywizji była tzw. Republika Zasmycka, obszar, na którym AK faktycznie zlikwidowała okupację niemiecką. Republika powstała w styczniu 1944 w wyniku koncentracji oddziałów AK. Obejmowała obszar ok. 2 tys. km^2 pomiędzy Kowlem, Lubomlem i Włodzimierzem Wołyńskim (nazwa pochodzi od wsi Zasmyki). Na wyzwolonym terenie ludność znalazła ochronę zarówno przed Niemcami, jak i przed oddziałami ukraińskimi. Stamtąd też prowadzono działania zaczepne przeciwko Niemcom (nawet na przedmieściach Włodzimierza Wołyńskiego), jak i przeciwko UPA. Republika Zasmycka istniała przez 3 miesiące, do 20 kwietnia 1944. Jej kres nastąpił wraz z nadejściem frontu sowieckiego i koniecznością ewakuacji jednostek 27. Dywizji. Na czele zgrupowania stał ppłk Jan Kiwerski „Oliwa", który zginął 18 kwietnia 1944 w zasadzce niemieckiej w futorze Dobry Kraj.

Pod dowództwem płk. Kazimierza Bąbińskiego „Lubonia" Wołyniacy walczyli w rejonie Kowla i Włodzimierza Wołyńskiego. Niemcy za wszelką cenę dążyli do zniszczenia polskiej jednostki, która w krwawych walkach wydostawała się z kolejnych okrążeń. Wbrew umowie, jednostki

Żołnierze 1. kompanii oddziału leśnego („Stalowy" i „Dziobak") w okolicach Drohobycza

sowieckie nie udzieliły żadnego wsparcia i partyzancka dywizja została otoczona przez przeważające siły niemieckie. 27. Dywizja przeszła na Polesie, a na początku czerwca przekroczyła Bug i przebiła się na Lubelszczyznę, gdzie wyzwoliła m.in. Kock, Lubartów, Firlej. W ostatnim okresie walk na jej czele stał mjr Tadeusz Sztumberk-Rychter „Żegota", a następnie płk Jan Kotowicz „Twardy". 26 lipca 1944, po ponad 500-kilometrowym szlaku bojowym, otoczona przez Sowietów pod Skrobowem, została rozbrojona. Część żołnierzy uwięziono na zamku w Lublinie i wywieziono w głąb Związku Sowieckiego, a wielu przymusowo wcielono do armii Berlinga.

Również na obszarze lwowskim komendant AK płk Władysław Filipkowski podjął w końcu lipca, po wyzwoleniu tego rejonu (siły 5. Dywizji AK biorące udział w tych walkach liczyły z górą 3 tys. żołnierzy), rozmowy z przedstawicielami sztabu gen. Iwana Koniewa, a następnie z gen. Michałem Żymierskim. Po odrzuceniu propozycji wstąpienia do ludowego Wojska Polskiego, delegacja AK – z Filipkowskim – została aresztowana. Nie miał znaczenia fakt, że akowcy byli kombatantami, zdobywającymi wraz z jednostkami sowieckimi Lwów w ramach akcji „Burza". Do listopada 1947 płk Filipkowski był więziony w łagrach i więzieniach sowieckich. Podobny scenariusz rozegrał się także w końcu lipca w innych okręgach AK (m.in. lubelskim, poleskim, białostockim): po walce na tyłach wycofujących się Niemców i ujawnieniu wobec wkraczających jednostek Armii Czerwonej, następowało aresztowanie kadry dowódczej AK, rozbrajanie oddziałów i wcielanie ich do ludowego Wojska Polskiego lub zesłanie do obozów w ZSRR.

Podobna sytuacja powtórzyła się na północy, gdzie oddziały AK okręgów wileńskiego i nowogródzkiego podjęły walkę o wyzwolenie Wilna w ramach operacji „Ostra Brama"; zgrupowaniem AK liczącym

Patrol sanitarny 1. kompanii 51. pułku piechoty AK pod Brzeżanami w czasie akcji „Burza"

5,5 tys. żołnierzy dowodził tutaj płk Aleksander Krzyżanowski „Wilk". Po wspólnym zdobyciu miasta przez oddziały AK i Armii Czerwonej (13 lipca), władze sowieckie zaprosiły płk. Krzyżanowskiego do sztabu dowódcy 5. Frontu Białoruskiego dla omówienia propozycji utworzenia z podległych mu jednostek AK regularnej dywizji piechoty i brygady kawalerii. Pułkownik wraz z towarzyszącymi mu wyższymi oficerami został 16 lipca podstępnie uwięziony. Oficerowie AK, którzy nie stawili się na zaproszenie sowieckie i uniknęli aresztowania, podjęli próbę przebicia się ze swymi oddziałami przez Puszczę Rudnicką na Grodno i Białystok. Większość (ok. 6 tys. żołnierzy) została wyłapana przez oddziały sowieckie i osadzona w obozie w Miednikach, a po odmowie służenia w armii gen. Berlinga, zesłana do obozów w głębi ZSRR. Ocalały z pułapki pod Wilnem oddział AK płk. Macieja Kalenkiewicza „Kotwicza" (ongiś oficera mjr. „Hubala") wyginął wraz z dowódcą w walce z siłami NKWD pod Surkontami (zginęło 25–35 akowców i 132 Sowietów). Po zatrzymaniu frontu w sierpniu i klęsce włączonego do planu „Burza" Powstania Warszawskiego, dalsza akcja została zawieszona. Operacja „Burza" wprowadziła AK do działań wojennych jako armię aliancką, co zostało w sierpniu 1944 formalnie potwierdzone. Nie osiągnęła jednak swoich celów politycznych z powodu brutalnych działań strony sowieckiej. „Burza" na Kresach zakończyła się tragedią.

Trwały jednak operacje partyzanckie w środkowej Polsce. 22 lipca 1944 oddziały AK wyzwoliły Lubartów i Kock. Udana akcja w tych dwóch miastach stanowiła fragment szeroko zakrojonej operacji wyzwalania Lubelszczyzny przez tamtejszy okręg AK pod dowództwem płk. Kazimierza „Edwarda" Tumidajskiego. W jej ramach współdziałały jednostki trzech dywizji piechoty AK: 3. (dowódca płk. Adam Świtalski „Dąbrowa"), 9. (gen. Ludwik Bittner „Halka") oraz resztki 27. Dywizji Wołyńskiej (płk. Jan Kotowicz „Twardy"). Do 29 lipca opanowały one samodzielnie także Bełżec i Poniatową, a we współdziałaniu z Armią Czerwoną również Białą Podlaską, Międzyrzec Podlaski, Łuków, Radzyń, Puławy, Dęblin, Zamość i Lublin.

Zwieńczeniem akcji „Burza" miało stać się Powstanie Warszawskie, którego celem było militarne opanowanie miasta i ustanowienie w stolicy organów władzy podległej rządowi RP na wychodźstwie. 31 lipca sowieckie czołgi otoczyły Warszawę, a gen. Tadeusz Komorowski „Bór"

Oddział AK w drodze do walczącej Warszawy

otrzymał depeszę z Londynu informującą, że premier Mikołajczyk udał się do Moskwy na rozmowy ze Stalinem, co zdawało się przywracać perspektywy porozumienia z Rosjanami i uzgodnienia działań z Armią Czerwoną. Na odprawie Komendy Głównej AK w Warszawie została podjęta ostateczna decyzja o powstaniu, którą wcześniej przygotowało postanowienie gen. Komorowskiego (z 21 lipca) o włączeniu Warszawy do akcji „Burza". Po upadku powstania do niewoli dostała się niemal cała Komenda Główna. 26 października 1944 w wytycznych dla okręgów AK gen. Leopold Okulicki „Niedźwiadek" – wyznaczony przez udającego się do niemieckiej niewoli gen. Tadeusza Komorowskiego „Bora" na następcę – zalecił ograniczyć walkę z Niemcami do dywersji i obrony ludności polskiej przed rekwizycjami i ekspedycjami karnymi. W stosunku do Rosjan nakazywał zaprzestanie przyjętej w ramach akcji „Burza" taktyki ujawniania i przejście zarówno AK, jak i administracyjnych władz podziemia do ściślejszej konspiracji, tak aby mogły przetrwać okupację sowiecką i działania NKWD. Po klęsce Powstania Warszawskiego, AK wciąż jeszcze dysponowała znacznymi siłami w okręgach radomskim, krakowskim i łódzkim. Jednak świadomość ogromu strat (do końca 1944 zginęło ok. 100 tys. żołnierzy AK, w tym połowa całego korpusu oficerskiego), a także zimowa ofensywa sowiecka i następujące po niej masowe aresztowania i wywózki żołnierzy podziemia w głąb ZSRR (ogółem objęły one ok. 50 tys. akowców) zmusiły gen. Okulickiego do podjęcia decyzji o rozwiązaniu szeregów AK (19 stycznia 1945). Kadra dowódcza miała pozostać w konspiracji. Decyzję o rozwiązaniu potwierdził 8 lutego prezydent Władysław Raczkiewicz.

W praktyce, znaczna część oddziałów AK nie przeprowadzała demobilizacji. Część, kontynuując dawne wytyczne akcji „Burza", ujawniała się i narażała tym samym na natychmiastowe aresztowanie i przymusowe wcielenie do formacji wojskowych podporządkowanych komunistycznej władzy, bądź wywiezienie na Wschód (los ten spotkał także samego gen. Okulickiego, który podjął próbę negocjacji z dowództwem 1. Frontu Białoruskiego i 27 marca został podstępnie aresztowany wraz z innymi przywódcami Polski Podziemnej). Część odmówiła wykonania rozkazu i – jak np. cały okręg białostocki – zeszła do głębszej konspiracji. W podziemiu pozostała także tworzona od 1944 organizacja „Nie" z gen. Emilem Fieldorfem „Nilem" na czele – struktura sztabowa, nastawiona nie na walkę bieżącą, ale na organizację długotrwałego oporu pod okupacją sowiecką (wkrótce rozbita przez aresztowania). W podziemiu pozostawały także oddziały niezależne od AK – przede wszystkim Narodowa Organizacja Wojskowa i Narodowe Siły Zbrojne, z których przeszło 700-osobowa tzw. Brygada Świętokrzyska od stycznia do maja 1945 przedostała się – dzięki lokalnym porozumieniom z dowództwami niemieckich jednostek – przez Śląsk i Czechy w kierunku linii zachodnich aliantów.

„OSTRA BRAMA"

Zbrojnym ramieniem polskiego państwa podziemnego, stanowiącego kontynuację państwowości przedwrześniowej, a podporządkowanego rządowi emigracyjnemu w Londynie był Związek Walki Zbrojnej Armia Krajowa, największa tego typu formacja wojskowa w okupowanej Europie, nieporównywalna z żadną inną. Celem działań AK była ochrona ludności polskiej i wywalczenie niepodległości kraju. Teren operacyjny AK dzielił się na okręgi i obszary, bazując na przedwojennym podziale administracyjnym. Na Wileńszczyźnie utworzono dwa okręgi: wileński i nowogródzki. Powstawały w nich sukcesywnie oddziały partyzanckie, które z czasem na Nowogródczyźnie przyjęły nazwę batalionów, a na Ziemi Wileńskiej, na wniosek komendanta okręgu, dla odróżnienia nazwano je brygadami. Brygada, odpowiadająca siłą batalionowi piechoty, była jednostką w pełni uzbrojoną, zdolną do prowadzenia samodzielnych działań taktycznych.

W końcu maja 1944 w Okręgu Nowogródzkim działało 9 batalionów piechoty i kilka szwadronów kawalerii, mających w swych szeregach ok. 5 tys.–5,5 tys. ludzi. Wówczas (1 czerwca) siły te zostały podporządkowane przez Komendę Główną AK Samodzielnemu Okręgowi Wileńskiemu, tworząc Podokręg Nowogródzki.

Połączone siły, pod dowództwem płk. Aleksandra Krzyżanowskiego „Wilka", miały wziąć udział w operacji o kryptonimie „Ostra Brama", której cel stanowiło wyzwolenie Wilna. „Ostra Brama” była końcową częścią akcji „Burza”, zakładającej wzmożoną działalność dywersyjną przed nieuchronnie zbliżającym się frontem wschodnim, mobilizację oddziałów AK i odbudowywanie na ich podstawie armii polskiej z zachowaniem przedwojennej struktury i numeracji. Rozkaz operacyjny „Burzy” Komenda Główna wydała 20 listopada 1943. Sztab opracował jedynie zarys planu działań. Zasadniczą treść „Burzy” mieli określać samodzielnie działający dowódcy poszczególnych oddziałów partyzanckich. Głównym autorem planu operacji „Ostra Brama” był płk Maciej Kalenkiewicz „Kotwicz” (cichociemny, który podał pomysł zrzucania skoczków do okupowanego kraju), dowódca Zgrupowania Nadniemeńskiego AK.

Sygnał radiowy nadany 2 lipca 1944 z Anglii stał się początkiem akcji „Burza” w obu okręgach. Polacy zamierzali wykorzystać odwrót jednostek niemieckich ze Wschodu. Założono demoralizację, upadek dyscypliny i nastroje strachu w garnizonie wileńskim. Na osłabionych Niemców zamierzano przeprowadzić koncentryczne, silne natarcie, tak aby zdobyć miasto jeszcze przed wkroczeniem wojsk sowieckich. Politycznie akcja miała być demonstracją polskości miasta i wystąpieniem w roli gospodarza przed Sowietami. Celem militarnym „Ostrej Bramy” było zajęcie węzła komunikacyjnego, przeszkodzenie tym samym w ewakuacji sprzętu, urządzeń przemysłowych, taboru kolejowego i zaopatrzenia oraz uchronienie miasta przed ewentualnymi zniszczeniami dokonanymi przez cofających się Niemców.

Do uderzenia na miasto przygotowywało się pięć partyzanckich zgrupowań: „Wschód” (dowódca mjr Antoni Olechnowicz „Pohorecki”) z 2,5 tys. żołnierzy, „Północ” (mjr Mieczysław Potocki „Węgielny”) w sile 3 tys. ludzi, „Południowy Wschód” (mjr Czesław Dębicki „Jarema”) z 1,4 tys. żołnierzy, „Południe” (mjr Stanisław Sędziak „Warta”) oraz „Zachód” z rtm. Zygmuntem Szendzielarzem „Łupaszką” na czele, liczące 1,1 tys. partyzantów; od wewnątrz miał atakować tzw. Garnizon miasta Wilna, dowodzony przez ppłk. Lubosława Krzeszowskiego „Ludwika”, z ok. 1,5 tys. konspiratorów, którzy mieli doprowadzić do wybuchu powstania w mieście. Nie przewidywano żadnych poważniejszych walk, gdyż założono, że spanikowani i zdemoralizowani Niemcy nie podejmą walki i szybko opuszczą miasto. Nacierający mieli zetrzeć się jedynie z hitlerowskimi ubezpieczeniami na przedmieściach i po ich szybkim przełamaniu bez większych kłopotów zająć centrum miasta.

Niemcy jednakże postanowili bronić Wilna. 11 marca 1944 Hitler wydał stosowny rozkaz, na mocy którego zaczęto fortyfikować miasto, przygotowując je do obrony okrężnej. Ufortyfikowane Wilno miało wytrzymać długotrwałe rosyjskie oblężenie. Z czasem, gdy Sowieci byli już blisko, Hitler wydał kolejny rozkaz, nakazujący, ze względu na olbrzymie znaczenie operacyjne, bezwzględną obronę miasta do ostatniego tchu. Polscy planiści o hitlerowskich założeniach nie wiedzieli. Przekształcenie miasta w twierdzę z góry wykluczało panikę garnizonu i możliwość szybkiego wycofania się z Wilna, a co za tym idzie, niweczyło zasadnicze założenie akowców.

Nieświadome niczego dowództwo okręgu postanowiło przeprowadzić atak. Hitlerowski garnizon miasta liczył ok. 17 tys. żołnierzy. Był liczniejszy i lepiej uzbrojony od szykujących się do ataku partyzantów. Płk Krzyżanowski początkowo termin uderzenia na Wilno wyznaczył na 7 lipca, na godzinę 23.00. Jednak pod wpływem informacji o zbliżającej się nadspodziewanie szybko Armii Czerwonej, „Wilk" przesunął termin ataku o dobę wcześniej, co praktycznie wyeliminowało z walki niektóre oddziały, z braku łączności radiowej niezawiadomione w porę.

Mjr Maciej Kalenkiewicz „Kotwicz" (na białym koniu) na krótko przed śmiercią

Płk Krzyżanowski miał do dyspozycji zaledwie 4 tys. żołnierzy wobec ogromnej przewagi liczebnej i militarnej wroga, dysponującego 270 działami, 60 czołgami, 48 moździerzami oraz samolotami. Operację „Ostra Brama" rozpoczął o północy z 6 na 7 lipca 1944 frontalny atak zgrupowania „Wschód". Oddziały partyzanckie zaatakowały przygotowane do obrony pozycje niemieckie – często betonowe schrony. Wszędzie napotkały silny opór. O świcie Niemcy zaczęli wspomagać obronę ogniem artylerii, moździerzy, a gdzieniegdzie wykorzystywali czołgi. W obronie użyli także lotnictwa, bezpośrednio atakującego nacierających. Atak polski załamał się w zmasowanym ogniu niemieckim.

W tym czasie do Wilna zbliżyły się już pierwsze oddziały sowieckie, które zaraz po załamaniu się polskiego natarcia rozpoczęły z marszu własny atak (8 godzin po uderzeniu AK). Rosjanie szybko zgromadzili pod miastem siły liczące ok. 100 tys. żołnierzy należących do oddziałów 3. Frontu Białoruskiego: 5. Armii Pancernej Gwardii, 5. Armii i 3. Korpusu Zmechanizowanego Gwardii. Do wsparcia ataku dowództwo frontu wydzieliło z własnych odwodów wielkie jednostki artylerii i dywizję lotniczą. Pierwsze frontalne natarcie sowieckie, zakładające szybkie przejście miasta, także zostało odparte. Musiano rozpocząć długotrwałą i inaczej przeprowadzaną operację.

Tymczasem w nocy z 7 na 8 lipca w północnych rejonach miasta wybuchło powstanie. Zryw kierowany był przez kpt. Bolesława Zagórnego „Jana", który dowodził miejscową siatką konspiracyjną. Z powstańców zorganizowano batalion piechoty. Powstanie zakończyło się sukcesem. Akowcy skutecznie zaatakowali Niemców od wewnątrz, zajęli spore fragmenty miasta i dezorganizując obronę niemiecką, znacznie ułatwili działania sowieckich pododdziałów. Po pierwszych powodzeniach, batalion powstańczy rozpoczął prowadzenie działań w kierunku centrum miasta. Siły powstańcze były stale rozbudowywane i walczyły przeciwko Niemcom, aż do całkowitego wyparcia ich z miasta. Ciężkie walki, z dużym natężeniem trwały do 13 lipca. W tym dniu zdobyto ostatnie punkty hitlerowskiego oporu.

Zgrupowanie mjr. Potockiego „Węgielnego" weszło do akcji wieczorem 7 lipca. Składało się z oddziałów partyzanckich, których pierwotnym zadaniem było zaatakowanie miasta od północy. Mjr „Węgielny" po nawiązaniu łączności z gen. Kryłowem, dowódcą sowieckiej 5. Armii,

Żołnierze AK z żołnierzami sowieckimi w wyzwolonym Wilnie

rozpoczął współpracę wojskową. Na bazie formalnego porozumienia z Rosjanami zorganizowano specjalną grupę operacyjną mieszczącą się w ramach 5. Armii. W jej skład weszła sowiecka 227. Dywizja Piechoty i zgrupowanie mjr. „Węgielnego". Grupa działała z powodzeniem i znacznie przyczyniła się do wyzwolenia miasta.

W nocy z 12 na 13 lipca niemiecki komendant Wilna, generał lejtnant Luftwaffe Rainer Stahel rozpoczął próbę przebicia się załogi miasta przez sowiecki pierścień. Niemcy częścią sił rozerwali rosyjską blokadę. Niedługo potem na drodze uchodzących na zachód hitlerowców znalazły się pododdziały zgrupowania „Węgielnego". Akowcy pod Krawczunami, w ciężkich, samotnych, wielogodzinnych bojach zabili i wzięli do niewoli ponad tysiąc hitlerowców z grupy Stahela. Reszta Niemców uratowała się dzięki odsieczy zorganizowanej przez 16. pułk strzelców spadochronowych. Była to ostatnia bitwa Armii Krajowej na Wileńszczyźnie.

Ppłk Adam Szydłowski „Poleszuk", komendant Podokręgu Nowogródzkiego AK i zarazem dowódca oddziałów polowych, wykorzystując własną sieć radiową, za pośrednictwem Londynu przekazał 14 lipca Komendantowi Głównemu AK następujący meldunek: „Wilno zdobyte przy znacznym udziale AK, która weszła do miasta. Duże zniszczenia i straty. Stosunki z armią sowiecką chwilowo poprawne. Rozmowy w toku. Wilno przeżyło bardzo krótką, ale jakże radosną chwilę wolności. 14 VII – Polskość miasta bije w oczy”.

Stosunki z armią sowiecką były poprawne, rzeczywiście tylko chwilowo. Pomimo deklaracji polskich dowódców o prowadzeniu dalszej wspólnej walki przeciw Niemcom, Sowieci postanowili podstępnie dokonać rozprawy z AK. Przygotowaniami kierował osławiony Iwan Sierow, zastępca ludowego komisarza spraw wewnętrznych, który ściągnął do Wilna 12 tys. funkcjonariuszy NKWD. 17 lipca Rosjanie aresztowali zaproszonego do miasta na rozmowy dowódcę wileńskiej AK płk. Aleksandra Krzyżanowskiego „Wilka” wraz z jego sztabem. Tego samego dnia w Boguszach Sowieci aresztowali 26 zwołanych na odprawę przez „Wilka” dowódców brygad i batalionów. Na wieść o zdradzie „sojusznika” oddziały AK zgromadzone w podwileńskich Turgielach ruszyły w kierunku Puszczy Rudnickiej. Tam siły NKWD i Armii Czerwonej dokonały ich rozbrojenia. Około 6 tys. żołnierzy umieszczono w obozie w Miednikach Królewskich; tych, którzy nie zgodzili się wstąpić do armii Berlinga, wywieziono do Kaługi; oficerów internowano w obozie w Riazaniu. Jedynie ok. 1,5 tys. żołnierzy udało się ujść. Spowodowało to ponowne zejście ocalałych do konspiracji i w niedługim czasie miało doprowadzić do kolejnych starć i bezwzględnej likwidacji polskich oddziałów (od lipca do grudnia 1944 funkcjonariusze NKWD na Litwie i Białorusi aresztowali 6,6 tys. żołnierzy podziemia, a ponad 3,3 tys. zabili).

GODZINA „W"

Powstanie Warszawskie to jedno z najbardziej heroicznych, a jednocześnie tragicznych wydarzeń w dziejach najnowszych naszej Ojczyzny. Zakończyło się ono, niestety, klęską, zginęły i zostały ranne tysiące naszych rodaków, tysiące innych utraciło swoje domy, miasto uległo wręcz niewyobrażalnym zniszczeniom. Jednak męstwo i poświęcenie mieszkańców stolicy nie powinny nigdy zostać zapomniane.

Już po upływie kilku pierwszych miesięcy okupacji rozpoczęto w Polsce przygotowania do powszechnego powstania. Miało ono wybuchnąć w chwili załamania się potęgi militarnej III Rzeszy. Wraz ze zmieniającą się ogólną sytuacją polityczno-militarną plany stopniowo modyfikowano. W drugiej połowie 1943, wobec nieprzyjaznej postawy władz sowieckich i zbliżania się Armii Czerwonej do przedwojennych granic Polski, zrezygnowano ostatecznie z przeprowadzenia powszechnego zrywu zbrojnego. Zamiast niego dowództwo Armii Krajowej przystąpiło do przygotowania akcji „Burza" – wzmożonych działań lokalnych, mających z jednej strony pomóc w uwolnieniu spod niemieckiej okupacji ziem polskich, a z drugiej umożliwić ujawnienie się przedstawicieli legalnych władz państwa polskiego, podległych rządowi emigracyjnemu w Londynie. Akcja „Burza" miała objąć początkowo Kresy Wschodnie, a następnie, w miarę postępów ofensywy sowieckiej, także tereny centralnej Polski. Nie zamierzano jednak, z obawy przed nadmiernymi zniszczeniami, przeprowadzać jej w wielkich miastach, w tym w Warszawie. Wyjątek uczyniono tylko dla Lwowa i Wilna, których wyzwolenie przez żołnierzy polskiej Armii Krajowej mogło stać się ważkim atutem politycznym.

W drugiej połowie lipca 1944 uległa jednak zmianie ocena sytuacji politycznej i wojskowej. Zamach na Hitlera dokonany 20 lipca 1944 przez grupę oficerów Wehrmachtu zdawał się świadczyć o bardzo bliskim końcu III Rzeszy. Wojska niemieckie nie zdołały powstrzymać letniej ofensywy Armii Czerwonej i wydawało się, że ich siły słabną z każdym dniem. Nagle w najbliższych dniach stało się realne dotarcie wojsk sowieckich do linii Wisły. W tej sytuacji Komenda Główna Armii Krajowej podjęła decyzję o objęciu akcją „Burza" również stolicy Polski, której szybkie opanowanie przez oddziały AK miało pozwolić na przejęcie w niej władzy przez przedstawicieli prawowitego rządu polskiego. Było to bardzo istotne wobec utworzenia 22 lipca Polskiego Komitetu Wyzwolenia Narodowego, namiastki komunistycznego rządu na ziemiach polskich wyzwolonych przez Armię Czerwoną.

Powstańcy przed kwaterą

W nastrojach żołnierzy konspiracji i mieszkańców miasta dominowała chęć walki, spotęgowana widokiem wycofujących się przez Warszawę oddziałów Wehrmachtu. O zbliżających się wojskach sowieckich świadczyło także zarządzenie władz okupacyjnych z 27 lipca, wzywające 100 tys. warszawiaków do robót fortyfikacyjnych. Informacje, jakie napływały do Komendy Głównej AK, wskazywały na możliwość szybkiego dotarcia wojsk sowieckich do stolicy. 31 lipca, po otrzymaniu meldunku o pojawieniu się sowieckich czołówek pancernych na przedpolach Pragi, dowódca AK, gen. Tadeusz Komorowski „Bór" wydał rozkaz ostatecznie określający godzinę „W" – powstanie w Warszawie miało rozpocząć się 1 sierpnia o godzinie 17.00.

Oficer Armii Krajowej, Stanisław Jankowski „Agaton", dowódca plutonu w batalionie „Pięść", zapamiętał następująco początek powstania:

Powstańcy na barykadzie

„Było już po godzinie szesnastej. Od strony Kercelaka dolatywały odgłosy pojedynczych strzałów, detonacje granatów i narastające serie z broni maszynowej. Tam się już zaczęło. Jak się zacznie u nas? Jak mi się objawi wyczekiwana godzina «W»? (...) Objawiła się dwoma niemieckimi ciężarówkami, które nagle wyjechały wprost na nas zza rogu. (...) Wybuchła bezładna strzelanina. Jeszcześmy się wówczas nie nauczyli oszczędzać amunicji. Jedna ciężarówka zdołała uciec, drugą zatrzymała seria z peemu, znacząca ślad na szybie samochodu. (...) Była godzina 16.45. Tak się u nas zaczęło Powstanie".

Do walki przystąpiło 23 tys. żołnierzy podległych dowódcy Okręgu Warszawskiego AK, płk. Antoniemu Chruścielowi „Monterowi". Niestety, zaledwie około 10% spośród nich było uzbrojonych i to tylko w lekką broń strzelecką. Niemiecki garnizon w Warszawie liczył 15 tys. żołnierzy i funkcjonariuszy policji, jednak po 4 sierpnia zasiliły go nowe jednostki SS i policji (w tym specjalna grupa SS i policji Heinza Reinefartha z brygadą przestępców kryminalnych Oskara Dirlewangera oraz rosyjsko-ukraińska brygada SS tzw. RONA), a także jednostki polowe 9. Armii. Dzięki temu stan sił niemieckich, dowodzonych przez gen. Ericha von dem Bach-Zelewskiego, wzrósł do około 50 tys. żołnierzy, dysponujących artylerią, pojazdami pancernymi i lotnictwem. Pojawienie się nowych jednostek niemieckich zostało umożliwione świadomym zastopowaniem przez Stalina działań Armii Czerwonej w rejonie Warszawy.

Walki w kilku miejscach Warszawy rozpoczęły się jeszcze przed godziną 17, co utrudniło trwającą już koncentrację oddziałów powstańczych i ostatecznie zaalarmowało siły niemieckie. Utracono tym samym czynnik zaskoczenia. W wielu przypadkach przesądziło to o klęsce ataków podejmowanych na obiekty chronione przez bunkry i zasieki z drutu kolczastego, obsadzone przez silne oddziały wroga. W pierwszych godzinach powstania całe praktycznie miasto stało się terenem zaciekłych starć, powstało kilkaset niezależnych początkowo od siebie ognisk walk. Niestety, brak wystarczającej ilości broni uniemożliwił zdobycie tak ważnych obiektów, jak mosty na Wiśle, tzw. dzielnica policyjna czy lotnisko na Okęciu. W wielu przypadkach doszło do ogromnych strat wśród szturmujących niemieckie pozycje powstańców. Szczególnie dramatycznie zakończył się atak na lotnisko baterii por. Romualda Jakubowskiego „Kuby" – ze 180 żołnierzy w zmasowanym ogniu karabinów maszynowych zginęło ponad 120 ludzi! Istotne znaczenie dla dalszych losów powstania miał fakt, że niepowodzeniem zakończyły się także boje na Pradze. Wobec przewagi sił niemieckich w tej dzielnicy dowódca obwodu praskiego AK nakazał 3 sierpnia zaprzestanie walk.

Do 4 sierpnia inicjatywa należała do powstańców, którzy opanowali m.in. większą część Śródmieścia z Powiślem, Żoliborz, Wolę, Stare Miasto, część Ochoty i Mokotów. Wśród ważniejszych obiektów zdobytych w tych dniach warto wymienić Pocztę Główną przy placu Napoleona oraz Elektrownię Warszawską na Powiślu. Zdobycie tej ostatniej umożliwiło dostarczanie prądu nie tylko do mieszkań, ale, co ważniejsze, do powstańczych szpitali, warsztatów produkujących i naprawiających broń oraz drukarni.

Należy podkreślić, że ogromną pomoc powstańcom okazywała ludność cywilna, w tym kobiety i dzieci. Nie tylko pomagano w budowie barykad, ale opiekowano się rannymi oraz dostarczano żywność. Liczni młodzi warszawiacy, kilkunastoletni chłopcy i dziewczęta, zgłaszali się ochotniczo do oddziałów, by wziąć bezpośredni udział w walce.

Od 5 sierpnia siły niemieckie przystąpiły do uderzenia, początkowo na Woli i Ochocie, chcąc w pierwszej kolejności odzyskać panowanie nad głównymi arteriami komunikacyjnymi. Na terenach zajętych ponownie przez Niemców doszło do masowych, przerażających mordów ludności cywilnej. Ocenia się, że na Woli w dniach 5 i 6 sierpnia wymordowano około 40 tys. osób! W ludobójstwie specjalizowały się zwłaszcza wymienione wcześniej świeżo ściągnięte specjalne jednostki SS.

Walki na Woli trwały do 11 sierpnia. Szczególnie zaciekłe boje stoczyli w tej dzielnicy żołnierze zgrupowania Kedywu Komendy Głównej AK pod dowództwem ppłk. Jana Mazurkiewicza „Radosława". Wśród oddziałów wchodzących w jego skład były m.in. harcerskie bataliony „Parasol" i „Zośka".

Następnym celem niemieckiego natarcia stało się Stare Miasto. 19 sierpnia rozpoczął się generalny atak na tę dzielnicę. Niemieckie uderzenia odpierano, mimo bardzo ciężkiego ostrzału artyleryjskiego oraz nieustannych nalotów bombowych. Zniszczenia i straty były jednak bardzo wysokie. Kapral podchorąży Stanisław Komornicki „Nałęcz", jeden z żołnierzy zgrupowania mjr. Stanisława Błaszczaka „Roga", zapisał w swoich wspomnieniach: „Wracamy na Świętojerską. Teraz widzę

Powstańcy warszawscy, w środku Zofia Darowska „Zośka" (poległa kilka dni później)

dopiero, że w ciągu ostatnich dni z naszego drugiego plutonu pozostały właściwie resztki. Czyż można nazwać plutonem kilku chłopców, z których połowa jest rannych, a wszyscy słaniają się na nogach z bezsenności i wyczerpania? (...) Jakże inaczej wygląda teraz Rynek Starego Miasta. Nie ma ani jednego całego domu. Niektóre kamieniczki runęły. Zwaliska szerokimi kaskadami spływają na bruk".

Trudną sytuację miało poprawić dwustronne natarcie od strony Starówki i Żoliborza. Jednak ataki przeprowadzone w nocy 20 oraz 21 sierpnia na pozycje niemieckie w rejonie Dworca Gdańskiego, mimo znacznych ofiar, zakończyły się niepowodzeniem.

Każdy dzień obrony Starówki miał ogromne znaczenie, odwlekał moment ataku głównych sił niemieckich na pozostałe dzielnice i umożliwiał likwidację w nich odosobnionych punktów oporu wroga. W Śródmieściu zdobyto m.in. 20 sierpnia gmach centrali telefonicznej (PAST-y) przy ul. Zielnej, a 23 sierpnia gmach Komendy Policji na Krakowskim Przedmieściu.

Staromiejskie oddziały powstańcze przejawiały w czasie walk niezwykłe poświęcenie i bohaterstwo. Jak ocenił dowódca Armii Krajowej, gen. Komorowski: „właściwie wszyscy żołnierze Starego Miasta zasłużyli sobie na Krzyż Walecznych". Dopiero 2 września ostatnie oddziały osłonowe wycofały się kanałami do Śródmieścia i częściowo na Żoliborz. Po opanowaniu warszawskiej Starówki Niemcy dokonali ponownie licznych zbrodni wojennych, m.in. zabito rannych i personel szpitali na ulicach Długiej i Podwale.

Sytuacja oddziałów powstańczych stawała się z dnia na dzień coraz cięższa. Brakowało przede wszystkim broni i amunicji, a także środków medycznych. W czasie powstania w kilku warsztatach udało się zmontować m.in. ok. 200 pistoletów maszynowych „Błyskawica" i ok. 100 stenów, ok. 150 miotaczy ognia, a także znaczną liczbę granatów ręcznych. Była to jednak przysłowiowa kropla w morzu potrzeb. Z odległych baz we Włoszech startowały alianckie samoloty z zaopatrzeniem, jednak z uwagi na odległość i ogromne straty wśród załóg, nie była ona dostateczna. Warto podkreślić, że dużym utrudnieniem w organizowaniu tych misji był zakaz lądowania na sowieckich lotniskach.

Po upadku Starówki Niemcy konsekwentnie atakowali kolejne dzielnice, w pierwszej kolejności starając się odciąć powstańcom dostęp do Wisły. 2 września padła Sadyba. Po walkach w dniach 3–6 września Niemcy przejęli kontrolę nad Powiślem. Powstańcze oddziały musiały wycofać się do Śródmieścia. Kolejnym celem ataków stał się Czerniaków. Niestety, niepowodzeniem zakończyła się próba przyjścia z pomocą powstańcom przez jednostki 1. Armii WP gen. Berlinga. 23 września cały zachodni brzeg Wisły w Warszawie znajdował się już pod niemiecką kontrolą.

Jedynym pomyślnym wydarzeniem w toku wrześniowych walk było powstrzymanie niemieckich ataków na pozycje powstańcze w Alejach Jerozolimskich. Mimo wielokrotnych szturmów Niemcom nie udało się przejąć kontroli nad obszarem pomiędzy Marszałkowską i Nowym Światem.

Mimo tragicznej sytuacji militarnej, powstańcy odrzucali kolejne niemieckie żądania kapitulacji. W tej sytuacji Niemcy postanowili skoncentrować ataki na Mokotowie. Wobec olbrzymiej przewagi wroga opór w tej dzielnicy załamał się 27 września. Już 29 września koncentryczny atak spadł na obrońców Żoliborza. Zepchnięci na wschodni skraj tej dzielnicy, walczyli do późnych godzin popołudniowych 30 września.

Ostatnim wolnym obszarem stolicy pozostało Śródmieście. 2 października, gdy nie było już szans na prowadzenie dalszej skutecznej obrony, przedstawiciele Komendy Głównej AK podpisali akt kapitulacji, gwarantujący powstańcom prawa kombatanckie. Dwumiesięczne boje przyniosły Niemcom, mimo ich przewagi liczebnej i doskonałego uzbrojenia, straty sięgające 50% sił użytych w walkach, tj. 26 tys. zabitych i rannych. Straty powstańców szacuje się na 16–18 tys. zabitych i około 25 tys. rannych. Przerażające były straty wśród ludności cywilnej – poległo lub zostało zamordowanych ponad 150 tys. mieszkańców miasta. Resztę mieszkańców po kapitulacji powstania wypędzono z Warszawy, a opustoszałe miasto hitlerowcy zrównali z ziemią.

W dwumiesięcznych krwawych zmaganiach zginął kwiat polskiej inteligencji, w walce poległy rzesze warszawskiej młodzieży. Wśród idących ze straceńczą odwagą do nierównego boju byli m.in. wybitni poeci młodego pokolenia Krzysztof Kamil Baczyński i Tadeusz Gajcy, których śmierć stała się jednym z symboli hekatomby stolicy.

Spotkanie przedstawicieli polskiego dowództwa z oficerami niemieckimi w sprawie kapitulacji

Powstanie zakończyło się klęską. Wobec wrogiej postawy władz sowieckich, niewystarczającej pomocy ze strony mocarstw zachodnich i ogromnej przewagi militarnej sił niemieckich było to nieuniknione. W odezwie Rady Jedności Narodowej i Krajowej Rady Ministrów, wydanej po kapitulacji Warszawy 3 października 1944, padły znamienne słowa: „Podjęliśmy jawną walkę w Warszawie nie w tej intencji, abyśmy sami mieli Niemców pobić. Byliśmy na to za słabi liczbą i uzbrojeniem. Liczyliśmy na pomoc Rosji i naszych Aliantów Zachodnich. Mieliśmy prawo na tę pomoc liczyć w czasie, gdy walki oddziałów Armii Krajowej na Wołyniu, Wileńszczyźnie, we Lwowie, Lublinie przyczyniały się walnie do ułatwienia sukcesów armii rosyjskiej, gdy polskie dywizje walczyły i krwawiły w imię wspólnej sprawy na polach Italii i Francji, na ziemiach, morzach i w powietrzu. Zawiedliśmy się. Skutecznej pomocy nie otrzymaliśmy".

Do dziś trwają namiętne dyskusje i spory o słuszności decyzji o rozpoczęciu powstania. Wśród wielu opinii w tej sprawie warto zacytować słowa prof. Janusza Zawodnego: „Polacy byliby potępiani za to, że walkę podjęli, byliby także potępiani, jeśliby jej nie podjęli... Zgodnie z własnym wyobrażeniem honoru i obowiązku, wybrali walkę, a nie bierne czekanie (...). Gdyby Warszawa nie walczyła, nieprzychylni powiedzieliby, że Polacy nie zasługiwali na wolność, że pogodzili się z hitlerowską tyranią lub do niej pasywnością zachęcali i że nie chcieli walczyć za wspólną sprawę. (...) jesienią 1944 w Warszawie, na tym skrwawionym opłatku uwolnionej polskiej ziemi, wolni Polacy zgodnie ze swoją wolną wolą podjęli decyzję i wytrwali 63 dni..."

DESANT NA CZERNIAKOWIE

Jednym z tragiczniejszych epizodów Powstania Warszawskiego jest sprawa pomocy udzielonej temu zrywowi przez oddziały 1. Armii Wojska Polskiego podporządkowane władzom komunistycznym. Decyzję o rozpoczęciu powstania wydano w momencie, kiedy wkroczenie Rosjan do Warszawy wydawało się kwestią kilku dni. Stalin zadecydował jednak, że Armia Czerwona wstrzyma ofensywę. Na własne życzenie przegrała ona bitwę pancerną na przedpolach Warszawy. Sowiecki dyktator chciał wykrwawienia powstańców w boju i wolał, by stało się to za sprawą Niemców. Mimo wszystko wojna również miała swe prawa i Armia Czerwona musiała w końcu podjąć działania ofensywne, by nie oddać inicjatywy Niemcom. 10 września Rosjanie uderzyli na warszawską Pragę. Niemcy, mając odciętą drogę przez Wisłę, szybko uciekli z pułapki, jaką stała się prawobrzeżna Warszawa. 14 września wojska sowieckie i towarzysząca im 1. Armia Wojska Polskiego pod dowództwem gen. Zygmunta Berlinga stanęły na linii Wisły. Po drugiej stronie płonęła Warszawa, ale nie było rozkazu, by iść dalej, choć istniały takie możliwości. Skoordynowana operacja wojsk sowieckich pozwoliłaby wysadzić na lewym brzegu Wisły znaczne ilości ludzi i sprzętu, opanować Warszawę, a następnie rozwinąć ofensywę w kierunku na zachód od rzeki. Przestój nakazany przez Stalina opóźnił te działania o ponad pół roku! Przymusowa bezczynność wywoływała niezadowolenie berlingowców. Żołnierze pragnęli przyjść na pomoc stolicy, sam dowódca prosił o pozwolenie na desant na lewym brzegu. Dowództwo sowieckie wyraziło zgodę na desant Polaków, Armia Czerwona miała pozostać bezczynna, nie udzielono polskim żołnierzom żadnej pomocy poza sporadycznym ostrzeliwaniem pozycji niemieckich.

Tymczasem Niemcy likwidowali ośrodki oporu powstańców, które stykały się z linią Wisły. Dostęp do Wisły miały oddziały walczące na Żoliborzu oraz na Czerniakowie. Główne uderzenie wojsk niemieckich poszło na Czerniaków, który został odcięty od Śródmieścia. Broniły się tam oddziały pod dowództwem kpt. Zygmunta Netzera „Kryski", zgrupowanie „Radosław" z batalionami „Zośka" i „Parasol", dowodzone przez ppłk. Jana Mazurkiewicza „Radosława" (od lutego 1944 komendanta Kedywu). Byli to dzielni i najbardziej doświadczeni żołnierze podziemia, którzy do tej pory wykonywali takie zadania, jak ataki na linie komunikacyjne, akcje samoobrony, uwalnianie więźniów, likwidowanie agentów gestapo, akcje mające na celu zdobywanie broni i pieniędzy dla AK, akcje odwetowe – ataki

Żołnierze 1. Armii Wojska Polskiego ostrzeliwujący pozycje wroga

na niemieckie strażnice, wartownie, posterunki, a niekiedy nawet osiedla mieszkaniowe. Przed wybuchem Powstania Warszawskiego oddziały dyspozycyjne Kedywu Komendy Głównej AK liczyły przeszło 1500 żołnierzy. Teren zajmowany przez załogę Czerniakowa skurczył się już do kwartału pomiędzy kilkoma ulicami. W tym krytycznym momencie, kiedy „Radosław" myślał już o kapitulacji, w nocy z 14 na 15 września przeprawili się na drugi brzeg zwiadowcy z armii Berlinga. Podczas kolejnej nocy nastąpił desant, ponad czterystu żołnierzy przeprawiło się przez Wisłę, lądując na Czerniakowie. Ich poświęcenie nie mogło zmienić układu sił. Berlingowcy nie dostali ciężkiego sprzętu, nie otrzymali wsparcia artylerii ani lotnictwa. Przeprawiali się łódkami, a że mieli jedynie kilka, więc musieli kilkakrotnie powtarzać drogę w obie strony pod niemieckim ostrzałem. Oddziałami 9. pułku 1. Dywizji im. Kościuszki dowodził mjr Łatyszonek, jak większość berlingowskich oficerów – obywatel sowiecki.

Generał Berling, ustępliwy dotychczas wobec sowieckiego dowództwa, podjął decyzję wbrew jego zaleceniom. Jak stwierdził po latach: „To było nie tylko miasto, w którym walczyli Polacy. To była stolica mojego państwa. Mogłem wówczas podjąć tylko jedną decyzję i podjąłem ją bez wahania. Dałem rozkaz przejścia do uderzenia przez Wisłę". Wojskowym celem ataku było uchwycenie kilku przyczółków na lewym brzegu Wisły. W nocy z 17 na 18 września rozpoczął się desant na odcinek Żoliborza, pozostający jeszcze w rękach powstańców. Dokonały go oddziały 6. pułku 2. Dywizji. Nie powiódł się desant wysadzony nieco na północ od Czerniakowa, w pobliżu mostu Poniatowskiego. Kontruderzenie niemieckich czołgów odcięło go od Wisły, prawie wszyscy przedzierający się tutaj polscy żołnierze zginęli. Na samym Czerniakowie pomoc berlingowców nie zmieniła zasadniczo sytuacji. W morderczych walkach Niemcy zdobywali dom po domu. Żołnierze Berlinga nie mieli pojęcia o walkach w mieście, nigdy nie byli do nich ćwiczeni, więcej – byli to zwykle żołnierze ze świeżego poboru, słabo przygotowani do służby. Na widok nacierających czołgów wpadali w panikę. Bór-Komorowski pisał we wspomnieniach: „Nasi żołnierze korzystali z ich pomocy o tyle, że uciekającym zabierali broń i amunicję". Jednak absolutnie nie można odmówić tym młodym chłopcom patriotyzmu, zgody na poświęcenie życia w obronie stolicy i chęci pomocy powstańcom. 6. pułk, który wylądował na Żoliborzu już 20 września, został przyparty do rzeki.

Żołnierz 1. Armii Wojska Polskiego na warszawskiej Pradze

Ostatni bój żołnierze toczyli stojąc w wodzie. Jedynie nielicznym udało się przepłynąć na drugi brzeg, większość zginęła. W tym samym czasie płk „Radosław" zadecydował o opuszczeniu Czerniakowa. Polecił swym żołnierzom przedostać się kanałami do Mokotowa, sam poszedł wraz z nimi. Pozostali jednak ci, którzy otoczeni w odosobnionych domach, nie byli w stanie przedostać się do kanałów. W końcu 23 września Niemcy opanowali i te stanowiska. Na miejscu wymordowali około 120 rannych i niektórych zdrowych jeńców. Resztki obrońców, pospołu żołnierze AK i WP przedostali się na kilku ocalałych łodziach na drugą stronę Wisły. Przy przeprawach uległ zniszczeniu prawie cały sprzęt desantowy 1. Armii. Do 23 września straty berlingowców wyniosły aż 3764 zabitych, zaginionych i rannych!

Cele polityczne, jakie przyświecały Berlingowi, były mniej jasne od wojskowych. Jego powojenne wypowiedzi, będące łatwo wyczuwalną próbą wykreowania swej postaci na miarę wojennych bohaterów, nie przynoszą oczywistych odpowiedzi. Za górnolotnymi frazesami kryła się rzeczywista walka o władzę w ramach kształtującego się aparatu Polski Ludowej. Berling tę walkę przegrał i już nigdy nie odegrał większej roli ani w siłach zbrojnych, ani w polityce, nie żałowano mu tylko orderów. Bezpośrednią konsekwencją nieudanej akcji było odwołanie Berlinga z funkcji dowódcy 1. Armii. Dowództwo objął sowiecki oficer, gen. Władysław Korczyc. Usunięcie Berlinga oznaczało, że na niego spada wina za nieskuteczną pomoc dla powstania. Poświęcenie żołnierzy zostało cynicznie wykorzystane przez sowiecką propagandę. Stalin mógł teraz utrzymywać, że udzielał pomocy powstaniu, lecz nie było możliwości wyzwolenia Warszawy we wrześniu 1944. Światowa opinia publiczna szybko zapomniała o tym, że w rzeczywistości sowiecki dyktator zrobił wszystko, co w jego mocy, aby powstanie upadło. Powstanie zakończyło się militarną i polityczną klęską, stało się jednak najdobitniejszym aktem woli walki z niemieckim okupantem, a zarazem zachowania niepodległości wobec zbliżającej się Armii Czerwonej i odsunięcia groźby sowieckiej dominacji nad Polską.

W październiku część sił 1. Armii walczyła już wokół Jabłonny na północ od Warszawy i tam zajęła pozycje obronne do połowy stycznia 1945. 17 stycznia wkraczała u boku Armii Czerwonej do zrujnowanej stolicy, by ponownie wejść do pierwszego rzutu działań frontowych w końcu stycznia.

LOTY
DO WALCZĄCEJ WARSZAWY

Pierwszy zrzut nad Polską skoczków AK, zwanych cichociemnymi, przeprowadziła załoga RAF w nocy z 15 na 16 lutego 1941. Później samoloty lotnictwa brytyjskiego kontynuowały te akcje. Już w połowie 1941 kilka polskich załóg skierowano do 138. Dywizjonu RAF jako zalążek powstałej wiosną 1943 polskiej eskadry C, której zadaniem były loty do okupowanej Polski. Eskadra składała się głównie z lotników rozwiązanego z powodu strat 301. Dywizjonu Bombowego „Ziemi Pomorskiej", a jej wyposażeniem były brytyjskie czterosilnikowe bombowce strategiczne Handley Page Halifax Mk I i Mk II. Rozwijały one prędkość przelotową około 280–290 km/h, miały zasięg 2993–3400 km i uzbrojone były w 8 karabinów maszynowych. Mogły zabrać ładunek do 6500 kg.

Pierwszą polską akcję zrzutu nad krajem przeprowadziła załoga por. Tadeusza Jasińskiego z nawigatorem mjr. Stanisławem Królem 7 listopada 1941. Po zrzucie koło Rawy Mazowieckiej, z powodu niezwykle silnego przeciwnego wiatru, który uniemożliwił powrót do Anglii, załoga awaryjnie lądowała w neutralnej Szwecji i po krótkim internowaniu wróciła do jednostki.

Później loty wykonywano dość często, choć misje na granicy zasięgu samolotów, nad wrogim terenem, były niezwykle niebezpieczne. Czternastogodzinne loty można było przeprowadzać tylko nocą, gdyż za dnia pojedynczy bombowiec nie miał szans nad okupowaną Europą.

W praktyce możliwość lotu z Anglii do Polski istniała od jesieni do wiosny, gdy ciemności panowały odpowiednio długo.

W październiku 1943 polską eskadrę usamodzielniono i nazwano 1586. Polish Special Duties Flight (Polska Eskadra do Zadań Specjalnych). Trochę wcześniej, bo już w połowie roku, jednostka otrzymała pierwsze czterosilnikowe amerykańskie bombowce Consolidated B-24 Liberator. Osiągały one prędkość przelotową 345 km/h i mogły zabrać do 4 ton bomb. Ich największym atutem był zasięg – 4586 km.

Od 22 grudnia 1943 eskadrę przemieszczono na lotnisko Campo Cassale koło Brindisi we Włoszech, co skróciło trasy i pozwoliło prowadzić loty do Polski także latem.

1 sierpnia 1944 personel 1586. Eskadry nie wiedział jeszcze nic o powstaniu. Tego dnia ze zrzutami do Polski wystartowało 6 załóg. Nad Węgrami został zestrzelony jeden z Halifaksów, a kolejny i Liberator musiały zawrócić z powodu awarii. W rezultacie tylko jedna załoga dokonała celnego zrzutu. Pierwsze wezwania od powstańców dotarły do Brindisi dopiero 2 sierpnia. Prosili oni o broń i amunicję, których katastrofalny niedostatek odczuwali już od pierwszego dnia. W tym czasie prezydent

Załoga kpt. Zbigniewa Szostaka przed Liberatorem na lotnisku Campo Cassale

Władysław Raczkiewicz zwrócił się do Churchilla z prośbą o pomoc dla powstańców. Brytyjski premier wyraził zgodę, ale zastępca dowódcy Mediterranean Area Air Force (Sił Powietrznych Obszaru Śródziemnomorskiego) marszałek John Slessor uznał loty do Warszawy za zbyt niebezpieczne, choć pozwolił kontynuować zrzuty nad innymi miejscami. Nocą z 4 na 5 sierpnia wystartowało 7 maszyn. Pomimo zakazu trzy załogi zrzuciły ładunek w Warszawie. Liberator kpt. Jana Mioduchowskiego został uszkodzony przez niemiecki myśliwiec nocny Ju-88 i musiał zawrócić znad Bochni. Wcześniej jednak zrzucił zaopatrzenie na ślepo. Maszyna ta rozbiła się podczas lądowania, ale załoga przeżyła. Inne polskie samoloty szczęśliwie powróciły do Brindisi.

8 sierpnia do Warszawy poleciały 3 polskie załogi, z których dwie dokonały zrzutu. Kolejnej nocy nad Warszawę poleciały 4 samoloty. I tym razem wszystkie wróciły z zadania, choć Liberator kpt. Zbigniewa Szostaka został zaatakowany przez niemiecki nocny myśliwiec, którego prawdopodobnie zestrzelił strzelec polskiej maszyny chor. Stanisław Malczyk.

Do kolejnego lotu nad Warszawę 5 polskich maszyn wystartowało 12 sierpnia. 4 załogi zrzuciły zaopatrzenie dokładnie na wyznaczone punkty. Następnej nocy nad stolicę poleciało 31 samolotów, w tym 5 polskich. Podobną akcję przeprowadzono dzień później, ale straty załóg RAF i SAAF spowodowały, że dowództwo brytyjskie zakazało swym załogom lotów nad Warszawę. Do końca powstania załogi brytyjskie wykonały jeszcze 43 loty, głównie na zrzutowiska w Puszczy Kampinoskiej. W akcjach tych polska eskadra straciła bardzo doświadczoną załogę kpt. Szostaka, zestrzeloną przez nocny myśliwiec koło Bochni. Dzięki interwencji rządu polskiego ochotnicze loty nad Warszawę mogły nadal wykonywać załogi polskiej 1586. Eskadry, dowodzonej przez mjr. Eugeniusza Arciuszkiewicza. W nocy 15 sierpnia z pomocą powstańcom poleciały 3 polskie załogi, choć tylko 2 z nich wykonały zadanie. Następnej nocy nad Warszawę dotarły 4 z 5 polskich maszyn. W drodze powrotnej zestrzelono koło Tarnowa Liberatora kpt. Zygmunta Pluty, a cała załoga zginęła. Eskadra straciła w tym locie również Halifaksa, ale większość załogi uratowała się dzięki pomocy AK. Nocą 17 sierpnia 4 polskie załogi próbowały zrzutów nad Puszczą Kampinoską, jednak powiodło się tylko jednej. Dzień potem dwie załogi wyruszyły z tym samym zadaniem, lecz tylko jedna zrzuciła część ładunku i to w innym miejscu.

Grupa powstańców z zasobnikiem zrzutowym

Od 20 do 27 sierpnia polskie załogi wykonały 35 lotów, z czego 21 razy dokonano udanych zrzutów. 20 sierpnia załoga kpt. Edmunda Ladry przeleciała swym Halifaksem wzdłuż ulicy Marszałkowskiej, by dokonać celnego zrzutu w centrum miasta. Tego samego próbowała załoga kpt. Jana Mioduchowskiego, ale została trafiona przez wroga i musiała zrezygnować. Oba Halifaksy, choć uszkodzone, wróciły do bazy.

Największe straty ponosiły młode, dwudziestokilkuletnie, niedoświadczone załogi dopiero przybyłe do eskadry. 26 sierpnia nad Węgrami zestrzelono dwie z nich, dzień potem dwie kolejne. Tej nocy stracono 3 z 4 wysłanych maszyn, więc Brytyjczycy rozkazali zawiesić loty. Jednak już 1 września nad Puszczę Kampinoską poleciały dwa Liberatory, a nad rejon Kielc 5 Halifaksów. Zrzuty dla stolicy powiodły się, ale tylko dwa Halifaksy wykonały zadanie (żaden z nich nie powrócił do bazy). Zestrzelono też dwa z pozostałych Halifaksów. W ciągu tygodnia eskadra straciła 80% ludzi, w większości poległych. W tej sytuacji chwilowo loty zawieszono, natomiast Brytyjczycy wznowili zrzuty dla Warszawy. W nocy 10 września nad stolicę poleciało 20 załóg, w tym 5 polskich. Dwie z nich zrzuciły zasobniki nad Puszczą Kampinoską, a 5 nad Warszawą, jednak z lotu nie wróciło 5 maszyn, w tym 3 polskie. Straty Brytyjczyków zmusiły ich do zaprzestania lotów nad polską stolicę.

Nocą z 13 na 14 września ze zrzutami dla powstańców poleciały dwa polskie Liberatory. Zrzutu udało się dokonać tylko załodze chor. Henryka Jastrzębskiego, gdyż samolot ppor. Edmunda Rygla zestrzelono nad Węgrami, a cała załoga zginęła. Były to ostatnie loty 1586. Eskadry nad Warszawę.

Wiedząc, że powstanie upadnie, Stalin zgodził się dzień wcześniej, by amerykańskie bombowce po zrzucie zaopatrzenia dla powstańców wylądowały na radzieckich lotniskach. W celach propagandowych zezwolił też na zrzuty przez lotnictwo sowieckie i podległe mu jednostki polskie. Nocą z 13 na 14 września załogi polskiego 2. Pułku Nocnych Bombowców, działającego u boku Rosjan, wykonały 31 lotów z zaopatrzeniem, zrzucając ze swych małych dwupłatowych Po-2 łącznie 3,5 tony uzbrojenia i lekarstw. Następnej nocy 23 załogi pułku wykonały 96 lotów, zrzucając dalsze 16 ton. Loty trwały jeszcze przez kilka nocy. Akcje te, choć wykonywane z poświęceniem i chęcią pomocy rodakom walczącym w stolicy, niewiele realnie pomogły, gdyż przeprowadzano je bez uzgodnienia z AK. Tych krótkich lotów nie można też porównywać z krańcowo niebezpiecznymi wyprawami załóg polskich i brytyjskich z Włoch. Praktycznie cała trasa, około 2500 km, przebiegała nad wrogim terenem, gdzie na samotne maszyny czyhały nocne myśliwce i artyleria przeciwlotnicza. Nad płonącą Warszawą zalegały gęste dymy, co utrudniało lub uniemożliwiało dokonanie dokładnego zrzutu. Oślepiona pożarami i reflektorami przeciwlotniczymi załoga musiała nadlatywać nad cel na wysokości od 130 do 200 m, a czasem niżej. W tym momencie bombowiec był doskonałym celem dla Niemców, a na tym pułapie nie było szans na ratunek. Cała misja, jeżeli załoga ją przeżyła, trwała 7 lub 9 godzin, a często załogi latały parę nocy z rzędu.

W sytuacji podjęcia zrzutu dla powstańców przez bombowce amerykańskie oraz rozpoczęcia zrzutów przez lotnictwo sowieckie, w tym polski pułk, polskie i alianckie samoloty startujące z Włoch wznowiły loty z zaopatrzeniem nad inne placówki w Polsce. W nocy z 21 na 22 września nad Polskę poleciało 12 samolotów, w tym 2 polskie. Załogi 3 z 5 Liberatorów SAAF dokonały zrzutu dla oddziałów AK w Puszczy Kampinoskiej. Były to ostatnie zrzuty w rejonie walczącej Warszawy.

W sierpniu i wrześniu załogi 1586. Eskadry wykonały 31 lotów do Warszawy i 47 w dalsze okolice miasta, w tym zrzuty trafiające w zakładane miejsce udało się wykonać podczas 18 lotów do stolicy i 31 w okolice. Bohaterscy lotnicy musieli jednak zapłacić niezwykle wysoką cenę. Eskadra straciła w tych lotach 16 załóg (zwykle po 7–8 lotników) i 18 samolotów.

7 listopada 1944 etat 1586. Eskadry podniesiono do stanu dywizjonu i przywrócono mu dawny numer oraz rozszerzoną nazwę – 301. Dywizjon Bombowy „Ziemi Pomorskiej-Obrońców Warszawy". Do końca wojny jednostka wykonywała loty ze zrzutami do krajów okupowanych. Ostatni lot do Polski odbył się 28 grudnia 1944.

Nie można także zapominać o bohaterskich lotnikach brytyjskich (RAF) oraz australijskich (RAAF) i południowoafrykańskich (SAAF), którzy również nieśli pomoc powstańcom, często za cenę życia.

WITOLD URBANOWICZ – POLSKI „LATAJĄCY TYGRYS"

Witold Urbanowicz zajmuje drugie miejsce (po Stanisławie Skalskim) na liście asów polskiego lotnictwa wojskowego. Po ukończeniu Korpusu Kadetów, w 1930 wstąpił do Szkoły Podchorążych Lotnictwa w Dęblinie i w sierpniu 1932 uzyskał tytuł podporucznika obserwatora. W następnym roku ukończył kurs wyższego pilotażu w Grudziądzu, a od 1936 pełnił obowiązki wychowawcy i instruktora w Dęblinie. Podczas kampanii wrześniowej osłaniał polskie niebo wraz z innymi instruktorami, potem przez Rumunię i Francję dotarł do Wielkiej Brytanii. W Bitwie o Anglię, w szeregach najpierw brytyjskiego 145., a potem 303. polskiego dywizjonu zestrzelił 16 samolotów wroga, stając się tym samym najskuteczniejszym Polakiem walczącym w tej batalii. W październiku 1940 przeniesiono go do dowództwa 11. Grupy Myśliwskiej RAF, co dla nie-Brytyjczyka było wielkim wyróżnieniem. Od kwietnia do czerwca 1941 współorganizował 1. Polskie Skrzydło Myśliwskie, którym jednocześnie dowodził. Wykorzystując prestiż, jakim darzony był ten pilot, Dowództwo Polskich Sił Powietrznych mianowało go zastępcą attaché lotniczego przy Ambasadzie Polskiej w Waszyngtonie. Obowiązki biurowe i dyplomatyczne nie były jednak tym, o czym marzył pilot myśliwski. Ppłk Urbanowicz pragnął latać bojowo, toteż wykorzystując kontakty z dowódcami amerykańskiego lotnictwa wojskowego, udało mu się we wrześniu 1943 uzyskać przeniesienie do walczącego w Chinach 75. Dywizjonu Myśliwskiego. Jednostka ta była częścią elitarnej

14. Armii Powietrznej USA, zwanej Latającymi Tygrysami. Formacją tą dowodził gen. Claire Lee Chennault, który przybył do Chin już w 1937, by szkolić pilotów chińskich, a od 1941 dowodził myśliwską jednostką amerykańskich pilotów-ochotników broniących Chin przed agresją japońską. Po japońskim ataku na Pearl Harbor 7 grudnia 1941, Chennault został mianowany generałem i objął dowodzenie utworzoną wówczas 14. Armią Powietrzną USA, która obejmowała już lotnictwo myśliwskie i bombowe. Pomimo iż Amerykanie latali na samolotach ustępujących osiągami maszynom japońskim i przygniatającej przewagi przeciwnika, lotnicy Chennaulta wiązali spore siły wroga i zadali im bardzo dotkliwe straty.

23 października 1943 ppłk Urbanowicz dotarł do Kunmingu, gdzie stacjonował 75. Dywizjon Myśliwski wyposażony w amerykańskie samoloty Curtiss P-40. Maszyny te ustępowały pod względem osiągów, zwrotności i uzbrojenia japońskim myśliwcom Mitsubishi A6 M6c Zero. Atuty maszyn amerykańskich stanowiły za to duża prędkość nurkowania i wytrzymała konstrukcja. W starciu z przeciwnikiem najważniejsze były jednak doświadczenie oraz umiejętności pilotażowe i taktyczne.

Alarm w bazie „Latających Tygrysów"

Pomimo przewagi ilościowej i jakościowej japońskiego lotnictwa, już w krótkim czasie Urbanowicz odniósł pierwszy sukces. Pod koniec października 75. Dywizjon wystartował z zadaniem związania w walce japońskich myśliwców w okolicy Hajfongu w Indochinach Francuskich, podczas gdy amerykańskie bombowce miały zaatakować lotniska i okręty przeciwnika w Zatoce Tonkińskiej. Nad celem dywizjon zaskoczony został przez atakujących z przewagą wysokości dużo liczniejszych pilotów japońskich. W momencie, gdy Urbanowicz ruszył do ataku na jeden z japońskich myśliwców, sam stał się celem ataku innego. Polski pilot nie stracił zimnej krwi i wykorzystując swoje doświadczenie skutecznie wymykał się wrogowi. Dysponując mniej zwrotnym samolotem i nie mogąc ani uciec, ani zająć dogodnej pozycji do strzału, Polak zdecydował się zastosować bardzo ryzykowną, ale jedyną skuteczną w tym momencie taktykę i zmusić przeciwnika do wystrzelania całej amunicji. Japoński pilot, zacięty, lecz niezbyt wprawny w prowadzeniu ognia, dał się w tę pułapkę wciągnąć. Gdy wreszcie skończyła mu się amunicja, Urbanowicz przeszedł do kontrataku i po krótkim pościgu zestrzelił wroga.

14. Armia Powietrzna Chennaulta zaopatrywana była mostem lotniczym prowadzącym z Indii do Chin nad Himalajami. Trasa ta, zwana aluminiowym szlakiem, z racji ilości wraków samolotów, jakie na niej spadły, była rejonem, w którym japońscy myśliwcy regularnie polowali na nieuzbrojone transportowce. Podczas jednego ze swych zadań lotniczych ppłk Urbanowicz miał eskortować transportowego Liberatora z niezwykle ważnym ładunkiem oraz rozpoznać taktykę japońskich myśliwców nocnych. W miejscu oczekiwania na transportowiec samolot Polaka dostał się w niezwykle silne zstępujące prądy powietrza, które przycisnęły go do kotliny pomiędzy szczytami Himalajów. Gdy wreszcie na minimalnej prędkości i szybkości Urbanowicz zdołał wyślizgnąć się ze skalnej pułapki, okazało się, że krążyły nad nim dwie pary japońskich myśliwców, czających się na transportowiec, który się właśnie pojawił. Nie mając innego wyjścia, dotychczas niezauważony przez wroga Polak, chcąc odciągnąć myśliwce od nieuzbrojonego transportowca, wyszedł z cienia gór, ujawniając swą obecność na tle rozgwieżdżonego nieba. Japońscy piloci ruszyli całą czwórką do ataku, po którym zanurkowali w zdradliwą kotlinę, gdzie panowały zstępujące prądy. Podstęp udał się, Urbanowicz bezpiecznie odeskortował Liberatora na lotnisko w Kunmingu.

Witold Urbanowicz

Krótko potem, podczas lotu na rozpoznanie japońskich lotnisk w rejonie Kantonu i Hongkongu Witold Urbanowicz powiększył swoje konto zwycięstw. Po rozpoznaniu i ostrzelaniu lotnisk, polski podpułkownik i towarzyszący mu Amerykanin zaatakowani zostali nad Hongkongiem przez dwa wrogie myśliwce. Japoński pilot, pomimo uporu i zaciętości powoli stracił przewagę i sam znalazł się na celowniku Polaka. Niestety, karabiny w samolocie Urbanowicza zacięły się. W tym momencie uśmiechnęło się do niego szczęście – podczas gwałtownego manewru obronnego w myśliwcu przeciwnika otwarło się lewe podwozie. Spanikowany pilot japoński, myśląc, że został trafiony, próbował lądować z dużą prędkością na polu ryżowym, co skończyło się dla niego katastrofą. Rozbity samolot spłonął, a Urbanowicz na resztkach paliwa wrócił do bazy.

W październiku 1943 Japończycy zaatakowali miasto Czangte. Podczas tej bitwy polski pilot pierwszy raz w życiu atakował szturmującą miasto kawalerię mongolską. Gdy sytuacja stała się beznadziejna, 75. Dywizjon poleciał z zadaniem dokonania zrzutów lekarstw, żywności i amunicji dla obrońców. Podczas tego lotu Urbanowicz został zaatakowany przez japońskiego myśliwca. Napastnik popełnił jednak błąd, próbując przelecieć pod samolotem Polaka. Korzystając z sytuacji, że działo się to na małej wysokości, Urbanowicz przydusił samolot Japończyka do ziemi. W chwilę potem wróg uderzył w płonącą chałupę.

Zanim Urbanowicz zakończył staż bojowy w Chinach 15 grudnia 1943, podjął się jeszcze jednego, niezwykle niebezpiecznego zadania. Nieuzbrojonym, trzymiejscowym samolotem wystartował z lotniska w Paoci, by przewieźć ciężko chorego starca z wioski Si-an na operację w Czengtu. Lot ten wykonał całkowicie z własnej woli i do tego bez wiedzy przełożonych, za co zresztą omal nie poniósł konsekwencji służbowych.

W uznaniu zasług bojowych pod chińskim niebem ppłk Witold Urbanowicz odznaczony został amerykańskim Distinguished Flying Cross oraz chińskim Krzyżem Lotniczym. Co ciekawe, Amerykanie oficjalnie uznali mu tylko dwa zestrzelenia japońskich samolotów. Był jedynym pilotem Polskich Sił Powietrznych, który czynnie walczył z lotnictwem japońskim.

WAŁ POMORSKI

W latach 1932–1939 na Pomorzu Zachodnim, wzdłuż dawnej granicy niemiecko-polskiej powstał pas umocnień, któremu Niemcy nadali nazwę Pommernstellung – Pozycja Pomorska. Fortyfikacje te razem z fortyfikacjami Międzyrzeckiego Rejonu Umocnionego oraz Linii Odry Środkowej miały w zamyśle dowództwa Wehrmachtu zapewnić ochronę kierunku berlińskiego oraz osłonić koncentrację wojsk przed ich uderzeniem na Polskę.

Pommernstellung, określaną w Polsce od 1945 jako Wał Pomorski, tworzyło kilka linii umocnień o różnym przeznaczeniu. Główna pozycja powstała na rubieży Szczecinek–Wałcz–Tuczno–Gorzów Wielkopolski. Na obszarze sprzyjającym obronie, obfitującym w naturalne przeszkody terenowe, lasy, bagna, rzeki i jeziora, wybudowano liczne żelbetowe schrony bojowe. Najwięcej powstało ich w rejonie Nadarzyc oraz na wąskich przesmykach pomiędzy jeziorami.

Po walkach w Polsce we wrześniu 1939 wydawało się, że umocnienia Pommernstellung nie będą już przydatne. Jednak sytuację zmieniły klęski Wehrmachtu na froncie wschodnim. Latem 1944, gdy dowództwo armii niemieckiej uznało, że umocnienia mogą okazać się niezbędne do powstrzymania kolejnej ofensywy Armii Czerwonej, rozpoczęto pospieszną modernizację schronów oraz uzupełnianie ich uzbrojenia i wyposażenia. Równolegle budowano umocnienia polowe –

transzeje, stanowiska ogniowe broni maszynowej, zapory przeciwczołgowe i przeciwpiechotne.

W 1944 rozpoczęto także budowę umocnień polowych na tzw. pozycji ryglowej, na rubieży Nadarzyce–Wierzchowo–Żabin–Borujsko–Kalisz Pomorski. Miała ona uniemożliwić przeciwnikowi natarcie na Kołobrzeg, gdyby udało mu się przełamać główną pozycję Pommernstellung.

W 1944 wybudowano ponadto umocnienia polowe tzw. pasa przesłaniania. Powstały one na wschód od głównej pozycji, wzdłuż zachodniego brzegu rzeki Gwdy i północnego brzegu Noteci. Wspomniany pas obejmował także kilka położonych na północ od Piły, umocnionych miejscowości: Tusza, Jastrowiec i Podgaje.

Rozpoczęta w drugiej dekadzie stycznia 1945 kolejna wielka ofensywa Armii Czerwonej doprowadziła do zniszczenia niemieckiej obrony nad Wisłą, Narwią i Wisłoką. W pasie natarcia dwóch sowieckich frontów: 1. Białoruskiego i 1. Ukraińskiego ofensywa szybko przerodziła się w pościg. Już 31 stycznia oddziały 5. Armii Uderzeniowej sforsowały Odrę na północ od Kostrzynia! W kolejnych dniach linię Odry na południe

Podczas walk o Wał Pomorski

od Cedyni osiągały inne armie 1. Frontu Białoruskiego. Jego dowódca, marszałek Gieorgij Żukow dostrzegał jednak groźbę przeprowadzenia przez Niemców kontruderzenia z północy na prawe skrzydło wojsk frontu. Aby temu zapobiec, część podległych mu sił, w tym polska 1. Armia, rozpoczęły działania zaczepne na Pomorzu Zachodnim.

Dowódca 1. Armii, gen. Stanisław Popławski (wcześniej występujący jako sowiecki oficer Siergiej Gorochow) otrzymał 28 stycznia 1945 rozkaz wymarszu z rejonu Bydgoszczy w kierunku miejscowości Złotów i Jastrowie. Na czele kolumn posuwały się 1. i 4. Dywizja Piechoty. Dwa dni później przekroczono dawną granicę z Niemcami. Polscy żołnierze zbliżali się coraz bardziej do pasa przesłaniania Wału Pomorskiego bronionego przez jednostki niemieckiego XVI Korpusu.

Wieczorem 30 stycznia rozpoczęły się walki 4. Dywizji o Złotów, obsadzony przez dwa bataliony 15. Dywizji Grenadierów SS „Lettland". Całą noc stawiały one zaciekły opór, jednak rankiem 31 stycznia miasto zostało ostatecznie zdobyte przez Polaków.

31 stycznia gen. Popławski wydał rozkaz zdobycia z marszu pasa przesłaniania Wału Pomorskiego. 4. Dywizja otrzymała zadanie opanowania Jastrowia, a 1. Dywizja – leżącej 8 km na północ miejscowości Podgaje. Nie przewidywano większych trudności, jednak walki z 15. Dywizją SS okazały się bardzo trudne, szczególnie dla Dywizji Kościuszkowskiej. Ze względu na brak paliwa, którego z powodu ciężkich warunków atmosferycznych i problemów logistycznych nie dostarczono na czas, stanęły wszystkie kolumny zmotoryzowane 1. Armii. Z tego powodu w rejon walk nie dotarły jednostki artyleryjskie i pancerne. Polscy piechurzy musieli walczyć bez wsparcia artylerii i czołgów. Jastrowie padło dopiero w nocy z 2 na 3 lutego. Podgaje zdobyto po wielokrotnych atakach 3 lutego. Walki 1. Dywizji o tę ostatnią miejscowość były bardzo zaciekłe i krwawe. Starszy strzelec Józef Czerwiński zapisał w swoich wojennych wspomnieniach: „Dochodząc do Podgajów mijaliśmy ośnieżone pola, miejsce wielokrotnych ataków kościuszkowców na ten uporczywie broniony punkt oporu. Leżały tam jeszcze ciała poległych kolegów, skoszonych jak zboże. Zginęło tu i zaginęło na polu walki około 300 kościuszkowców, wśród nich 26 oficerów, 510 zostało rannych. Niemcy również zapłacili drogo. Częściowo spalona wieś pełna była trupów w mundurach feldgrau, wszędzie – na drogach, w podwórzach, domach

i zniszczonych samochodach. Pole bitwy stanowiło przerażający widok. Nigdy przedtem nie widziałem takiej ilości poległych".

Podgaje wpisały się do historii Wojska Polskiego, niestety, także z powodu ohydnej zbrodni wojennej dokonanej przez łotewskich esesmanów. 31 stycznia wysłane przodem rozpoznanie w sile 4. kompanii z 3. pułku piechoty 1. DP wpadło w zasadzkę. Część żołnierzy poległa, 35 innych, w tym dowódca kompanii ppor. Alfred Sofka, dostało się do niewoli. Dwóm żołnierzom udało się później zbiec, pozostali powiązani drutem kolczastym zostali spaleni żywcem w jednej ze stodół.

4 lutego 1. Armia dotarła do głównej pozycji Wału Pomorskiego. W pasie natarcia polskiej armii broniła się jedna z jednostek X Korpusu SS – Dywizja Piechoty „Märkisch Friedland", sformowana doraźnie, głównie z podchorążych oficerskiej szkoły artylerii. Mimo braków w uzbrojeniu była to jednostka o znacznej sile bojowej, walcząca z dużą zaciekłością. Obronę wzmocniły także różne doraźnie sformowane grupy bojowe piechoty, niszczycieli czołgów i Volkssturmu.

Dowództwo 1. Armii, mimo posiadania tylko ogólnikowych informacji o niemieckich umocnieniach, nie przewidywało początkowo większych trudności w kontynuowaniu natarcia. Na miejsce 1. DP do pierwszego rzutu armii weszła 6. Dywizja Piechoty. Otrzymała ona rozkaz uderzenia na najsilniej ufortyfikowany rejon Nadarzyc. 4. Dywizja miała natomiast prowadzić natarcie na przesmyku Morzyca, między jeziorami Dobre i Zbiczno, oraz na północ od jeziora Dobre.

Natarcie rozpoczęte 5 lutego przez 6. Dywizję zostało powstrzymane. Sukces odniosło jednak tego dnia uderzenie dwóch batalionów 4. Dywizji na północ od jeziora Dobre. Udało im się zaskoczyć nieprzyjaciela i przeniknąć na tyły pozycji głównej. Sukces mógł jednak zakończyć się katastrofą, ponieważ natychmiast po tym, jak dwa polskie bataliony wniknęły w głąb obrony przeciwnika, Niemcy ponownie obsadzili pozycje, odcinając przejściowo II i III batalion 11. pułku piechoty od głównych sił 4. Dywizji. Doszło do bardzo gwałtownych, trwających całą noc walk, w czasie których pozostałe siły 11. pułku, 10. pułk oraz jeden batalion 12. pułku zdołały przebić się do odciętych batalionów.

Rankiem 6 lutego dowództwo X Korpusu SS musiało pogodzić się z faktem, że Polacy dokonali wyłomu w głównej pozycji Pommernstellung. Mimo skierowania przeciwko 1. Armii dodatkowych jednostek,

Niemcom nie udało się już poprawić swojej sytuacji. W następnych dniach gen. Popławski skierował w wyłom 1. i 3. Dywizję Piechoty, a następnie 2. Dywizję Piechoty, które w zaciekłych walkach rozszerzyły go, włamując się na głębokość 12 kilometrów.

6 lutego 6. Dywizja zdobyła miejscowość Nadarzyce, jednak podjęte w następnych dniach próby przełamania pasa umocnień na styku głównej pozycji i pozycji ryglowej Wału Pomorskiego załamały się w silnym ogniu broni maszynowej i artylerii.

8 lutego główne siły 1. Armii (1., 2., 3. i 6. Dywizja Piechoty, 1. Brygada Kawalerii, wsparte przez jednostki artylerii i jednostki pancerne) uderzyły w kierunku północno-zachodnim na pozycję ryglową. Mimo skierowania do natarcia tak dużych sił, nie tylko nie udało się jej przełamać, ale w toku walk poniesiono znaczne straty. Trudna sytuacja wystąpiła w pasie natarcia 6. Dywizji, na którą spadły silne niemieckie kontrataki. 14. i 16. pułk piechoty cofnęły się aż na podstawy wyjściowe, tracąc znaczne ilości ckm-ów, moździerzy, armat przeciwpancernych i dział pułkowych.

Polscy żołnierze w zdobytych umocnieniach Wału Pomorskiego

Analiza walk stoczonych 8 lutego spowodowała zmianę głównego kierunku uderzenia 1. Armii. Kontynuowanie natarcia na północny wschód z uwagi na znaczne siły nieprzyjaciela nie rokowało powodzenia, dlatego postanowiono uderzyć przede wszystkim w kierunku południowo-zachodnim, gdzie opór niemiecki był słabszy.

9 lutego utworzono silne zgrupowanie uderzeniowe w składzie 1. i 2. Dywizja Piechoty, wsparte przez większość armijnej artylerii i jednostki pancerne. Otrzymało ono zadanie zdobycia Mirosławca. Próba opanowania miasta z marszu, podjęta 10 lutego przez II batalion czołgów 1. Brygady Pancernej, zakończyła się fatalnie w ogniu niemieckich armat przeciwpancernych W krótkim czasie na przedpolu Mirosławca pozostały 4 zniszczone i 3 unieruchomione czołgi. Dopiero nadejście oddziałów piechoty umożliwiło zdobycie miasta w godzinach wieczornych tego samego dnia. Podkreślając sukcesy naszych żołnierzy, nie można zapominać o grozie wojny i cenie, jaką płacili za zwycięstwa. Jak wspominał jeden z żołnierzy 1. Dywizji: „11 lutego w ślad za posuwającymi się w pierwszym rzucie pułkami naszej dywizji i jednostkami pancernymi 1 armii wkraczaliśmy do Mirosławca. Wzdłuż asfaltowej drogi mijaliśmy spalone czołgi T-34. W niektórych tkwiły zwęglone ciała załóg".

Zdobycie Mirosławca miało bardzo duże znaczenie operacyjne. Wał Pomorski został przełamany na głębokość 30 km. Zagrożono jednocześnie okrążeniem zgrupowaniu wojsk niemieckich w rejonie Wałcza, które 11 lutego rozpoczęło pospieszny odwrót. W rejon włamania 1. Armii Niemcy zaczęli kierować znaczne siły, m.in. 5. Dywizję Piechoty, które rozpoczęły silne kontrataki z północy. Zostały one jednak powstrzymane przez polskich żołnierzy. W następnych dniach 1. Armia podejmowała już bez większych sukcesów próby przełamania niemieckiej obrony na pozycji ryglowej Wału Pomorskiego. 20 lutego jednostki polskie przeszły do obrony. Działania zaczepne podjęły ponownie dopiero 1 marca, w ramach tzw. operacji pomorskiej 1. Frontu Białoruskiego, w trakcie której 1. Armia WP w ciężkich bojach zdobyła zamieniony na niemiecką twierdzę Kołobrzeg (18 marca odbyły się tam symboliczne zaślubiny Polski z morzem).

Walki prowadzone przez 1. Armię WP na Pomorzu w lutym 1945 były jednymi z najkrwawszych, jakie przyszło toczyć żołnierzom polskim w latach II wojny światowej. Ogółem do końca lutego poległo 3420 żołnierzy, 2180 zaginęło bez wieści, a 8472 zostało rannych.

BUDZISZYN

W ślad za 1. Armią Wojska Polskiego dowodzoną przez gen. Zygmunta Berlinga, utworzono – na podstawie rozkazu Naczelnego Dowództwa WP z 20 sierpnia 1944 – także 2. Armię. W sumie Wojsko Polskie liczyło pod koniec roku około 200 tys. żołnierzy. Formowanie podległych wojsk szło jednak wolniej niż przewidywano (nie udało się m.in. utworzyć 3. Armii i polskiego odcinka frontu). Formowana na terenie Podlasia i Lubelskiego, 2. Armia uzupełniała braki kadrowe oficerami Armii Czerwonej (w 1. Armii udział Rosjan w kadrze oficerskiej wynosił 38%, w 2. Armii – 56%) oraz przymusowo wcielanymi żołnierzami Armii Krajowej. Miała pięć dywizji piechoty, dywizję artylerii, dywizję artylerii przeciwlotniczej, dwie brygady artylerii przeciwpancernej, samodzielny pułk moździerzy, korpus pancerny i brygadę pancerną, pułk czołgów ciężkich, pułk artylerii pancernej i brygadę inżynieryjno-saperską. Wzmocniona została o dalsze jednostki w czasie operacji berlińskiej. Armia liczyła niemal 70 tys. żołnierzy, w tym ponad 8 tys. oficerów. Miała ponad 26 tys. karabinów i 14 tys. pistoletów maszynowych, 1229 dział i moździerzy, 140 czołgów i dział pancernych, 22 samochody pancerne, ponad 2,8 tys. samochodów i ciągników oraz przeszło 7 tys. koni. Operacyjnie podlegała (w okresie działań bojowych) od 21 lutego 1945 dowództwu 1. Frontu Białoruskiego, a od 19 marca – dowództwu 1. Frontu Ukraińskiego.

Stanowisko ogniowe rusznicy

Dowództwo nad 2. Armią oddano gen. Karolowi Świerczewskiemu. Peerelowska propaganda robiła wszystko, aby wykreować go na bohatera. Świerczewski nie był tuzinkowym sowieckim oficerem oddelegowanym do wojska polskiego. Od 1915 (miał wtedy 18 lat) przebywał w Rosji; w latach 1918–1920 walczył w wojnie domowej po stronie bolszewików. W Armii Czerwonej pełnił funkcję komisarza politycznego, a od 1927 służył w jej sztabie generalnym. W 1936 został wysłany z ZSRR do Hiszpanii, by organizować oddziały komunistów w wojnie domowej (pod pseudonimem Walter przebywał tam do 1938; m.in. dowodził 35. Dywizją, w skład której wchodziły Brygady Międzynarodowe). W sierpniu 1943 został skierowany do służby w formowanym pod kontrolą Stalina Wojsku Polskim, pełniąc m.in. funkcję zastępcy dowódcy 1. Armii, a od sierpnia 1944 dowódcy 2. Armii. Jako dowódca tej formacji zatwierdził dziesiątki wydanych przez jej sąd wojskowy wyroków śmierci na żołnierzy Armii Krajowej. Po wojnie pozostał w Polsce. Pełniąc funkcję wiceministra obrony narodowej, koordynował akcję zwalczania ukraińskiego podziemia na terenie Bieszczad. W trakcie przygotowań do wielkiej operacji wojskowo-politycznej przeciwko sotniom Ukraińskiej Powstańczej Armii zginął – w dość tajemniczych okolicznościach – pod Jabłonkami koło Baligrodu.

Po osiągnięciu stanu bojowego w marcu 1945, 2. Armia została skierowana do odwodowego rzutu 1. Frontu Białoruskiego w rejon Santoka i Gorzowa Wielkopolskiego, a następnie, przechodząc do pierwszego rzutu 1. Frontu Ukraińskiego, 11 kwietnia zajęła stanowiska nad Nysą Łużycką. Przystępując do walki, 2. Armia liczyła ok. 90 tys. żołnierzy i oficerów, miała na wyposażeniu ok. 1600 dział i moździerzy oraz 430 czołgów. W ramach operacji berlińskiej jej zadaniem było sforsowanie Nysy Łużyckiej i rozwinięcie natarcia w kierunku Drezna w celu zabezpieczenia głównego zgrupowania uderzeniowego 1. Frontu Ukraińskiego. 16 kwietnia jednostki 2. Armii sforsowały Nysę, a następnie przełamały pas obrony niemieckiej. Walki były zacięte, gdyż przed frontem polskiego natarcia swe pozycje rozwinął groźny, choć wyczerpany walkami odwrotowymi korpus pancerny „Grossdeutschland". Wydany na polu walki rozkaz gen. Michała Żymierskiego „Roli", Naczelnego Dowódcy Wojska Polskiego, głosił: „W dniu dzisiejszym bezpośrednim uderzeniem sforsowaliście rzekę Nysę, ścigając wroga dalej na zachód... Tym samym przekroczyliście zachodnią granicę Polski". Dowództwo sądziło, że nieprzyjaciel pójdzie w rozsypkę.

21 kwietnia czołgi 1. Korpusu Pancernego dotarły do przedmieść Drezna. Sytuacja wydawała się opanowana. Wtedy w lukę, jaka wytworzyła się między dywizjami kierującymi się na Budziszyn i Drezno oraz dywizjami nacierającymi bardziej na północ, uderzyły niemieckie jednostki pancerne. W luce – na północny wschód od Budziszyna – znajdowały się tylko jednostki pancerne (pozbawione osłony piechoty), część artylerii 2. Armii i sztab 5. Dywizji Piechoty. Jednocześnie z kompleksów leśnych koło Bad Muskau rozwinęło natarcie drugie zgrupowanie nieprzyjaciela, złożone z pododdziałów dywizji „Brandenburg" i „Grossdeutschland". Od 21 do 28 kwietnia 1945 2. Armia toczyła w rejonie Budziszyna ciężki bój z podążającą na pomoc Berlinowi niemiecką Grupą Armii „Środek" feldmarszałka Ferdinanda Schörnera. Rozgorzały gwałtowne walki potężnych grup pancernych, których uderzenia wspomagało lotnictwo i nawała artyleryjska. Ataki wroga były tak silne, że rozbiły linię frontu, a jednostki polskie musiały walczyć w odizolowanych od siebie rejonach.

Wzięty do niewoli dowódca 5. Dywizji Piechoty gen. Aleksander Waszkiewicz został przez Niemców zamordowany. Na północ od Budziszyna w starciach z wrogiem wzięły udział zasadnicze siły 2. Armii. W izolacji znalazły się natomiast: 7. Dywizja Piechoty (na wschód od miasta), 10. Dywizja Piechoty (na północnym wschodzie) oraz 8. i 9. Dywizja Piechoty (na zachód od Budziszyna). Dowództwo frontu bezzwłocznie próbowało doprowadzić do scalenia zerwanego frontu i tak przegrupować siły, by – połączone – mogły złamać atak niemiecki na północ od miasta. Niemcom udało się też rozbić sąsiadujące z Polakami oddziały sowieckie i od trzech stron oskrzydlić Budziszyn. Atak zatrzymał dopiero 1. Korpus Pancerny, który gen. Świerczewski zawrócił spod Drezna i rzucił do walki z zadaniem zatrzymania niemieckiego kontrnatarcia; polski korpus nie dopuścił do sforsowania Szprewy przez nieprzyjaciela. W samym Budziszynie do obrony przeszły oddziały 7. Korpusu Zmechanizowanego Gwardii i sowieckiej 254. Dywizji Piechoty,

Po rozcięciu przez Niemców zgrupowania 2. Armii i rozbiciu większości 5. Dywizji Piechoty (22 kwietnia), dowóz zaopatrzenia dla wojsk walczących nad Szprewą oraz broniących się na zachód od Budziszyna mógł odbywać się wyłącznie drogą okrężną – przez pozycje frontowe 5. Armii Gwardii. Nazajutrz 1. Korpus Pancerny osłaniany przez bataliony piechoty ruszył do natarcia w kierunku miejscowości Daubitz. Manewr nie udał się, gdyż nieprzyjaciel miał jeszcze zbyt wiele sił, by udało się go rozbić z marszu. W historii 17. pułku piechoty zanotowano: „O zmroku wyszedł niemiecki kontratak. Niemcy strzelali pociskami świetlnymi. Siła ognia wciąż narastała. Pod naporem kilkakrotnie liczniejszego wroga lewe skrzydło batalionu zaczęło się łamać. Wówczas do akcji weszły wspierające czołgi". Kontratak odparto. Ciężkie walki toczyli również artylerzyści, którzy – pozbawieni wsparcia piechoty – próbowali ogniem na wprost razić nieprzyjacielskie pojazdy pancerne. 24 kwietnia decydujące znaczenie miały manewry 1. Korpusu, którego atak odrzucił Niemców o kilka kilometrów. Utknął jednak w miejscu, gdyż sąsiadujące z nim jednostki sowieckie nie udzieliły Polakom wsparcia. Dopiero kiedy marszałek Iwan Koniew wysłał w ten rejon pododdziały 5. Armii Gwardii, sytuacja zaczęła się stabilizować. Pozostawiona na kierunku drezdeńskim 9. Dywizja Piechoty musiała przebijać się w ciężkich bojach na północ. Działając w odosobnieniu, wpadając w zasadzki urządzane przez Niemców, poszczególne oddziały dywizji próbowały dołączyć do sił głównych, ale zrezygnowały z tego, kiedy w rejonie Kuckau poniosły dotkliwe straty. Po przegrupowaniu Niemcy ruszyli do kolejnego natarcia, na kilka dni odbijając Budziszyn, broniony przez Armię Czerwoną. Opanowanie miasta przez wojska niemieckie oznaczało zagrożenie dla jednostek 2. Armii walczących nad Szprewą. Świerczewski zrezygnował więc z kontynuowania natarcia w kierunku wschodnim i ruszył na pomoc obrońcom miasta. Bez powodzenia. Podejmowane próby kontrataków mnożyły straty, a nieprzyjacielskich pozycji nie udawało się przełamać. Pułki i bataliony przesuwano chaotycznie, czego jednym ze skutków było pozostawienie bez osłony dowództwa 2. Armii. Świerczewski polecił saperom zaminować rejon jego rozmieszczenia, a oficerowie – zamiast koordynować działania podległych im sił – z automatami w dłoniach szykowali się do odparcia bezpośredniego ataku wroga. „Oficerowie! Odwrotu nie ma! – rozkazał gen. Świerczewski – Gaber minuje za nami. Musimy podtrzymać walkę piechoty. Zawracać wszystkich! Do bezwzględności włącznie. Zrozumiano? Ruszamy!

Zygmunt Berling i Karol Świerczewski

Gęsta tyraliera oficerów ruszyła z generałem w stronę Budziszyna...". To wtedy narodziła się jedna z jego legend o „generale, co się kulom nie kłaniał": „Generał nie schylił się ani razu. Nie biegł. Szedł wyprostowany, jakby niedbały na wszystko, co by mu mogło grozić...". Rycerskie to i zawadiackie, ale z pewnością nie tego wymaga się od dowódcy armii, którego decyzje ważą o życiu tysięcy żołnierzy. Oficerski kontratak okazał się – w lokalnej skali – skuteczny, ale dopiero po ściągnięciu głównych sił i posiłków sowieckiej 52. Armii zatrzymano niemiecką ofensywę i 25 kwietnia ustabilizowano linię obrony. 28 kwietnia 2. Armii udało się odtworzyć ciągły front z jednostkami sowieckimi i osłonić nacierające na północ – w kierunku Berlina – główne siły 1. Frontu Ukraińskiego.

Fatalnie dowodzona przez Świerczewskiego 2. Armia poniosła w walkach o Budziszyn ogromne straty (20 tys. rannych i zabitych – w tym wielu zamordowanych po wzięciu do niewoli; bilans pięć razy większy niż pod Monte Cassino!). Brak dostatecznego rozpoznania i zaskoczenie nieoczekiwanym kontruderzeniem sprawiły, że straty były największe spośród tych, jakich doznała jakakolwiek jednostka polska w pojedynczej bitwie w czasie II wojny.

Ostatni etap walk 2. Armii w ramach 1. Frontu Ukraińskiego stanowił udział w operacji praskiej, zainaugurowany 7 maja wyjściem nad Łabę w rejonie Pirny i Bad Schandau. 8 maja Rosjanie rozpoczęli ofensywę. 1. Front Ukraiński dowodzony przez gen. Koniewa zaatakował z Saksonii, a 2., 3. i 4. Front Ukraiński – z południa i wschodu. 3. Armia Stanów Zjednoczonych Ameryki dowodzona przez gen. George'a Pattona również prowadziła natarcie w Czechosłowacji. Była to ostatnia ofensywa militarna w czasie wojny w Europie. Po przekroczeniu granicy czechosłowackiej, oddziały 2. Armii w szybkim tempie doszły 10 maja do Mielnika, a 11 maja do Cakovic, na północ od Pragi, gdzie ostatecznie zakończyły szlak bojowy. Ich ruch wymuszał odwrót jednostek Armii „Środek", które w dalszym ciągu nie kapitulowały, lecz za wszelką cenę próbowały przebić się do linii amerykańskich i dopiero tam oddać się do niewoli.

Na wszystkich polach bitewnych frontu wschodniego zginęło, według danych z grudnia 1991, aż 25 648 żołnierzy Wojska Polskiego, ponadto 7330 zaginęło bez wieści, a 23 062 zostało rannych. Straty zadane Niemcom na długim szlaku bojowym od Lenino do Berlina szacuje się na ok. 60 tys. poległych, rannych i wziętych do niewoli.

ZDOBYCIE BERLINA

W drugiej połowie kwietnia i na początku maja 1945 żołnierze polscy uczestniczyli w operacji berlińskiej – ostatniej wielkiej ofensywie Armii Czerwonej na europejskim teatrze działań wojennych. 1. Armia WP, wchodząca w skład sowieckiego 1. Frontu Białoruskiego, przełamywała w dniach 16–19 kwietnia niemiecką obronę nad Odrą, a następnie kontynuowała natarcie na północny zachód od Berlina. 2. Armia WP, podporządkowana dowództwu sowieckiego 1. Frontu Ukraińskiego, walczyła początkowo nad Nysą Łużycką, a następnie stoczyła niezwykle dramatyczne i krwawe boje w rejonie Budziszyna.

Symbolicznego znaczenia nabrał udział kilku polskich jednostek w bezpośrednim szturmie stolicy Niemiec. Biało-czerwone flagi powiewające w maju 1945 nad Berlinem można uznać za swoiste ukoronowanie blisko sześcioletnich zmagań naszych żołnierzy, zapoczątkowanych 1 września 1939.

Zdobycie Berlina, w którym pozostali przedstawiciele najwyższych władz III Rzeszy, w tym także Adolf Hitler, było najważniejszym celem politycznym i strategicznym wojsk sojuszniczych. Miało przesądzić o klęsce i bezwarunkowej kapitulacji Niemiec, a tym samym umożliwić zakończenie wojny w Europie.

Ze znaczenia Berlina doskonale zdawali sobie sprawę zarówno przywódcy partyjno-polityczni III Rzeszy, jak i dowództwo armii niemieckiej. Od początku lutego 1945 w mieście rozpoczęto intensywne prace fortyfikacyjne, zmierzające do przekształcenia Berlina w silny rejon umocniony. System obrony miasta składał się z trzech pasów. Zewnętrzny pas przebiegał w odległości 25–40 km od centrum i obejmował podberlińskie osiedla. Drugi, wewnętrzny pas przebiegał skrajem przedmieść Berlina. Miejski pas obrony wytyczony wzdłuż linii szybkiej kolei miejskiej obejmował centralne dzielnice miasta i był najlepiej przygotowany do długotrwałego oporu. Wszystkie ulice wiodące do centrum przegrodzono barykadami, kilkadziesiąt mostów przygotowano do wysadzenia. W literaturze historycznej podawane są bardzo rozbieżne dane, co do liczebności załogi twierdzy Berlin – wahają się one od 100 do 300 tys. żołnierzy. Znaczną jej część stanowiły jednostki rezerwowe, bataliony Volkssturmu czy oddziały Hitlerjugend. Ostatnim komendantem stolicy III Rzeszy został gen. Helmut Weidling, który otrzymał od Hitlera jednoznaczny rozkaz „obrony Berlina do ostatniego człowieka".

Bezpośrednie walki o stolicę Niemiec zostały zainicjowane 20 kwietnia 1945, gdy artyleria sowiecka rozpoczęła ostrzał miasta. W nocy z 20 na 21 kwietnia 6. Korpus Pancerny Gwardii dotarł do zewnętrznego

Generałowie Michał Żymierski i Józef Spychalski w zdobytym Berlinie

pasa obrony Berlina na odcinku południowym. Do 25 kwietnia wojska 1. Frontu Białoruskiego i 1. Frontu Ukraińskiego zamknęły pierścień okrążenia. Wojska sowieckie szturmujące miasto liczyły 26 kwietnia 464 tys. żołnierzy, 12,3 tys. dział i moździerzy oraz 1,5 tys. czołgów i dział samobieżnych! Mimo tak ogromnych sił, postęp natarcia był powolny. Zarówno Rosjanie, jak i Niemcy walczyli z ogromną determinacją. Straty wśród atakujących i broniących się były olbrzymie.

Pierwszą jednostką Wojska Polskiego, która wzięła udział w walkach o Berlin, była 1. Brygada Moździerzowa. Wspierała ona dwa korpusy sowieckiej 47. Armii, uderzające z północnego zachodu i zachodu przez Spandau i Poczdam. Od 27 kwietnia działania 2. Armii Pancernej Gwardii, atakującej Berlin z zachodu i północnego zachodu, zabezpieczał 6. batalion pontonowo-mostowy, który m.in. zbudował dwa mosty na Szprewie w dzielnicy Moabit. Jednocześnie wspomnianą armię, także od 27 kwietnia, wspierały ogniem swoich dział pułki 2. Brygady Artylerii Haubic, niszcząc m.in. umocnienia w rejonie Goebbels Platz i Siemens Platz.

Największą polską jednostką wojskową uczestniczącą w zdobywaniu Berlina była 1. Dywizja Piechoty im. Tadeusza Kościuszki, dowodzona wówczas przez sowieckiego gen. Wojciecha Bewziuka. Decyzja o skierowaniu tej jednostki do stolicy III Rzeszy została podjęta głównie ze względów propagandowo-politycznych. 29 kwietnia Naczelny Wódz Wojska Polskiego, gen. Michał Żymierski zwrócił się telefonicznie z prośbą w tej sprawie do dowódcy 1. Frontu Białoruskiego, marszałka Gieorgija Żukowa. Ten ostatni przedstawił prośbę Stalinowi, który wyraził zgodę.

Polska dywizja zajmowała wówczas stanowiska obronne nad Kanałem Hohenzollernów. Ppor. Leon Małek, jeden z oficerów I batalionu 2. pułku piechoty, opisał szczerze moment, w którym przekazano do pododdziałów informację o nowym zadaniu:

„Uprościłbym jednak sprawę nie przyznając, że wiadomość o wymarszu do Berlina spowodowała wyłącznie radosny nastrój. Nasze pozycje (...) oddalone były od stolicy hitlerowskiej jedynie o jakieś dwadzieścia pięć kilometrów. Wieczorem widać było łuny pożarów, w dzień niebo zasnuwało się zasłoną dymu. Dochodził stamtąd nieustanny pomruk dział, a nad naszymi głowami przeciągały dziesiątki i setki samolotów ze śmiercionośnym ładunkiem. Opór musiał być tam duży, walka

Grupa żołnierzy z 4. Dywizji Piechoty przed Reichstagiem

zaciekła. Wszyscy starzy żołnierze wiedzieli, że oznacza to duże straty. Nikomu zaś nie chciało się ginąć u progu zakończenia wojny".

30 kwietnia dywizję przewieziono do Berlina transportem samochodowym w trzech rzutach – po jednym pułku piechoty i jednym dywizjonie pułku artylerii lekkiej. Stan liczebny jednostki wynosił wówczas niecałe 7 tys. ludzi (zaledwie 60% etatowego stanu), ale była to dywizja o dużym potencjale bojowym, w której służyło wielu doświadczonych oficerów i żołnierzy. Podporządkowano ją 2. Armii Pancernej Gwardii, która ze względu na brak wystarczającej ilości piechoty miała poważne problemy z łamaniem oporu wroga. Jej dowódca, gen. Bogdanow zdecydował, że 1. pułk piechoty wesprze natarcie 1. Korpusu Zmechanizowanego, a 2. i 3. pułk piechoty – uderzenie 12. Korpusu Pancernego. Polscy żołnierze nacierali na zachód od Berlinerstrasse, w kierunku na Tiergarten. 30 kwietnia o godzinie 18.00 jako pierwsze do szturmu przeszły pododdziały 3. pułku. W następnych godzinach atak rozpoczęli także żołnierze dwóch pozostałych pułków piechoty.

1 maja o godzinie 9.00 rozpoczął się szturm generalny Berlina. Szczególnie zażarte walki polscy żołnierze stoczyli podczas zdobywania kompleksu budynków Politechniki, stacji kolei podziemnej Tiergarten oraz w rejonie Bramy Brandenburskiej.

O zaciekłości walk może świadczyć fragment relacji jednego z polskich oficerów, uczestniczących 2 maja w nocnym ataku na Politechnikę: „Strzelano do siebie z odległości kilku metrów. Walczono granatami, kolbami, nożami, pięściami nawet. Nad wszystkim unosiły się ogromne kłęby dymu, kurzu, na głowy sypał się tynk i cegły. W ślad za nami do Politechniki wdarł się 2. batalion. Ulżyło nam od razu w sposób widoczny. Hitlerowcy, zepchnięci do różnych zakamarków, przez czas jakiś stawiali jeszcze desperacki opór, wreszcie jednak zaczęli się poddawać".

O świcie 2 maja dowódca obrony Berlina gen. Weidling podjął decyzję o zaprzestaniu dalszego oporu. Mimo to w niektórych miejscach walki trwały jeszcze do godzin popołudniowych.

Na zdobytych przez Polaków obiektach wywieszano biało-czerwone flagi, nie zabrakło ich także, obok flag sowieckich, na Kolumnie Zwycięstwa i Bramie Brandenburskiej. Z braku gotowych, szyto je ręcznie ze znalezionego czerwonego płótna i białego prześcieradła. Jak wspominał ppor. Mikołaj Troicki, oficer 1. pułku artylerii lekkiej: „Kazałem wywiesić sztandar. (...) Po zejściu napisałem meldunek: 7 bateria 3 dywizjonu 1pal o godzinie 5.15 zawiesiła sztandar na Kolumnie Zwycięstwa w imieniu całego narodu polskiego".

W czasie dwudniowych walk w Berlinie 1. Dywizja Piechoty odniosła znaczne sukcesy. Jak się ocenia, w walkach z Kościuszkowcami Niemcy stracili około tysiąca zabitych oraz 2,5 tys. wziętych do niewoli żołnierzy. Niestety, zwycięstwo okupiono bolesnymi stratami – w walkach ulicznych poległo lub zostało rannych 539 żołnierzy polskiej dywizji.

Rozkazem Naczelnego Dowództwa Wojska Polskiego, w uznaniu zasług położonych w czasie szturmu stolicy III Rzeszy, pułki 1. Dywizji Piechoty otrzymały nazwę „Berlińskich".

INDEKS NAZWISK POLAKÓW

(kursywą zaznaczona strona ze zdjęciem)